培文书系 · 社会理论新视角

埃利亚斯与现代社会理论

Norbert Elias and Modern Social Theory

[英]丹尼斯 · 史密斯(Dennis Smith) 著 李康 译

北京大学出版社
PEKING UNIVERSITY PRESS

北京市版权局著作权合同登记　图字 01-2008-3509 号

图书在版编目（CIP）数据

埃利亚斯与现代社会理论 /（英）史密斯（Smith，D.）著；李康译 .—北京：北京大学出版社，2011.7

（培文书系·社会理论新视角）

ISBN 978-7-301-19206-1

I. ①埃… II. ①史… ②李… III. ①埃利亚斯，N.（1897 ～ 1990）－人物研究 ②埃利亚斯，N.（1897 ～ 1990）－思想评论 IV. ① K835.165.1 ② C91-095.16

中国版本图书馆 CIP 数据核字（2011）第 129199 号

Norbert Elias and Modern Social Theory by Dennis Smith.

书　　　名：埃利亚斯与现代社会理论

著作责任者：[英] 丹尼斯·史密斯 著　李康 译

责 任 编 辑：徐文宁

标 准 书 号：ISBN 978-7-301-19206-1/C·0684

出 版 发 行：北京大学出版社

地　　　址：北京市海淀区成府路 205 号　100871

网　　　址：http://www.pup.cn　电子信箱：pw@pup.pku.edu.cn

电　　　话：邮购部 62752015　发行部 62750672　编辑部 62750112
出版部 62754962

印　刷　者：三河市欣欣印刷有限公司

经　销　者：新华书店

720 毫米 × 1092 毫米　16 开本　17.25 印张　280 千字

2011 年 7 月第 1 版　2011 年 7 月第 1 次印刷

定　　　价：35.00 元

目　录

序　言

<viii>

思想的探索是一场“正经的游戏”(serious game)。只有当真利害攸关，游戏才玩得心跳。那应当拿什么当成攸关的利害呢？就是“把事情彻底搞清楚”，这和“让别人也像自己一样看世界”是不一样的。只有当游戏者的个人荣誉与他们带入游戏的特定现实模型脱钩，思想探索的游戏才是最具生产性的。[1] 而当捍卫某种模型与荣誉息息相关，求索新知就会非常困难。游戏者总会分出胜败得失，但游戏本身本质上却是毫无价值。

如果出现新的证据，或者冒出新的看待既有证据的方法，我们都应准备好随时修正自己思维的任何方面。这就意味着我们要保持自己的思维乐于纳新，保持“游戏”的开放性。对于世界的思考应当是一场探险，不懈探寻有关线索，搞清楚事情是如何运作的，可以做些什么，让它们更加美好，至少也是更可忍受。

在这场游戏中，首要之敌就是内在于自身的阻拦我们清晰思想的障碍。一位思想者独特的“观照”(vision) 扮演着重要角色。观照会推动论家去往某个特定方向，或许会引导他或她看到新的领域，产生新颖的思想。但是，

---

[1] 原文为“most productive”，没有照日常用语译作“最富成果的”，而是凸显“和‘让别人也像自己一样看世界’是不一样的”中间的生产性意涵。如果要“最富成果”，也许这就不能再是一场游戏(game)，而是狭义的竞赛或博弈(game)了。对于这个区别，埃利亚斯看得最清楚，或者说最不清楚。——中译注(以下凡未注明者为原书注，章尾注均已改为页下注)

如果思想者不再能够超脱于自己的观照，沦为观照的仆役，这样的观照就会变成某种盲目。最糟糕的是，它会成为清晰思想的障碍。实际上，在某位思想家的追随者或门徒当中更可能出现这种状况，无论是帕森斯主义者、马克思主义者、涂尔干主义者、弗洛伊德主义者、埃利亚斯主义者，还是别的什么主义者，概莫能外。

在这场正经的思想探索游戏中，诺贝特·埃利亚斯是一位极具创造力的游戏者。他涉入其间的时间相当长，其专业生涯持续了上个世纪的绝大部分时间。而从这一生涯的早期开始，他就执迷于有关世界如何运作的一种牢固观照。我相信，对于埃利亚斯来说，自己作为一名德国犹太人，有着破碎的体验，而这种观照在一定程度上就是要重建统合。埃利亚斯的著述，尤其是《宫廷社会》(Elias，1983)、《文明化过程》(Elias，1994a) 和《德国人》(Elias，1996)，相当程度上正是他自己努力应对犹太人身份 / 认同 (identity) 和德国人身份 / 认同之间张力的斗争产物。

埃利亚斯这个姓氏属于最典型的犹太姓氏，其父是布雷斯劳 (Breslau，今波兰弗罗茨瓦夫[2]) 一位纺织厂主。与此相反，诺贝特这个名字则与 12 世纪天主教信仰在波兰人中的传播有着很深的渊源。在基督教王国的德意志
<ix> 分支中，最著名的一位诺贝特就是圣诺贝特。他来自德意志北部一个贵族家庭，后来成为马格德堡 (Magdeburg) 的大主教，该城是镇压斯拉夫人中的异端学说的重镇。

埃利亚斯，作为犹太人、德国人、欧洲人乃至世界人，耗费大量时光，倾注众多精力，探索我们复杂的认同感与更广泛的社会过程这两样东西之间的关联。那些社会过程塑造了这样的认同，反过来，它们又受到我们依照这种认同而行事的方式的影响。关键词在于“探索”。埃利亚斯是一位探索者。他的作品中最富魅力的一面，就是让人感到它属于未完成的探寻。这赋予他的研究一种开放性，你会觉得它属于更大的一场探险，别人也可以参与其间，并且平等相待。

---

[2] 弗罗茨瓦夫 (Wroclaw)：波兰西南部城市，城市建于 10 世纪，当时归波兰国王管辖。13 世纪应西里西亚当局邀请，大批德国人迁居此地。1741 年遭普鲁士攻占。后来的居民结构更受德国首相俾斯麦的德国化政策影响。经历纳粹占领，1945 年后重归波兰，市内居民重新回到清一色的波兰人。——中译注

本书并非专论埃利亚斯。它也谈到帕森斯、福柯、鲍曼和阿伦特。这些论家最让人产生兴趣的时候，都出现在他们的“探寻状态”，那时他们都开始执迷于世界上究竟什么才重要，或者世界究竟“是怎样的”，但还没有得到让自己满意的解答，或是沦为某一程式的代理执行人。实际上，做出最后定夺的往往是他们的某些追随者，而非这些思想家自己。

福柯毕生都在探寻，不断地重新创造自己。这使他充满了魅惑。鲍曼也是如此，他也始终在变形。帕森斯写出了《社会行动的结构》，结尾处“发现”了意愿论行动理论。但此后他再也没能写出这样一部令人激动的著作，而是忙着鉴定自己的财宝，研究规划慢慢失去了令人激动之处。阿伦特的《极权主义的起源》一书具有让人赞叹的“未完成”性质。在这本书里，她还在逐渐趋近《人的境况》中更为精致的哲学。

或许现在该来把这些论家中的某几位从他们的部分追随者那里拯救出来了。“社会理论”始终面临危险，可能变成封闭的“思路”的逐步累积，比如帕森斯的思路、福柯的思路、埃利亚斯的思路等等，这些人的门徒就是这样彼此谈论着往昔的。而我则想通过本书，敞开这些思路，让它们有可能相互渗透。

我并不打算把这些结果整合成一套“大理论”。乍看起来，这确实是一种诱惑，其实，大理论也没有什么骨子里的错，当它们根植于现实世界的研究，并且还要回到这些研究时，尤其如此。大理论最好是开门延客，如果没有任何单一理论能够居于主宰地位而不受挑战，就更是这样。同时，还有必要确立一种牢固的研究文化：心智开放的经验探究，随时准备怀疑常识定论。

本书安排了整整四章，依次比较埃利亚斯与阿伦特、帕森斯、福柯和鲍曼。但不管怎么说，我决定抗住诱惑，不去“整饰”这些章节比较出的结果。用落袋台球或斯诺克来打比方，我自己击球之后，还把球留在台球桌上的特定位置。这是一种特定的模式，就像我在最后一章勾绘的样子，但并不打算 <x>
“整合”我的“发现”。相反，我基于得出的见解，进一步探问以下两点：欧盟运动（European Movement）在社会学上有什么意涵？羞辱（humiliation）和羞耻（shame）的性质是什么？

这些问题和比较都要融入一个更大的探问：考察正在发展中的全球社会的特征。这里只是在书的开篇和结语略述这项研究议程，因此非常粗略。

我将另文详述。

许多同事对我的论证的不同方面做出了评点，对此我深表谢忱。我并不自认是个“埃利亚斯主义者”。不过，我还是受益于诸多“埃利亚斯主义者”的热诚友情，比如约翰·古兹布洛姆（Johan Goudsblom）、理查德·基尔明斯特（Richard Kilminster）、卡斯·伍特斯（Cas Wouters）、斯蒂芬·门内尔（Stephen Mennell）、威廉·马斯滕布鲁克（Willem Mastenbroek）和范伊特森（Ad van Iterson）。伊丽莎白·福克斯（Elizabeth Foulkes）也善意相助，与我分享了她对埃利亚斯的记忆。

我的思考也受助于蒂姆·牛顿（Tim Newton）、玛莉亚·加斯特拉尔斯（Marja Gastelaars）、特蕾莎·惠特克（Teresa Whitaker）、休·赖特（Sue Wright）、塔尼娅·史密斯（Tanya Smith）的敏锐意见。无论是本书还是其他作品，我的思路都深受埃菲琳·林德纳（Evelin Lindner）的洞见的影响。最后，我还要感谢拉夫堡大学社会科学系诸位同仁。

第一编

<1>

现代性与埃利亚斯

第一章

向典范开炮[1]

一、现代性与埃利亚斯

诺贝特·埃利亚斯，一位以研究文明化过程著称的社会学家，值得深入研读，因为我们要想领会晚期现代性下的人的境况，他就是我们可以利用的重要资源之一。他算不上任何角度上的唯一资源，但在20世纪的学人提出的核心观念库中，他占据了重要一份。

对于人类和社会是如何相互关联、如何发展演变的，埃利亚斯的观照透彻有力，其核心观念如下：

- 人类作为复杂网络的组成部分共同生存于世，这些网络［埃利亚斯称之为**“型构”**(figurations)］将人、群体和制度关联在一起。
- 塑造这些型构的是社会**过程** (processes)：这些长期过程基本上未经

[1] 原文是“The Sound of Canon-Fire”，这里利用谐音，取义双关：在后文的埃利亚斯生平掠影中，会有“加农炮”(cannon) 的隆隆炮声出场。——中译注

计划，但具备某种模式、结构和方向，通过对经验资料进行耐心的学术考察和细致解释，就可以发现。

- 型构和过程强有力地塑造着个体和群体的心理构造［或称“**惯习**”(habitus)］，并影响到他/它们有多少能力实施**控制**：控制自身，控制他人/其他群体，控制自然。
- 社会学家能够提供给人们相关的**知识**，关乎塑造其社会生存的那些社会过程和型构，从而帮助人们增进能力，以讲求理性、合乎情理的方式实施控制。
- 过去一千年来欧洲的社会发展有一个核心的特征，就是趋向于越来越密集、越来越复杂的型构，有着相对**稳定的权力垄断**，并伴之以方方面面力度越来越强的控制。这些就是**文明化过程**的核心特征，这个进程业已发生，但也交织着一些显著的**去文明化** (decivilizing) 趋向。

<2> 尽管埃利亚斯出没于本书的每一页中，但此项研究并非只是探讨埃利亚斯及其观念。本书的核心是依次就埃利亚斯与福柯、帕森斯、阿伦特、鲍曼[2]展开系统比较。

话说回来，本书也不单单是评论埃利亚斯和其他四位社会理论家。[3]它

---

[2]　原文如此，书的序言的提法符合实际章节次序，即阿伦特、帕森斯、福柯、鲍曼。——中译注

[3]　埃利亚斯的观点此前已屡经讨论，既有人试图拓展其理论，也有人受其理论启发而展开经验研究。(例参 Swaan, 1988; Elias and Dunning, 1986; Goudsblom, 1992; Mastenbroek, 1993; Mennell, 1985; Spierenberg, 1984; Wouters, 1986; Wouters, 1992。以上书单并非完备。) 埃利亚斯的挚友对上述研究均有分析。(例参 van Benthem van den Bergh, 1971; Bogner, 1986; Bogner, 1992; Fletcher, 1997; Goudsblom, 1987; Kilminster, 1998; van Krieken, 1998; Kuzmics, 1987; Mennell, 1989。本书单同样并非完备。) 此外，讨论埃利亚斯的论家中有一些态度友好(例参 Bauman, 1979; Rojek, 1986)，有一些态度就不那么友好(例参 Coser, 1980; Lasch, 1985; Layder, 1986; 亦参 Breuer, 1991)。至于将埃利亚斯与其他作者作比较，也不是什么新鲜事。阿多诺、齐美尔、曼海姆、戈夫曼、福柯、卡西尔和帕森斯都得到过充分的探讨比较，而关于沃勒斯坦、哈贝马斯、森内特、布迪厄和阿伦特，也有一些比较简短的比较分析。例参 Arnason, 1987; Bauman, 1979; Bogner, 1987; Breuer, 1991; Chartier, 1988a; Dechaux, 1995; Eyerman, 1995; Goudsblom, 1987; Goudsblom, 1995; Kilminster, 1993; Kilminster and Wouters, 1995; van Krieken, 1990; Kuzmics, 1988; Kuzmics, 1991; Maso, 1995a; Maso, 1995b; Mongardini, 1995; Mouzelis, 1993; Newton, 1999; Robertson, 1992a。

也探讨了西方世界在20世纪的现代性体验。理论家们之所以重要，是因为他们提供给我们抓钩，以把握这个失控的世界，至少在概念层面上有所把握。这是达成我们进行更有效实践干预所需的理解的重要一步。这些理论家帮助我们理解塑造了我们当下的过去，比如说，欧洲各大帝国的衰落，法西斯主义和共产主义的盛衰兴亡，以及欧洲与美国之间变动不定的权力均势。他们还帮助我们领会正在形成的全球社会，这个社会似乎会促成甚嚣尘上的消费主义，日趋尖锐的贫富分化，愈演愈烈的忧惧与不确定性，以及随处蔓延的基于监控的管理技术。

埃利亚斯的著述是一项重要资源，可以用来应对领会现代性这一挑战。将埃利亚斯与福柯、帕森斯、阿伦特和鲍曼逐一对比，不仅有助于确定埃利亚斯的长短优劣，也便于我们看清其他四位的利弊得失。这样一来，他们是否必然能彼此清楚暴露，相互取长补短呢？我认为是这样。

埃利亚斯的观念会对现代社会理论的未来做出重要贡献。不过，要实现这一点，并非是把所有竞争对手都赶到一边去。埃利亚斯固然有不少宝贵洞见，但也伴有一些盲点，比如不太关注大型商企，或是后熊彼特时代资本主义的特定动力机制。[4] 事实上，埃利亚斯的作品之所以富有裨益，原因有二。

原因之一，埃利亚斯以别具一格的方式直面西方现代性的性质，在大规模社会过程与我们的心理构造和观看、思考与感觉方式等方面的转型之间建立起牢固的关联。[5] 原因之二，很简单，埃利亚斯生于1897年，卒于1990年。换言之，由于埃利亚斯得享高寿，并且治学不辍，从而成为连续两代人

---

[4] 埃利亚斯往往以熊彼特之前的方式来探讨资本主义，视之为中小型企业之间的竞争领域(参看 Elias, 1994b, pp.32—33)。同样来自一战前这一代人的巴林顿·摩尔也有类似的盲点，虽说两人的情况并不完全一致(参看 Smith, 1983, p.145)。埃利亚斯之所以会出现这种盲点，或许有不少情有可原之处。《文明化过程》的问世，要早于熊彼特及其思想传人加尔布雷思完成其最知名作品的时间，虽说对于启迪了后两位的凡勃伦的作品，埃利亚斯是很熟悉的。有关对于凡勃伦的引述，参看 Elias, 1983, p.38, p.62, p.67。

[5] 埃利亚斯显然不是唯一一位做出这类关联的人。比如说，法兰克福学派也以此作为核心关注。20世纪30年代早期埃利亚斯在法兰克福工作时，其所属的社会学系与法兰克福学派同处一栋楼，虽说这个学派是日后才得此名。有关法兰克福学派，参看 Elias, 1994b, p.48；Jay, 1996；Wiggershaus, 1994。

的思想生活的组成部分。帕森斯（生于 1902 年）和阿伦特（生于 1906 年）与埃利亚斯（生于 1897 年[6]）来自同一代，鲍曼（生于 1925 年）与福柯（生于 1926 年）则来自下一代。

埃利亚斯的观念与和他同期的两代人的观念之间的这种创造性互动，能够帮助我们更有针对性地理解塑造了西方现代性的那些过程的结构与意义。这将有利于一项更大的任务，即发现可以从**西方**现代性的晚近体验中拯救出什么，以有助于我们挺过新的千年里的**全球**现代性，或许还能使之更加文明。

<3>

二、美国与欧洲

西方现代性是一种横跨大西洋两岸的现象[7]，本书讨论的五位论家中有两位（帕森斯与阿伦特）是美国公民。美国现代性的史诗传奇是 20 世纪的主要情节。整个世界注视着美国人挺过了 30 年代的大萧条，通过罗斯福新政和战时军备生产重新发动了资本主义机器，然后便是生活富足，焦虑丛生。所有情节中最核心的一个，也是尚未结束的一个，就是种族。

冈纳·缪尔达尔在 20 世纪 40 年代早期说的话如今依然有效，虽说他的有些措辞现在看来“政治不正确”：“对于绝大部分美国白人来说，黑人问题具有特别的负面意涵。它意味着某种东西难以利落解决，同时又难以不管不顾。这让人倍感窘迫。这就造成了道德上的不安……在许多人看来……（它）具有一定的威胁，这一威胁既是生物性的、经济性的、社会性的、文化性的，有时还是政治性的。这种焦虑或许也混杂着某种个体罪疚感和集体罪疚感。极少数人可能会把问题视作对治国才略的挑战。但整体上大家都觉得这是个麻烦。”（Mrydal，1962，p.lxxvii）

这则美国故事的下一回将如何发展，又有谁能知晓？与此同时，还有一

[6] 原文为 1987 年，应系排印失误。——中译注

[7] 尽管“西方”的地理边界往往延伸到包括澳大拉西亚。——原注

澳大拉西亚（Australasia）这个地理名词一般指澳大利亚、新西兰及周边南太平洋诸岛，有时也泛指大洋洲及太平洋岛屿。但此处其实就指澳大利亚和新西兰。——中译注

则同样扣人心弦的欧洲故事有待讲述。当美国人纠结于种族问题时，欧洲人正由于丧失对整个世界的帝国主宰地位而饱受精神创痛的折磨。

这个故事难以直接讲述，身处民主时代，这个主题何其敏感。说到底，欧洲的全球支配地位乃是基于对臣属国民众的支配，后者被剥夺了权力，往往遭受剥削，沦为牺牲品。不过，欧洲人对于帝国衰落的反应是复杂的。其中有两种情绪最复杂，使其他的相形失色，那就是羞耻和羞辱。欧洲人几乎还没怎么开始直面这些情绪和与之相关的社会机制，尽管它们对于国族认同和国族政治都有着重要意义。在现代，都是哪些社会过程与心理过程在集体层面和个体层面塑造着羞辱和羞耻体验，尚待研究和理解。

帝国的衰落与欧盟的兴起有密切关系。关于欧盟，有一桩事实值得注意，它的核心成员国就是过去欧洲各大帝国组成的“中枢社会”，只是而今几乎完全丧失了殖民地。对于巴黎、伦敦、波恩（更晚近则是柏林）、维也纳、布鲁塞尔、海牙、马德里、里斯本等地的政治当局来说，欧盟提供了一个新的家园，新的政治中心。[8]欧洲所有老帝国的首都在此都有代表——莫斯科除外。

欧盟的例子耐人寻味，因为表面看来，它好像为世界上其他地方的超国族政体的发展提供了一种潜在的模型。那么，它能不能成为其他区域性组织的样板，或许还能指导全球层面上未来的发展呢？

批判考察埃利亚斯的研究，有助于我们理解适才提及的这些主题：帝国 <4>
的失落，战后的欧盟运动，以及羞辱和羞耻在现代欧洲社会（更广泛地说是现代西方社会）所扮演的角色。不过，在探讨这些主题之前，我们还需要把埃利亚斯的著述放入更广泛的背景：有关现代性性质的持续争论。

三、本书的谋篇布局

本书共分三编。第一编题为“现代性与埃利亚斯”，考察了埃利亚斯切入典范的方式所引发的一些问题（第一章）。然后讨论了埃利亚斯的生平经历提供了怎样的渊源，使他产生这些别具特色的思想关怀，并决定为此摸索

---

[8]　就连奥斯曼帝国的继承者安卡拉(Ankara,土耳其首都。——中译注)也在北约有代表，在近些年的巴尔干危机中，这个组织与欧盟走得越来越近。

一种独特的思路来探究社会学和现代性（第二章）。

书的第二编题为“论辩格局的拓展”，分别比较了埃利亚斯的思路与阿伦特（第三章）、帕森斯（第四章）、福柯（第五章）、鲍曼（第六章）等人采取的思路。这一编涵盖了现代性塑造过程中的不少相关维度，包括大屠杀的起因与特征，德国社会的性质，思想变迁的动力机制，性（sexuality）的发展演变，欧洲各大帝国的衰落的连带意涵。透过这些章节的分析，既可看出五位学人之间一些明显的分歧，也能把握不少立意会通和焦点互补。

书的第三编题为“趋向全球现代性”。我们基于埃利亚斯、帕森斯和阿伦特来说明欧盟的社会生成机制，并确定其未来发展所面临的关键问题（第七章）。接下来一章，借助鲍曼、福柯和埃利亚斯的观念，考察羞辱和羞耻在现代社会、政治与组织生活中扮演的角色（第八章）。最后，综合第二编的理论发现与第三编的经验探究，提出社会理论需要面向全球现代性问题（第九章）。

四、埃利亚斯、福柯、阿伦特、帕森斯与鲍曼

鲍曼和福柯都属于埃利亚斯的仰慕者[9]，他们的研究兴趣也有高度的交叠之处。至于帕森斯和阿伦特，也都像埃利亚斯一样，年轻时深受德国大学中盛行的思想冲突的影响。其实，20 世纪 20 年代，这三位都在海德堡大学待过一阵。乍看起来，富有收益的思想交流的基础应该是存在的，事实上也的确存在。

但这桩事实已被一系列因素所掩盖：福柯反对“有关现代压抑性的话
<5> 语”（Foucault，1978，p.5），这似乎既包括马尔库塞，也有埃利亚斯的份儿；鲍曼在《现代性与大屠杀》中对埃利亚斯提出了批评（Bauman，1989）[10]；埃利亚斯无视阿伦特的研究；最后，埃利亚斯还屡次直接攻击帕森斯。阿伦特

[9] “埃利亚斯确实是位社会学大师。哪怕他并不曾解答社会学过去与未来的一切问题，但就像那些极其热诚地追随他的信徒认为的那样，相比于对埃利亚斯作品的那种集体盲视，他要伟大得多。”（Bauman，1979，p.123）阿尔帕德·绍科尔采的研究表明，在生命中的最后几年，福柯也开始熟悉埃利亚斯的作品。临终前最后几个月，福柯翻译了埃利亚斯的《濒死的孤独》，以备己用。参看 Szakolczai，1998；Elias，1985a。

[10] 参看 Bauman，1989，pp.12—13。

和帕森斯这边也是毫不留意埃利亚斯，至少在公开出版的著述中是这样。[11]然而，纵然有种种证据显露出敌意、冷淡或无视，也不应掩盖这些论家根本上的意气相投之处。

我们为什么应当关注埃利亚斯、福柯或其他几位说的东西？他们的阐述对绝大多数普通人的行为举止或感受、思考、评判事情的方式有什么影响？相比于家庭、工作、战场等地方的共享体验，这种缓慢的、无名的处理过程，知识分子对于塑造我们的理智和想象又有着怎样的重要性？

无论是在个体还是在集体层面，知识分子的影响都面临着严格限制。职业思想者的阐述只有得到跨越时空有效传播观念的权力和能力的支撑，才会在日常生活层面产生实际影响。比如，中世纪的灵魂概念深受奥古斯丁影响的程度，可能与弗洛伊德塑造20世纪的身心观差不多。但不管怎么说，奥古斯丁的神学得到了中世纪教会的大力贯彻，而弗洛伊德的理论也受到精神治疗职业中组织有素且占据支配地位的一支的强劲倡导。举个更近的例子，毛泽东思想之所以在20世纪60年代盛行于全中国，并不是因为它的思想力量和诗性表达，而是因为毛的“小红书”被一个打倒一切反对派的暴力群众运动的全体成员挥舞着。

本书的研究对象并不能也不想宣称是上述意义上的现代性**塑造者**。不过，对于现代性，他们都是不折不扣的专家，都是极具说服力的**见证者**。他们的权威来自于他们成功地激起了我们的理智与想象。根本不需要认定其中有哪一位对“什么是现代性？”这个问题具有盖棺论定的“答案”。但合而观之，他们的著述和体验构成了关于这个问题的重要证据。这是因为，每位论家都可以说一直在从现代性的不同部分或侧面采集信号。这里既有地理空间的传播，也有历史时间的传承。他们来自前后两代人，四个不同的国家社会（德国、法国、波兰和美国），都深深卷入了这个世纪围绕现代性的性质与方向问题的争战。

20世纪上半叶，德国扮演了这场斗争中的关键角色，无论政界还是思

---

[11] 有关埃利亚斯论帕森斯，参看Elias，1994a，pp.181—215；Elias，1972。根据十分了解埃利亚斯的理查德·基尔明斯特的说法，埃利亚斯曾评论说，阿伦特这个人很好，只是研究路数纯属误入歧途（与基尔明斯特的私人谈话）。

想界皆是如此。黑格尔、马克思、尼采、胡塞尔、海德格尔等，德国哲学深刻影响了整个欧洲，尤其是法国。不过，冷战期间及冷战结束之后，发生了三样事情：第一，法国和德国的观念渗入英美两国的思想生活；第二，欧洲人更加关注美国人的生活与观念；第三，随着东西方之间的壁垒逐渐被打破，
<6> 也更加理解了苏联和中欧是如何经历现代性的。

五、艺术家与勘探员

本书讨论的埃利亚斯及其他四位论家的主要定位都是在大西洋两岸这一背景中，尽管他们也都对更广泛的世界有着思想上、道德上或职业上的兴趣。[12] 五位中有四位生于欧洲，不过其中有一位（阿伦特）后来定居美国。五位中只有一位是女性，三位是犹太裔。五位都是白人。

这种有限的传播，或者换个角度说，这种高度的交叠，可谓利弊互现。不利之处在于，没有一位论家能够直接叙述非白人和/或非欧洲人作为欧美现代性的牺牲品（其实也可能是受益人）的体验。至于如今兴起与欧美一争高下的主要文明，比如中国和日本，它们的体验这里也不能代表。印度人、阿拉伯人和拉美人的视角也没有什么证据体现。当我们的论家对人的境况做出概化论述时，我们必须牢记这些事实。这个话题非常重要，我希望还有机会另文探讨。

话说回来，我们这些见证者具有相当的同质性，再配上他们空间上跨越大西洋两岸，时间上也有所分散，有利于我们进行三角测定。换言之，我们可以看到从不同立场观察同一现象或密切相关现象的不同所见。某种意义上，他们就像是一个勘探队。

另一种形象也涌现在脑海里，那就是承认我们这些见证者的关注点各有侧重，并且差异并不在于他们在**看什么**，而在于他们要**找什么**。想象塞尚身处法国南方时，雷诺阿、毕加索、马格里特[13]和爱德华·蒙克一起入伙，都来描绘塞尚钟爱的圣维克多山（Mont St-Victoire），日落之时，就这同一

---

[12] 参看本章下一节。

[13] 马格里特（Magritte，1898—1967）：比利时艺术家，超现实主义画家之一。——中译注

座山峰，你会得到五幅各具风格、个人色彩鲜明的画作。

我们的核心见证者所提供的证据，就位于勘探者的记录与艺术家的画作之间，并且各自表现出某种特别的“观照”。他们的研究所给出的对于现代性的“解读”，厚重而细密，要找到方法做出解释，可谓艰巨的挑战。这其中就包括阐述每位论家特别的观照。

六、现代性的观照

在这样的背景下，一位论家的观照就表现在他或她有怎样的能力，以富于原创的方式，凭直觉推断出世界是如何在社会角度和道德角度上融为一体的，人是如何融入世界的，在世界中行事的空间有多大，作用于世界的程度有多深。[14] 所谓“直觉”，意味着对于生存的性质的一种强烈认识或感觉，<7>
最初不是出自逻辑演绎或经验研究。当直觉让我们关注到此前未曾考虑或很少思及的可能性时，不妨认为它富于洞见。

熊彼特写道：

> 科学中最牢固的成就并非来自观察或实验，并非来自有序而琐碎的逻辑推究，而是出于另一种东西，最好称之为观照，类似于艺术的创造…… 在每一场科学探险中，首先冒出的总是**观照**(Vision)。也就是说，在着手开始任何类型的分析工作之前，我们必须首先挑选出自己希望考察的一组现象，对于它们如何相互联系，换言之，从我们的立场来看，哪些像是它们的根本特征，“凭直觉”获得初步观念……(这种)前分析阶段的认知行为…… 为分析工作提供了原材料。
>
> (Schumpeter, 1986, p.41, pp.113－114, pp.561－562, 黑体格式为原文所有)

要磨炼观照能力，作者并不非得感到地球在动[15]。他们只需要敏于接受，有

[14] “观照”这个词既可以指“某种观照视野的内容”，也可以指“拥有直觉的能力”。具体指哪种意义，要看各个例子的上下文。

[15] 这里指的是“vision”一词的“视野”一义。——中译注

关自己感兴趣的领域中“事情的运作方式”，那些基于直觉的想法（hunches），哪怕是琐碎细微的念头。某些状况下，有关的人敏于接受新的思考方式和感觉方式，挑战了经验，就此激发出观照。[16] 现代性向个体发出实际生活的挑战，会招致一系列反应，从忧惧和恼怒，到厌烦和受挫。但不管具体形式如何，深深涉入、蕴含意义的体验就有可能产生直觉，并且往往可以说“包裹在”情感里。观照作用于这些直觉，把它们组织在想象里。其结果，有关的人就可能开始把世界的某些特定方面“看做是”特别重要的。事情似乎陷入了某种此前未曾为人注意的模式。

这些过程并不只发生在作者身上，而是属于发生在许多人身上的生活遭遇。对于这些事件，人会在想象中做出各式各样的反应。比如说，他们会提笔作画，投身抵抗，吟诗诵文，倾囊济贫，甚至自杀绝世。而在我们要考察的有关人物的个案中，他们最终是写出了一些其他知识分子看的书。

当然，他们之所为并非仅限于此。埃利亚斯协助创建了群体分析运动。[17] 阿伦特为建立一支犹太军队鼓与呼。[18] 福柯与警察交过手，并为争取监狱犯人的利益而斗争。[19] 帕森斯力图影响美国政府以什么样的态度来使用宣传，在二战后重建德国。[20] 鲍曼则曾是一名红军战士，后来升任波兰军队中一名高阶军官，直到 20 世纪 50 年代才转为社会学学者。[21] 所有这些论家都在相当程度上由某种特别的洞见所驱动，被一股坚定的决心所激励，要将其观照的内容深入阐发，与人沟通。

帕森斯在学界素以写些难以索解的东西著称，而他得来这种声名也并不冤枉。但即使是他，在其最重要的作品即《社会行动的结构》（Parsons，
<8> 1968）中，也通篇洋溢着一种感觉：有一种精神激励着他去探究事情的性质，

---

[16] 笔者论证至此，已经触及绍科尔采曾深入考察的方面。这里我并未尝试结合考察其分析，部分原因在于，他关于“反思性历史社会学”的著作尚未出版。——原注

绍科尔采《反思性历史社会学》，2000 年 Routledge 英文初版，2008 年上海人民出版社中译本，凌鹏、纪莺莺、哈光甜译。——中译注

[17] 例参 Foulkes，1990，p.145；Foulkes and Steward Prince，1969。

[18] 参看 Young-Bruehl，1982，pp.170－171，pp.173－181。

[19] Eribon，1991，p.209，p.224.

[20] Buxton，1985，pp.97－104.

[21] 参看 Smith，1999b。

并且要比别人更进一步，更深一层。他几乎不能掩饰自己看到社会学何等模样时的喜悦之情，因为按照他的说法，社会学是“一门特别的分析科学，其程度堪比于经济学学说”，这种观点“与有关的方法论传统的主体针锋相对”（Parsons, 1968, p.772）。

帕森斯觉得自己正在夯实齐美尔的“明智洞见”，但要迎来“分析性社会学理论”，却不得不“等待一般化行动理论得到比较充分的发展”（Parsons, 1968, pp.773—774）。为此，就必须“挖掘得足够深入”，超出“比较浅显的层面”。文本表明，帕森斯这个人具备这么做的想象与理智。他的自负之心宛如沉钟重鼓，力透纸背，几乎不守谦逊，不拘礼节，而人们原本可能推断，这位来自俄亥俄州公理会牧师家庭的孩子，天性应该低调节制。

帕森斯宣称，自己的考察揭示了“科学思想运动之下，深层涌动的巨流”（Parsons, 1968, pp.774—775）。这种观照性的 / 幻象般的（visionary）措辞就出现在帕森斯此书最后一章的最后一页。它让人想起圣经最后一部《启示录》最后一章的开头：“天使又指示我在城内街道当中一道生命水的河，明亮如水晶，从神和羔羊的宝座流出来。”（《启示录》22：1）。帕森斯的父亲就是公理会牧师，曾为全书修润文辞，完全有可能注意到这里与圣经的关联。[22]

话归正传，稍加梳理，所有这五位作者都用理智来挖掘由观照组织起来的直觉，并撰写出相关作品，对现代性的多个方面做出了实质性的阐述。[23]

预告一下观点，埃利亚斯、阿伦特和鲍曼的作品，福柯的晚期著述（尤

---

[22] 参看 Parsons, 1968, pp.xxiii—xxiv。

[23] 我们的社会理论家所写出的作品中那种令人兴奋之处，至少有一部分是来自于观照与理智之间的互动，有时还是斗争。究竟是观照指明了道路，力主理智应当抵达某个预定目标，还是理智仅仅从观照中得出某些最初线索，并以其发现反过来校正最初的“索取”？或许就要看观照所源出的体验有多强烈，以及作者最初的洞见所根植的情感有多深切。不妨认为，体验越是强烈，或许，被压制得越是深切，作者就会越是下决心理解最初的观照之举所揭示的内容，加以阐述，并与人沟通。如果对于现代性的挑战的体验不那么强烈，占上风的更可能是理智，而不是观照。事实上，这是一种大大简化的说法，因为要能发现或承认不曾预期的关联，既在一定程度上依赖于直觉性的想象行为，也需要认识到，一旦发现或承认那些关联，它们也是具备逻辑蕴涵的。理智与观照是紧密交织在一起的。

其是《性史》)，以及帕森斯的早期研究（包括《社会行动的结构》）[24]，具有以下三点共性：

- 它们都融入了一种强烈的长期过程感，历经数代乃至数百年。
- 它们都聚焦于孕育冲突的力量与趋向秩序的态势之间的张力。
- 它们都表现出赞成一种特别的政制，能够容许彼此竞争的生活思路之间展开激情而有序的对话。[25]

接下来各章，将会更加细致地铺叙这些主题。眼下，且让我们回到埃利亚斯。

七、一位社会学家的生平剪影[26]

剪影一：1906年前后的一天，阳光明媚，在公园，或是花园。一个九岁
<9> 上下的男孩，身穿水手装，侧躺着，以肘支地。少年在镜头前笑得很开心，眯缝着眼，躲避阳光的直射，手里握着一只网球拍。他身后站着两位女性。一位是他的母亲，头发挽成圆髻，另一位是他的保姆。这小孩就是诺贝特·埃利亚斯。照片可能是在他的家乡布雷斯劳即今波兰弗罗茨瓦夫附近拍的，也可能是在度假时摄于奥斯坦德或斯海弗宁恩。[27]

剪影二：1915年，法国北部，佩罗讷（Peronne）附近。埃利亚斯回忆道："因为我们携带着大筒大筒的电线，笨重的电报机，还有一大堆设备，所以

---

[24] 还包括帕森斯在20世纪40年代早期有关德国社会的论著。参看 Parsons, 1942a; Parsons, 1942b; Parsons, 1945。

[25] 阿伦特、埃利亚斯和鲍曼都非常坚定地遵循了最后这一点。福柯往往"偏向"富于创造的无政府状态，帕森斯偶尔偏好另一方向。比如说，帕森斯曾为卡尔·弗里德利希组织的一个名叫民主议事会（Council for Democracy）的组织撰写过一份战时备忘录，主张处理德国事务的当务之急，并不是推广民主，而是确立法理型权威："对传统的公民自由观念做出某种调整……似乎是有必要的，人们在阐述这些观念时，往往意味着绝对不可让渡的性质，而无须考虑其所保护的行动的伦理属性。"（转引自 Buxton, 1985, p.103）对这一点切勿误读。帕森斯并不是反民主，而是反法西斯。参看 Nielsen, 1991。

[26] 参看 Elias, 1994a, pp.168—178; Dunning, 1987。

[27] 有关照片及其背景细节，参看 Elias, 1994b, p.9, p.15。——原注
奥斯坦德（Ostend）是比利时西北部海滨胜地及渔港，斯海弗宁恩（Scheveningen）是荷兰西部海滨胜地及渔港。——中译者注

是坐着车上前线的……有人唱着歌。然后，隔着老远我们就看见火光阵阵。那就是所谓‘密集火力’(Trommelfeuer)，炮火连射，属于西进攻势……我们属于一个电报小组，一个班长，带着八个人，都是专业人员，可以随处调配。我和战友们朝着不绝炮火，迎着密集火力，顶着夜色开过去，我身边的一个人还吹着口琴——好像我们坐在一辆马车上。然后，我们就到了前线近边，到处都是马尸。还有死人。整个场面，尸横遍野，炮声隆隆，火光阵阵，歌唱得人动情，琴吹得人思乡——这幅画面我记得清清楚楚。”[28]

剪影三：20世纪30年代早期的法兰克福。伊尔塞·塞格洛回忆道：“我听说曼海姆和埃利亚斯已经来到……我的家乡，让这所大学的这个系……‘面目一新’。……我逐渐被引入它的‘内部小圈子’，但里面没什么礼节讲究……就我们来说，我们有个咖啡馆，人员混杂，大学教职员和学生平起平坐，相互对谈，而传统的院系会有个会所(Gasthaus)，学生的男伴(偶尔也会找到别的班的女生)、教员和学生只是在正式场合才聚在一起进行社交活动……我还记得有一次，保罗·蒂利希和一帮社会学家在他们喜欢的咖啡馆——老妹儿(Café Laumer)——讨论问题，凌晨一点钟结束，扔下一句话：‘接下来你们可以上你们的道，我睡我的觉。’”[29]

剪影四：1940年，利物浦附近的海顿(Huyton)，一处敌侨营(alien internment camp)。一位曾在该营居住过的侨民回忆道：“敌侨营坐落在一处未完工的住宅建设项目，临时占用。属于半成品的房屋只有一部分装有门窗，剩下的用军用帐篷替代。英国特有的小雨也会在顷刻之间把帐篷区和未铺砌的道路变成泥泞满地，水流成河。食物短缺，经常就是一盆稀汤，偶尔漂浮着一些鱼或肉的碎末。如果你只有十七岁，那倒是充满乐趣；但对于营中其他绝大多数侨民来说，则是一场灾难。他们大都是从欧洲大陆来的犹太难民。营区长官有句话被人引述，说他从来不知道有那么多犹太人也是纳粹……许多人深陷绝望，有几个干脆自杀……在这种情形下，搞个合唱排练，来场足球比赛，就有了重新赋予生命活力的性质。有些群体……

---

[28]　参看 Elias, 1994b, p.24。

[29]　伊尔塞·塞格洛回忆，见 Gleichmann et al., 1977, pp.16—17。

<10> 聚在一起听讲座……傍晚时分，一群听众坐在‘室外’，以半圆形围坐在讲演人前面……有一天，一个叫做埃利亚斯的教授，在一块充当黑板的脏兮兮的纸板上圈圈画画，讲什么一个人怎样来到人世间，不是作为素朴孤立的个体，而是作为一个社会网络上的节点。这个想法说来挺简单，可是它改变了我思考社会现象的方式。”[30]

剪影五：20 世纪 60 年代早期，加纳。已经谢顶的埃利亚斯，加纳大学社会学教授，正站在自己居所的花格窗前，两旁是他的厨师和司机。埃利亚斯穿着白衬衣，系着领带，戴着厚厚的眼镜，透着一股高兴劲儿。这个画面令人奇怪地回想起半个世纪前拍的另一幅照片，小诺贝特穿着水手服，身边由母亲和保姆陪着。它同样传递出快乐安定的感觉。

剪影六：20 世纪 60 年代晚期或 70 年代早期，莱斯特大学。埃利亚斯正穿过维多利亚球场，走向社会学系。阿滕博罗楼（Attenborough Building）右翼的教职员工可以看到他步伐稳健地穿过球场，日复一日，年复一年。他始终在同一个时点出现，头微微侧着，总是拖着脚走路，手上几乎总是提着公文包。

剪影七：20 世纪 80 年代早期，德国一所大学的讲堂上。埃利亚斯已经八十五岁，依然精神矍铄，思路活跃，论述有力。一只手指向天花板，另一只手托着腮。他穿着一件渔夫式厚套衫，夹克揉作一团，撂在旁边的椅子上。[31] 一副自在模样。

以上这些就是从埃利亚斯漫长的一生中采择到的几个特殊画面。我们看到他观察着自己周遭的世界：他深深涉入这个世界，有时甚至满含危险；但他也令人瞩目地超脱于这个世界。我们看到他无论春风得意还是时运多蹇，都锲而不舍地探求并阐发着自己的独特观照。

---

[30] 埃里克·沃尔夫，见 Gleichmann et al., 1977, pp.29—30。沃尔夫日后成了一位社会人类学名家。

[31] 斯蒂芬·门内尔介绍埃利亚斯其人其说的那本书的封底就能看到这张照片，该书于 1989 年由 Blackwell 初版。最新版参看 Mennell, 1998。

曾几何时，习惯于早上透过窗户瞥见埃利亚斯走过维多利亚球场的那些教员中，就有我一份。我们就像哥尼斯堡城中康德的那些邻居们，可以踩着埃利亚斯的脚步来校准自己的手表。只是我不能确定，埃利亚斯本人是否会喜欢这样的比较。

虽然我与他完全是泛泛之交，但已足以让我相信，他的才智过人，对自己想法的价值也是坚信不疑。莱斯特大学社会学系规模很大，当时是英国最重要的社会学人才培养基地。在系里，埃利亚斯有一批拥趸，还有几个门徒。不过，至少在我看来，当时他要传递的意旨[32]还不是很清晰。他的主要作品， <11>
像《文明化过程》(Elias，1994a) 和《宫廷社会》(Elias，1983)，都还没有译成英文。

我听过几次埃利亚斯讲演，参加过一些他组织的研讨会，还蹭过两回相当活跃的咖啡小歇讨论。我从未试图成为埃利亚斯小圈子的核心成员，但也不记得曾被有意排斥过。有两次我还直接与埃利亚斯进行了对话。他为人和蔼，面对新手，循循善诱。其他人也都觉得他乐于相助。有位与我同时获聘教职的同事曾说过，听埃利亚斯谈话，“如沐春风”。

就这样年复一年，埃利亚斯在莱斯特露面越来越少。这并不是因为他年老体衰，而是由于他年过七十以后，名扬欧陆，四处公开讲演，获颁奖项，接受采访。1975 年，他离开莱斯特，移居德国，后又转往荷兰。1990 年，埃利亚斯离开人世，享年九十三岁，被广泛视为一位社会学大师。

八、幸存者的观照

埃利亚斯拥有强烈的个人命运感。他相信自己属于“承上启下”的一代，致力于“深入阐发一套综合全面的有关人类社会的理论，或者更确切地说，有关人类发展的理论”(Elias，1994b，pp.131－132)。

最后一句引述听起来有点瓦格纳的意味。尽管在埃利亚斯口中，可能

---

[32] 这里原文用的是“message”，如果前面的“门徒”(disciples) 就是“使徒”，这里的“意旨”就是先知的启示或预言了。——中译注

有些许齐格弗里德的命运感[33]，但不管怎么说，也有查理·卓别林那种逆势求存的决心。埃利亚斯和卓别林前后相隔只有两年，分别出生于1897年和1899年。埃利亚斯就像卓别林塑造的那个“戴礼帽的小男人”，有时也会迎难而上。他遭受过诸多挫折，明白手头拮据的滋味，还常常卷入一些小风波。他也不时遭到嘲笑和鄙薄，通常还都是些背后冷箭。但经历了这么多艰难，埃利亚斯还是像卓别林一样，依然故我，坚定前行。

埃利亚斯就像是个材料厂里的中层经理。实际上，二十来岁时，他真的当过一段这个角色。他在布雷斯劳大学哲学系读完博士，不得不挣钱帮助家里挺过战后的通胀。他协助当地一位实业家建立其出口定货簿。据他日后回忆，“我对资本主义的看法深受那位工厂主的影响，那是个大好人。”(Elias, 1994a, p.32) 再往后，到了三十多岁，埃利亚斯和两位伙伴合开了一家小型玩具厂。在这场生意里，埃利亚斯负责市场营销。他跑遍卖场，结识买家，努力说服他们订购各种活动造型玩具。

这根本算不上正常的玩具生意。三个合伙人全是德国人。其中一位，即埃利亚斯，是个由哲学家转投来的社会学家，另外两位，一个是作家，一
<12> 个是雕刻家，都是共产党人。九个月后，企业就倒闭了。在30年代早期的巴黎做玩具生意，天时地利都不占。这几位冒牌玩具制造商在城里人生地不熟，都是躲避纳粹政权的流亡者。他们都没有全力做生意，都是心有旁骛。比如说，埃利亚斯忙着著文发表，其中一篇讨论的是法国驱逐胡格诺教徒。[34] 作为一名被迫迁出德国的犹太人，他对这个话题自然心有戚戚。

两次大战期间，埃利亚斯生命中有些恶作剧，仿佛直接出自卓别林的电影《大独裁者》。离开德国前，埃利亚斯住在法兰克福，在法兰克福大学社会学系工作。当希特勒去到那座城市，为一次纳粹集会发表演说时，埃利亚斯决定去听听。半个世纪后，埃利亚斯如此讲述这桩往事：

> 通告说希特勒要发表一场重要演说。我满怀好奇，想亲眼瞧瞧他

---

[33] 瓦格纳曾根据北欧神话和相关传说，写了歌剧“诗”《齐格弗里德之死》，后在前面加上《莱茵黄金》、《女武神》和《青年齐格弗里德》，连同更名为《众神的黄昏》的《齐格弗里德之死》，构筑起雄浑磅礴的乐剧四部曲《尼伯龙根的指环》。——中译注

[34] 参看 Elias, 1935；英译重刊于 Goudsblom and Mennell, 1998, pp.18—25。

这个人。但那样做很危险，因为我会被认出是个犹太人。不过，只要巧加打扮，我看起来就很有贵族范儿。如果脱掉眼镜，架上单片镜，再戴顶小猎帽，换些衣服穿，就变了个人。就这样，我由两个长得很有雅利安人特点的高高大大的学生陪着，走在一列列党卫军中间。

(Elias, 1994a, p.46)

还是 1933 年，大约同一时间，埃利亚斯和党卫军有过另一次狭路相逢。纳粹上台掌权后，他认识到基本可以确定，社会学系上上下下已经找不到任何会留下把柄的文字。他拿着大楼的钥匙，有能力做到这一点。我们可以再次听到埃利亚斯自己讲述故事：

几天后，党卫军来找我，让我把系移交给他们。我浑不在乎，因为我知道他们啥也找不着。他们闯入房间，把我带走。然后，我，诺贝特·埃利亚斯，就乘着一辆敞篷吉普车，在法兰克福城里招摇过市，身后是一面纳粹旗子……当时的情形至今仍历历在目。一个党卫军中校看了看几架子书，抽出本马克思的书："啊哈，马克思！这些肮脏的共党。"我问他："你到底要找什么？"他回道："关你毛事。"[35]

(Elias, 1994a, p.48)

坐过党卫军吉普几个礼拜后，埃利亚斯离开了德国。他先去了巴黎，然后到了伦敦。

埃利亚斯在英国待了将近四十年，在此期间他几乎完全默默无闻。他不像卓别林，聚光灯姗姗来迟。早在 1939 年，他就出版了自己的两卷本经典之作《文明化过程》。此后有相当长一段时间，他基本没有发表任何文字。接下来四分之一个世纪里，他只成功发表了区区几千字的东西。他也不曾获得一份终身聘任的全职学术岗位，直到 1954 年他才在莱斯特大学获得一份授课岗位，时年已届五十七。

在大西洋两岸的学术界中，埃利亚斯始终是位局外人 (outsider)，至少在 1977 年前是这样，那一年，他获颁阿多诺奖。只是在 70 年代后期和 80

[35]　埃利亚斯的风险在于，马克思其实也是犹太人。——中译注

年代，在他从大学教学岗位上“官方”退休二十年后，他才开始享有一定的国际声誉。

<13> 九、埃利亚斯的典范化

到了20世纪90年代，埃利亚斯最终成为时髦人物。不幸的是，他错过了这种体验，因为他在1990年去世了。事实上，埃利亚斯的去世使他的观念获得的知名度，超过他长达93年的一生中曾经的待遇。

根据《社会科学引文索引》(SSCI)，从80年代早期以来，以埃利亚斯作品为核心主题的公开发表的文献数量一直呈稳定上升态势。如果我们以1981年为起点，每四年为一时段，那么SSCI辑录的此类文献数量如下：

- 1981—1984　23
- 1985—1988　26
- 1989—1992　39
- 1993—1996　69

随后两年中（1997年和1998年），这个数字达到了三十九篇。换句话说，对于埃利亚斯作品的研究兴趣的上升态势趋于加速。这还比不上安东尼·吉登斯吸引的关注，他的作品在1997年和1998年成为五十四篇文献的主题；也比不上皮埃尔·布迪厄，他的这一数字达到了八十六篇。不过，根据这一指标，埃利亚斯吸引到的关注要超过像帕森斯这样的人，在这两年，SSCI辑录的以后者作品为主题的文献仅有二十三篇，至于鲍曼，也只有二十六篇。

如果我们扩大搜索范围，涵括所有在参考文献中引用埃利亚斯作品的SSCI辑录文献，而不论该作品是否出现在题目或摘要中，就会确认乃至增强我们的印象：对于埃利亚斯的研究兴趣在稳步增长（参看表1.1）。

过去几年里，他的拥趸依然维持着这种推广态势，在1997年举办了几场诞辰百年纪念会，出版了一些教材介绍性的书，两本文选，埃利亚斯的作品再也没有被人遗忘的危险。他已经“光临”，已经现身名人堂门口，并被延请进入。埃利亚斯的地位已经稳固。他的作品已经成为典范。

表 1.1　引用诺贝特·埃利亚斯的 SSCI 辑录文献篇数 [36]

1981	32	1985	70	1989	87	1993	86
1982	31	1986	73	1990	99	1994	95
1983	50	1987	73	1991	96	1995	115
1984	55	1988	81	1992	101	1996	149

资料来源：《社会科学引文索引》(SSCI)。

埃利亚斯的理论堪称宝贵资源。但本书并不致力于证明或否定其价值。每章都会摆出埃利亚斯的作品，但只是作为手段，而不是目的。主要目标在于让他的重要观点与理解现代人类境况的其他一些重要贡献进行富有裨益的相互交流。这么做也不会先验假定，埃利亚斯的理论在各个方面或大多数方面都是“最好的”。 <14>

如果敬供埃利亚斯于神庙[37]，界垒分明，仅由信众侍奉，那么对于他，对于他那些催人深思的著作，这种处理方式可谓下下之策。这会驱散好奇的人，嘘走他们，让他们觉得自己还不“够好”，不是真正的埃利亚斯主义者。埃利亚斯已经不在人世，他现在需要的不是这种待遇。

十、放埃利亚斯重归于野

既然埃利亚斯已被典范化，他的作品也就有可能接受不像以前那么毕恭毕敬的对待。这也是可以承受的。只有最严苛的对待才能使其尽显荣光。社会学的经典都是富有韧性的。它们必须如此。比如说，韦伯、涂尔干和马克思的观点都曾遭到诸般推拉扭转，塑造成各种形状。这些理解人类社会的思路经受不同人手的作用，几乎分解殆尽，解读视角五花八门，重新呈现的面目也是支离破碎，唯求便利。但它们一次又一次地经受住这些攻击伤害，

[36]　这些数据不包括埃利亚斯本人发表的著述，包括了发表于《社会科学引文索引》中收录的那些学术期刊，在题名或摘要中提到埃利亚斯或其作品的著录文献。这些著录文献包括文章、评论、编辑部语、信函和备忘录。《社会科学引文索引》辑录了欧洲各大语言的发表文献，因此这些数据并不仅限于英语出版物。

[37]　前面的“名人堂”及此处的入奉神庙之喻，都要考虑到“典范”(canon)一词亦有“圣徒”之意，而“典范化”(canonize)就是“封圣”(死后追授圣徒)。——中译注

重新显现，并且依然精神饱满，活力四射。

经典是能够承受最具考验性的环境而生存下来的。只要原典依旧，不断刊行，并且得到广泛而到位的翻译，任何伤害都不会持久。总是有可能回到文辞本身，重新揭示它们的写作背景，重新思考它们的意涵。

尽管法兰西第三共和国已经解体，但对于涂尔干作品的研究兴趣依然兴盛，而他是该共和国“一位半官方的思想理论家”(Bellah，1973，p.xvii)。共产体制崩溃之后，在随之而来的一片唱衰斥责声中，马派的分析重振活力。当人们发现，韦伯的作品被引入英语世界，事实上经过了二战后最初几十年占据主导地位的美国社会学家帕森斯特有观点的过滤，韦伯研究也取得了复兴。

最后这个例子值得深究。众所周知，帕森斯在 1937 年初版的《社会行动的结构》一书中，按照自己的理解，将韦伯、涂尔干及其他几位理论家的不同侧面融合在一起（Parsons，1968）。二战后，社会科学在美国迅速扩张，人们需要一种特别的理论，可以教给成千上万地涌入美国课堂的新生们，帕森斯的作品正好被用来满足这种需要。其结果，韦伯和涂尔干成为下几代社会学研究生耳熟能详的名字，其中有些人又回归原典，发现他们“自己”对于这些论家的看法。[38]

<15> 学界目前广泛认为，帕森斯误读了韦伯，将并不具备的意义强加给后者的作品。[39] 话说回来，总体来看，帕森斯这一幕对于韦伯主义者还是有利的。一旦帕森斯以其育种者之眼“培育”韦伯融入其理论，就意味着韦伯的影响有能力从地方性的转为国际性的，从海德堡的一名专家，变成对大西洋两岸的社会学家都产生重大影响。

有两点可以分开来谈。其一，如果成为一种混生物中的要素，得到广泛的传播和讨论，可能更有利于一名理论家发挥长期影响，而不是被某个学派独占培育，主要关注如何保护创始人的观照的纯粹性。或许最好的办法是让“纯粹派”(不能太霸道）和“混生派”(也别太草率）坐在一起，展开热烈

[38] 例如查尔斯·卡米克、杰弗里·亚历山大、劳伦斯·斯卡夫，以及英国的安东尼·吉登斯。这份名单还可大大扩充。

[39] 例参 Giddens, 1971, p.106；Mestrovic, 1993, p.46, p.60；Scaff, 1989, p.x；Turner and Factor, 1994, p.175；Tenbruck, 1987, pp.262—263。

而友好的对话。

其二，混生并不等于变型。它不是降低“最佳者”维持的“纯粹性”标准。对于典范，不乏创造性的杂拼匠（bricoleurs）或即兴做事的人，思想极具原创性，充满深刻洞见，在构筑自己的图式时，毫不犹豫地使用手头最为近便的材料。马克思、涂尔干和韦伯都曾博采众家之长，日后也都被别人大加采借，以利自身。

马克思的著作中融合了法国的重农学派、英国的政治经济学家及德国的哲学家的观念，这几乎已是老生常谈。涂尔干也从孔德、卢梭和其他许多人那里汲取灵感。至于韦伯，有一种概括很有说服力：“[韦伯] 主要是对其他人已经分析过的材料重新进行概念阐发”（Turner and Factor，1994，p.8）。

这些论家都曾致力于综合（synthesis），也就是程度很高的杂拼（bricolage），将各色结构中捕捉来的要素进行创造性融合。这是思想创造的重要特征。[40] 如果埃利亚斯被排除出这些过程，可谓遗憾。终其一生，他都拒绝承认别人对他有多少影响，有些拥趸也十分积极地捍卫他这一立场。[41] 然而，学者们大可从埃利亚斯那里各取所需，并与取自其他来源的观念和思路加以融合。

十一、现代性的地图

本书旨在针对穿越现代性密林的五条不同道路，进行勾绘、并置与比较。所探讨的每位学者都有其独特的“地图”，聚焦于这一心理—社会—历史区域的某些方面的特征，相对忽略其他特征。

对于有关现代性的这些地图或解读中蕴含的信息，可以用两种方式来处理。其一，可以考虑每位地图编绘者的时空坐标，或者说在历史和文化中的定位。这种信息再加上作者本人的陈述，有助于搞清楚，该作者强调的现 *<16>*
代性的那些特征与其研究规划之间是什么关系。换言之，你要评估一幅地图，了解是谁编绘了它，他主要关注的是什么，会对你很有帮助。比如说，对于

[40] 有关这一点，参看科斯特勒所著 *Act of Creation*（Koestler，1964）。

[41] 例参 Goudsblom，1995；Kilminster and Wouters，1995；Maso，1995a；Maso，1995b。

同一块区域，石油勘探人员与图谋确立游击根据地的人所注重的特征是不一样的。[42]

第二项任务是，考察这些解读中蕴含的假设和观点，探寻它们之间的异同模式。将埃利亚斯与福柯、鲍曼、帕森斯和阿伦特依次比较的那些章节就是要做这件事情。潜在的现代性合成地图中的某些要素逐渐成形。另外，我还会尝试对现代性的两块特定区域进行更详细的地图编绘：一是战后在欧洲出现的向超国族组织的转型，一是羞辱和羞耻在政治生活和组织生活中扮演什么样的角色。

最后一章中，我将会对一些主要结论予以综合，加以深入阐发，考察其对于以理解现代性为核心的社会理论的进一步发展可能具有哪些连带意涵。

十二、社会学与哲学

如前所述，本书的主要目标在于考察，埃利亚斯的理论如何有助于我们理解现代性，是否有可能将他的洞见与其他几位重要的社会学家和哲学家的相关见解相结合。对于这项研究规划，埃利亚斯想来会很不情愿，原因有二。其一，除了自己的思路，他很不留意社会学中的其他思路。其二，他也不准备接受说，哲学家能对我们有关社会的知识和理解做出重大贡献，因为哲学不像社会学，根本不是一门科学。[43]

下面的阐述并非出自埃利亚斯，但却从一个角度反映了科学与哲学之间的关系，似乎比埃利亚斯的看法更有道理：

> 科学与一切哲学学科之间有着关键的区别……但这**并不**意味着这两类学科之间就没有重大的相互关联，可以彼此漠视而没有损失……（哲学）就是通过经验科学方法之外的方法，达成理性的认知理解。基

[42] 帕森斯也很熟悉这一点。他在其早期著述中追随 W. I. 托马斯，屡次强调“情境界定”的重要性。比如他写道：“一块土地……对于区域地形的地质测绘员，在这块地上耕作收成的农夫，或一心想着要确保其安全抵御敌方攻击的军官，各自的‘界定’所体现出的该物理环境的特征会相当不同。”(Parsons, 1942a, p.553)

[43] 例参 Elias, 1978，第一章。

> 于理性本身最一般的性质，通过简单演绎就可以得出：确立了哲学与科学之间的区别，两者之间也存在重要关联。科学中的理论体系往往在逻辑角度上封闭，只是个特例。一般来说，理性的性质就在于力求就范围内一切经验，做出理性角度上统合一致的阐述……由此得出，人类经验中并不存在任何逻辑上纹丝合缝的分区。理性知识是一个有机整体。

作者又补充道，科学与哲学“存在相互矫正批判的关系”。一方面，由科学来源和事实观察给出的证据，能够提供“确凿的理据来批判哲学观点”。另 <17> 一方面，“每一套科学理论都蕴含着哲学假设”。比如说，“基于哪些理据来评判科学命题的经验有效性、一般期望按照什么样的步骤会产生有效知识，都会直接影响逻辑和认识论等哲学领域。”

这些话出自帕森斯，见于《社会行动的结构》(Parsons, 1968, pp.22—30)。帕森斯还补充道，支持某种特定科学方法论思路的人，“否定了”哲学家贯彻的那种“理论抽象的合法性”。这种思路就是经验主义。该思路的主要特性就是，“对于某种给定科学，无论是理论科学还是经验科学，将其具体特定命题的意义**等同于**它们所指涉的在科学角度上可知的外部现实总体。也就是说，他们主张，在可经验到的**具体**现实与科学命题之间，存在直接对应。只有存在这种对应，才可能存在科学知识。”(Parsons, 1968, p.23, 黑体格式为原文所有)

刚才描述的方法论，意在生产出埃利亚斯描述的那种“对象/客体充分性”知识。[44] 德雷克·莱德尔把埃利亚斯的立场说成是“‘精致的’经验主义”(‘sophisticated’ empiricism, Layder, 1986, p.380)。埃利亚斯认定，人类对于世界的感知有一种长期趋势，会越来越趋向对象/客体充分性(objective adequacy)，换言之，越来越完整、精确。这种假定使他认为，你依据什么样的**标准**，能够说出在任一时点上，我们有关客体/对象世界的知识**有多么**“充分”，这种问题纯属不中要害的“哲学”追问。

埃利亚斯之所以对哲学十分不屑，还有其他原因，下一章我们就会看到。不过，虽然他对哲学家抱持敌意，但这并不等于说不能把他们的作品相比较。

---

[44] 埃利亚斯有关“对象/客体充分性”概念的讨论，参看 Elias, 1971。

事实上，本书讨论的这四位论家，以及埃利亚斯本人，既都做出了通过理性论证过程可以辩驳的哲学假设，也都阐述了能从经验角度检验的社会过程。尽管阿伦特和福柯通常被归为哲学，帕森斯和鲍曼在社会学系就职，但包括埃利亚斯在内，他们都可以在某些角度上被描述成“哲学家”，而在另一些角度上被描述成“社会学家”。[45]

我接下来的任务是简单介绍埃利亚斯的生平、“观照”与思想产品。过去几年里，这位学人声名骤升，想必有不少人但闻其名，却不解其详。

[45] 有一点不知意义大小。最近有一次，我在沃维克（Warwick）大学书店里找埃利亚斯的书，发现《文明化过程》被归到“哲学”一架。

第二章 <20>

文化与文明

一、一门为了维存的科学

埃利亚斯希望社会学能够向他的人类同胞传递所需的知识，使他们能够历经现代性而维持生存，甚至有可能享受这种体验。作为一名德国犹太人，埃利亚斯也明白勉力维存有多难。20世纪三四十年代，他遭受重重苦难。二战结束后，他还面临三重挑战：从这种体验中恢复过来，搞清楚自己从中学到了什么，通过自己的作品把这些教训告诉别人。

在埃利亚斯看来，社会学家的任务就是“找出特定社会事件之间的关联”，揭示“它们之间的序列其实可以怎样说明”。一旦获得这样的知识，就可以用来“说明并确定社会问题的演变趋势”，“最后但并非最不重要的是，提供解决这些问题的切实办法”(Elias, 1978, p.153)。

埃利亚斯相信，社会学这门科学如果获得成功发展，将有能力说明人们的生活是怎样以结构化的方式，在社会之中，并历经历史，相互关联。它将会成为一门研究人类型构和长期社会过程的科学。社会学生产出的知识如果得到有效传播，将会消除个体、群体和国族之间关系中普遍存在的恐惧和幻念。这样的知识应当会“摧毁迷思”(Elias，1978，p.50)。

根据埃利亚斯的说法，社会学必须发展成为一门“相对自主的科学”(Elias，1978，p.111)，有其独特的标准。社会学应当是一种自我调控的科学活动。它应当是自治的，而不是他治的(即不受外界或上层的控制)。如果一位社会学家的“立场和科学标准在某种程度上是由他治的、科学之外的考虑所塑造，无论这种考虑是政治性、宗教性还是国族性的，他的努力就可能只是浪费时间。”(Elias，1978，p.61)

社会学需要保护其标准，捍卫其独立思考的能力。它不像自然科学，而是一种特殊的科学，需要“新的言说方式和思考方式”(Elias，1978，p.111)。比如说，社会学家应当考虑具有“过程性质”(Elias，1978，p.115)的关系网络(或型构)，换句话说，这些型构深陷于具有独特结构的长期过程。权力和认同(感到具有某种自我，从属于某一群体)也都深深根植于人的关系中。权力并不是一种“实体”，认同也不是一样“东西”(Elias，1978，p.112)。它们都是关系性的。[1]

<21> 埃利亚斯的社会学是一种为了维存的科学。他希望这门科学能提供有关知识，帮助我们理解塑造我们生活的那些过程，乃至在一定程度上控制它们，至少也要避免某些不良效果。在埃利亚斯对于世上万事万物如何相互关联的直觉认识中，就深藏着这种社会学观。[2]

二、互联与分离

对于互联与增长，对于整合和扩张之类的过程，以及对于始终会相伴而来的解离(disarticulation)和分裂等密切交织的过程，埃利亚斯都非常敏感。不过，对于那些保持孤立、离群索居、冷眼旁观的人，他也能抱以同情。

---

[1] 埃利亚斯阐述这些观念的文章，最初是打算作为《文明化过程》的一部分，但后来发表时，成了《个体的社会》一书的第一章(Elias，1991a)。该文摘要请看本章末尾的附论。

[2] 对于埃利亚斯的著述，有三份有用的引介，参看 Fletcher，1997；Krieken，1998；Mennell，1998。

埃利亚斯理解，看上去受到良好防御的存在状况颇具魅力，比如身处王宫大院，资产阶级家庭，或是大学学院[3]，学科院系，或是自我内部。在一个有庇护的环境里，你能思考、反省、想象、游戏、培养品位。不过，埃利亚斯也明白，这类存在状况蕴含危险。躲在庇护内，会让你看不到周边正在发生的更广阔社会过程的迹象。

这些更为广阔的社会过程可能会破坏表面安全的安全壳，比如1789年的法国王室，这是一个富于戏剧性的例子。[4] 埃利亚斯自己在德国的偏僻城市度过的孩童和青年时光，就处在这种安全壳中，由被同化的犹太资产阶级所把持。这种表面安全的存在状况在1914年被破坏。20世纪五六十年代，埃利亚斯在英国的偏僻城市找到了另一个藏身之处。

埃利亚斯的“观看之道”表现出一种强有力的观照，一种指导性的想象模式。这种观照里蕴含着关键的张力：融合与分离，放纵与克制，涉入与超脱，抑制与表现，“从属”与“孤立”。埃利亚斯的观照中的这两方面特点，显著体现于他最重要的作品——初版于1939年的《文明化过程》(Elias, 1994a)。

三、《文明化过程》

在这项研究中，埃利亚斯勾绘了他所认为的一种长期进程（但并非没有一些逆转）：在欧洲，自中世纪早期以来，愈益趋于安定和自控。这种文明化过程产生的效果利弊互现。它增强了人类的相互关联，但同时也让人愈发感到彼此孤立。文明化过程让现代众生男女有能力采取超脱态度来看待自身，看待彼此关系。它还往往使人们更受抑制。众生男女都倾向于克制自己的情感，直至有害健康的程度。不过，与此同时，文明化过程又将人们 <22>
结合在一起，命运相互纠缠。人类陷入越来越密集的相互依赖关系。

有必要简要概括一下《文明化过程》的核心观点，哪怕只是高度简化

[3] 晚年埃利亚斯曾说起过：“我倒是想永远生活在学院里，可在英国从来也没得到这种机会。”(Elias, 1994b, p.74)

[4] 参看 Elias, 1983, pp.268—276。

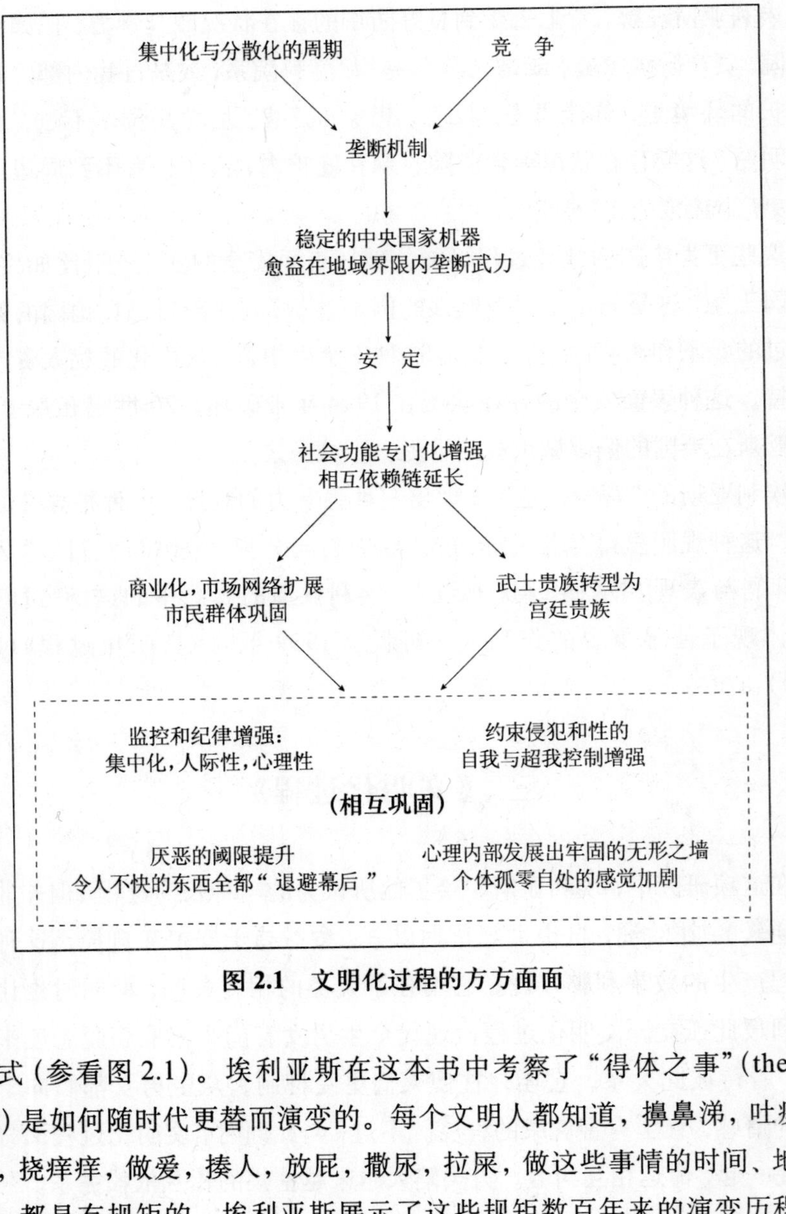

图 2.1　文明化过程的方方面面

的形式（参看图 2.1）。埃利亚斯在这本书中考察了"得体之事"（the done
<23> thing）是如何随时代更替而演变的。每个文明人都知道，擤鼻涕，吐痰，打喷嚏，挠痒痒，做爱，揍人，放屁，撒尿，拉屎，做这些事情的时间、地点和方式，都是有规矩的。埃利亚斯展示了这些规矩数百年来的演变历程。标准变得越来越"微妙"，行为守则越来越细致，行为受到的调控越来越紧密。

埃利亚斯主张，这种长期趋势关系到统治社会的方式的变化。早先，封建时代的生活就是一轮轮血腥的暴力斗争，以争取维持生存或是局部主宰。侵犯和恐惧都是致命的导火索，促动人们说打就打，说逃就逃。自上而下的

权威结构松松散散，不成体系，（领主或国王）对于臣民不能施加持续的外部压力，来擎制这些暴烈的情感与驱力。对于人的冲动的约束断断续续，既无规则，也不稳定，不管那些约束是他人施加，还是自我内部践行。

最后，有几个发祥于城堡的世家，成功地支配了其他所有世家。它们构筑起更为稳定的集权化政制，征召官吏，并开始定期向商人和农人抽税。这些新式领主使自己的领地获得安定，将武装的对手转变成顺从的臣民。那些暴烈的情感会导致骚乱和失序，加以管束会更好些。对于臣属的人口所施加的外部控制越是紧密、越是集中，就会使他们产生越强的自我控制。

文明化的惯习就是乐于计算，安于受控，不喜直露，保持超脱。它肇始于宫廷，然后传播到资产阶级，接着体现于整个社会的普通民众的生活中。它成为文明化过程的核心特征，密切关系着稳定的权力垄断的发展，尤其是科层国家的发展，并会促成一套复杂的城市工业行业结构和市场。

埃利亚斯撰写《文明化过程》一书时，第二次世界大战已是迫在眉睫。他最初计划研究的是19世纪法国自由主义，但却对“礼节（courtoisie）、礼貌（civilité）、文明（civilization）之类的态度和言语”的出现与意涵产生了兴趣，“引导（他）……思考文明化的过程”（Fontaine，1978，p.252）。他的作品也是要回应他所说的“我们都笼罩其下的那些生活体验”（Elias，1994a，p.xvi），即20世纪20年代德国的社会政治稳定状态的瓦解，纳粹党的兴起，以及对于欧洲爆发战争的忧惧的加剧。

埃利亚斯憎恨战争，敌视压迫，但他又“深爱着德国”（Elias，1994b，p.18）。无论是《文明化过程》还是《德国人》，都隐含着这两种想法（Elias，1996，参看表2.1）。但是，为什么现代德国的这些艰难曲折会让埃利亚斯去回顾封建时代森林里那些好勇斗狠的武士呢？原因之一可能在于，身为德国人，若是对自己国家沦为野蛮的原委［或“社会生成”（sociogenesis）］感兴趣，就会发现以公元8世纪作为起点，完全合乎情理。事实上，这就是埃利亚斯有关“封建主义的动力机制”的分析的起点（Elias，1994a，p.275）。

当时正是查理曼大帝的时代，他是神圣罗马帝国或“德意志帝国”的统治者（Elias，1994a，p.282）。按照埃利亚斯日后在《德国人》中所述，他的同胞在20世纪二三十年代时认为，“中世纪的德意志帝国，尤其是其中一些彪炳史册的中世纪皇帝，长久以来一直充当着符号，象征着一个业已失落的 <24>

表 2.1 埃利亚斯的核心作品

书 名	撰述时期	德文原版	英文译本
《宫廷社会》	1933 年	1969 年	1983 年
《文明化过程》(两卷本)	20 世纪 30 年代中后期	1939 年 1968/69 年	1978 年 / 1982 年
《个体的社会》(三篇文章)	1939 年；20 世纪四五十年代；1987 年	1987 年	1991 年
《德国人》(五篇文章)	20 世纪 60—80 年代	1989 年	1996 年

更为伟大的德国。”(Elias，1996，p.4) 在埃利亚斯的同胞们看来，德国历史的核心特征之一就在于：德意志民族未能履行其早先的诺言。

埃利亚斯指出，8 世纪后，德国经历了相当漫长的一段衰落期。在他看来，一个主要因素就是，分裂德意志帝国的那些离心力量十分强大。这些压力导致“许多世纪以来，德意志帝国中央权威的实际权力(始终)很低，而地方统治者的权力和独立性却逐渐增强，法国的情形则恰恰相反。”(Elias，1994a，p.279)

与德国的失败相伴而来的就是法国的成功，在 17、18 世纪，后者成长为欧洲首屈一指的中央集权化绝对主义国家。19 世纪到 20 世纪早期，德国知识分子逐渐养成一种对法国的蔑视，宣称自己才具有高度的“文化”。在德国人眼里，“文明”这个词指的是浅薄地计较行为举止，执迷于工业技术和商业带来的物质便利。[5]

对于有教养的德国人来说，如果是因为自己不浅薄做作而被指为“不文明”，一般倒会引以为傲。德国知识分子并不专注于培养打造政治影响或从事工商实业之类“文明”技能，而是把重点放在“文化”(Kultur) 上，或者说是自我教化 (self-cultivation)。他们力求对自然及自身达成深切理解。埃利亚斯本人正是在这种传统下受的教育。

基于这一背景，埃利亚斯写下了《文明化过程》。尽管他并没有明言这一点，但这本书就是基于一个难解之谜：如果说“文化”相对于文明具有如

[5] 参看《文明化过程》第一章。

此明显的优越性，那为什么在20世纪二三十年代，德国沦落得如此不堪？由这个难题出发也就会连带着去追问："文明"看似浅薄的外表"之后"或"之下"，究竟隐藏着什么东西？导致文明的过程中，是不是有什么东西帮助其他社会避免了德国的命运？

四、《宫廷社会》 <25>

早在20世纪30年代早期，埃利亚斯就已开始考察"文明化惯习"的"社会生成"，虽说当时他还不曾采用这套用语，或许也未充分意识到，自己正要去往何方。埃利亚斯在《宫廷社会》中探讨了法国绝对主义王室，该书出版六年后，《文明化过程》才问世。两本书有密切联系。

在《宫廷社会》中，埃利亚斯力求搞清楚，在16世纪的世家之争以及17世纪早期的断续反叛之后，尚武的法国贵族逐渐趋于安定，带来了哪些后果。到了17世纪40年代，君主权威已经成功施行于法国绝大多数地区。国王治下那些"力量过于强大的臣民"被解除武装。封建武士的儿辈如果想进入王宫，就不得不扔掉刀剑，学习舞蹈，培养魅力。

简短直说，贵族们必须放弃自己桀骜不驯的做派，要不就得掉脑袋。在宫廷里，他们谨守礼仪规则，低头鞠躬，后退半步，开始做戏。这些规则规定了谁应当服从谁，如何服从，何时服从。宫廷生活涉及严格的自我控制，精心计算资源利用，细心追求自我利益。在宫廷里，每个人都要观察其他每个人。这很像一局牌戏。自我约束在情感上需要付出很高的代价，对于那些在尊卑阶序上处于低位的人来说尤其是这样。诚如埃利亚斯所言，低等贵族写的低劣小说充斥着无忧无虑的牧羊乡人，他们是在痛惜自己失落的自由。

到了18世纪，阶级权力的均势发生转移。暴发户式的资产阶级金融家操纵财权，把持了凡尔赛宫和巴黎城中一些最上等的沙龙。他们与地位稳固的老贵族较劲，搬用后者的礼节习惯。而在彬彬有礼（politesse）的背后，贵族和效仿他们的资产阶级展开了权力争夺，其激烈程度宛如"互掐脖子的拳手"（Elias，1983，p.274）。在相当一段时间里，王室都有能力让两个阶级相互对抗。不过，参加这场争夺影响力的斗争的各方，都忽视了"外面的"更广阔的世界。最后，到了法国大革命时期，民众清洗了王宫。

1789 年之后，资产阶级成为在全国占据支配地位的阶级。资产阶级家庭也养成了贵族那种文明化惯习，并使之成为自己的特征。他们做起事来精于计算，小心周至，善于控制，资本主义市场上的竞争压力更是增强了这种倾向。随着城市工业社会的型构变得越来越密集，越来越拓展，人口中也有越来越高的比例受到文明化过程的影响，养成了文明化的惯习。

五、看·信·知

在这两本书中，洞见迭出，直觉频现，紧密交织。埃利亚斯从中编织出
<26> 一整套“社会学”。其中一个主题就是:“文明化”的众生男女是如何看待自身，看待其所属的世界的。

埃利亚斯相信，文明化过程会产生可取的效应，即降低日常生活中人际暴力的程度。不过，在心理范畴内部，向侵犯之类人的驱力强加约束的那些机制，也会带来不可取的效应，扭曲我们的理解。可以说，“让我们克制”的那些压力发挥作用时，就像是四面墙，把我们束缚在自身中，让我们错误地感到，这就是我们的本性。

现代众生男女已经认识到，“自己实际的‘自我’以某种方式存在于自己‘内部’……(而有)一面无形壁垒将他们的‘内部’与‘外部’的一切，即所谓‘外面的’世界，两相分离。”(Elias, 1978, p.119) 人们感到，“内在于”无形世界的自我是一种可知的实在，而对于“外部的”世界，人们却相当错误地理解为不实在的或不可知的，或者两者都是。

埃利亚斯给这种“封闭”的自我意象取了个名字，叫“封闭的人”(homo clausus)。这是一种虚幻的、有害的感知，扭曲了我们对实在的理解。埃利亚斯一再强调，无论他们如何想象，人类其实是深深根植于周遭社会世界的。按照他的说法，他们是“开放的人”(homines aperti)，随时可能接受他人的影响，并反过来影响他人。所谓“封闭的人”，就是一种迷思。

文明化过程这种利弊互见的效应，还体现在另一种感觉上。文明人这种强烈的自我控制，使他们能在对自己注意周遭的东西做出反应时，保持相对的“超脱”。他们能以一种“冷静的”、系统的方式看待世界，也就是说，保持对自己情感的控制。人们必须学会克制自己的希望，约束自己的恐惧，

不那么“涉入”。这种超脱的路数已在现代科学的程序中获得制度化。

通过超脱的考察来追求有组织的知识，已经成为专门化科学职业的保留地盘。现代科学使得人类更有能力控制自然和社会的某些方面，这是一种潜在的好处。不过，科学现在在人与世界之间插了一杠子。我们已经依赖于职业化的指导，告诉我们实在的性质。不幸的是，科学家发现的事情往往会颠覆非科学家对于世界缺乏通晓而持有的“常识”之见。在埃利亚斯看来，这会导致深切的迷失感。

关键在于，科学考察已经赋予现代人进一步的理由，不信任他们的感知，怀疑他们感觉的明证。埃利亚斯认为，现代科学摧毁了中世纪的观念，即人类能够直接领悟上帝的存在，整个宇宙中他无处不在。

在中世纪，眼见即信。人们相信自己亲眼所见的东西，而他们看见的就
是自己的精神信仰作用于日常生活的那个世界。中世纪的众生男女认定， <27>
这个世界，他们作为看着这个世界的人的存在，以及他们看世界的过程本身，都是上帝的权能与意志的体现。

然而，望远镜和显微镜永远改变了世间万物。它们展现出一个奇异的、更深的实在层面，隐藏于浅显表象的背后，或者说超越于这些表象之上。我们的常识观察可能遭到深切的误导。人类再也不能看见自己之所信，再也不能相信自己之所见。

六、埃利亚斯与康德

概而言之，埃利亚斯希望让我们更好地从社会学角度出发，理解人们是如何与自身相关联，彼此相关联，与自然相关联。为此，他探讨了许多型构的逐步发展，如宫廷，家庭，社会阶级之间的关系，民族国家之间的关系，也包括这些型构之间权力均势的结构性转型。他还考察了这些型构中的相关个体与群体是如何获得多层次的认同感，各具特色的惯习类型，以及不同程度和形式的自我控制。

作为这项研究规划的一部分，埃利亚斯还考察了人关于自然世界和社会世界的知识是怎样形成的，又是如何发展的。为了切入这些问题，他直接探讨了笛卡尔和康德。笛卡尔（1596—1650）有一个著名的结论：他唯一能

够确信的事情就是自己的怀疑意识的存在。后来，康德（1724—1804）又指出，每个人的意识当中，都存在一些先验观念或普遍范畴，比如时间、空间和因果性等概念。

在康德看来，由于我们都受到先验观念的预先设定，我们才能理解社会现象和自然现象。而由于我们都以同样的方式被预先设定，我们周遭的每一个人才能分享这些理解。大致可以说，我们以类似的方式来看世界。

但这样的讲法并不能让埃利亚斯满意。在他看来，进化使人类有能力通过符号相互结识，彼此沟通。[6] 这就意味着，我们能够处理各种观念和范畴，使我们能够合作、竞争和维存。因此，埃利亚斯像康德一样，也认识到共享符号的重要性。但不同于康德的是，他并不认为这些符号（范畴、观念等）是普遍给定的，是不随时间变易的。它们并非“先验”。话说回来，它们也不是人人各异的完全偶然、任意、独特的东西。相反，知识是历经几代人而在群体中集体性地获得的。

埃利亚斯的论点在于，我们的概念和知识会历时而变，而这些变化过程又具备某种结构和模式，有着可以发现的发展规律或原则。康德所谓的“普遍范畴”，不过是人类在其发展的某一特定历史阶段学会的范畴。换句话说，
<28> 它们并不是“普遍的”。事实上，埃利亚斯提出，在达尔文、海森堡和爱因斯坦的发现和洞见之后，它们已经不再能够表达我们对于世界性质的理解。

在埃利亚斯看来，康德的先验范畴不再能够充分表达我们对于时间、空间和因果性越来越客观的理解。事实上，康德有关人的存在的意象正是“封闭的人”这一模型的绝佳例证。用埃利亚斯的话来说，它不符合“对象 / 客体充分性”。人们出于情感原因，还可能抱守这种意象，但在埃利亚斯看来，它并没有把握到型构与社会过程的现实。

七、生命、观照与社会学

埃利亚斯所做的社会学，就是坚持不懈地尝试为自己别具一格的观照，为自己有关关联与孤立的指导性直觉，提供统合而细致的思想内容。如果

---

[6] 参看 Elias，1991e。

我们想要理解他的社会学，就需要把握支撑这套学说的观照。如果我们想要理解这种观照，不妨尽可能了解他的生平。事实上，埃利亚斯的著述意义体现在两个层面上。它既是全局性的，也是个人性的。在一个层面上，他试图理解人类的过去与现在。在另一个层面上，埃利亚斯的研究只是试图应对自己在这个天翻地覆的世界中的切身境遇。

至于这两个层面可能存在怎样的相互关联，基于部分公开出版的有关埃利亚斯生平的证据[7]，可以提出一些想法。这些证据提供了一些信息，可以让我们了解埃利亚斯在家乡的早期岁月（1897—1914），经历丰富、创意丰沛的时期（1914—1940），接下来四分之一世纪的无人理睬、发表寥寥（1940—1965），以及最后二十五年的产量丰盛、评论日多（1965—1990）。

八、安定无虞的世界（1897—1914）

埃利亚斯出生于1897年，是家里的独生子。父亲是位纺织厂主，雇有约三十名工人。他的家乡布雷斯劳位于帝制德国的东部，现名弗罗茨瓦夫，归属波兰而不是德国。1914年后的可怕动荡扰乱了整个中欧，撕裂了青年埃利亚斯所属的世界，这一归属变动只是后果之一。

不过，在第一次世界大战之前的年月，埃利亚斯感受到的却是无比的安定。他家位于一个富裕的犹太社区，家里爱意融融，对他悉心照护。这个社区属于帝制德国一个颇受重视的地方首府中的本地资产阶级。

埃利亚斯日后回忆，在父母家里，有着“和谐的不平等”（Elias，1994b，p.8）。性与死亡始终在“幕后”，“就我回忆所及，那是一个安定无虞的世界。我明白，为了我，父亲什么都愿做，母亲也是一样…… 我觉得受到彻底的保护。我始终认为，日后当我著书立说却无人理睬时，之所以还能保持毅力， <29>
就是因为孩童时我享受到的无比的安定。”（Elias，1994a，p.14）

不过，这种安定的感觉也有些欺骗色彩和偶然成分。埃利亚斯的成长时期和成长地点，深受诸多社会阶级、民族、宗教和帝国之间强烈张力的影响。然而，从孩童时代到青少年时期，这些冲突大多隐而未彰，或勉强保持均势。

---

[7]　材料来源仅限于英文刊行的著作。主要资料源是Elias，1994b。

表面看，德意志帝国还算稳定，东御俄国，西拒法国。而在布雷斯劳城中，阶级差异和宗教敌意也处于均势。反犹主义受到钳制，至少在埃利亚斯所处的比较富裕也更有教养的邻里住区，情况是这样（Elias，1994a，p.12）。

在布雷斯劳，贵族文化和资产阶级文化相安并存。城里有一片富裕的犹太区，一个令人印象深刻的商业中心，一栋壮观的带有骑士厅的市政厅（Rathaus），一所大学，一座双塔大教堂，几处修道院，一些巴洛克风格的宫廷建筑，其中之一为王室所有。

从王宫的存在就可以捕捉到布雷斯劳的社会氛围。埃利亚斯曾写道，至少从 18 世纪开始，“尤其是在德意志帝国那些越来越小、越来越穷的王宫，都习惯于让社会低层群体明确意识到他们居于臣属地位。”这种态度“或许也融入了德国的传统”（Elias，1993，p.95）。布雷斯劳想必颇有些小鼻子小眼儿的势利气，至少在某些社会圈子中是这样。

后来，埃利亚斯“逐步开始意识到”，自己“属于一个少数族群，被排斥出德国正在发生的许多事情”（Elias，1994b，p.128）。以埃利亚斯本人为例，他的犹太出身就妨碍他想要成为一名大学教授的欲望，而那是他十来岁时就立下的雄心。那时候，一个才智聪敏的德国年轻人，要是不甘于“做生意”，典型的雄心壮志就是想要成为顶尖学术人。

埃利亚斯还是个小伙子时，就加入了一个具有犹太复国主义倾向的犹太青年运动。[8] 不过，他并不“只是个”犹太人。他的境遇中至少还有其他三个维度也很重要。首先，埃利亚斯像许多非犹太人一样，对于身属资产阶级，既感到自豪，也有怨恨情绪。作为一名纺织厂主的儿子，对于以下事实，自然会痛苦不已：“1918 年以前，在欧洲大部分地方，资产阶级民众都被统治者视为二等公民、低等人来对待。”（Elias，1994a，p.17）在布雷斯劳，无论是新教商人，还是犹太商人，想必都饱受作为西里西亚天主教徒的贵族那种傲慢自负的折磨，城市四周都是后者的地产，油水肥厚。

其次，埃利亚斯所来自的家庭也具有强烈的德国性。他父亲有“浓烈的普鲁士味道”，蓄着“皇帝般的胡须”（Elias，1994a，p.11）。儿子“自小便浸淫于德国的‘文化’中”（Elias，1994a，p.18）。埃利亚斯对两种身份的意识

---

[8]　参看 Hackeschmidt，1995；Hackeschmidt，1997。

同样强烈:“我清楚自己是德国人，也明白自己是犹太人。”(Elias, 1994a, p.10)他有着“独特的体验：属于一个被污名化的少数族群，同时又彻底根植于多数族群的文化脉动和社会政治命运。”(Elias, 1994a, p.121)事实上，埃利亚斯是如此深切地根植于德国的“文化脉动”，以至于他的成人礼[9]得 <30>
到的礼物是一套文集，有歌德、海涅、默里克、艾兴多夫[10]等人的经典名作，是目录学研究会(Bibliographisches Institut)的版本。[11]

最后，无论对于德国这个国家，还是对于布雷斯劳这个社会，埃利亚斯在情感上都保持着一定的距离。对于前者的爱国主义诉求，他若有所思地回忆道，“那不是我的世界”(Elias, 1994a, p.19)。而对于后者，“我知道自己并不生活在那个世界里”(Elias, 1994a, p.15)。当埃利亚斯回想这段时光的感觉时，他提到了一个画面，一个人不能越出其自身和所属那个社会之间的隔离地带(cordon sanitaire)。他让人觉得这是一个十分紧张的人格，周遭环绕着保护性的墙，这是一个货真价实的“封闭的人”。

如果说埃利亚斯需要有一个立足点，据以批判这种处境，他或许可以在康德、歌德和席勒等人的作品里找到。这些人都是他眼中的“伟人”(Elias, 1994a, p.18)，在德国“文化”的典范中，也都是核心要人。他们的学说对埃利亚斯本人的早期思想产生过决定性影响。康德终生居住在德国另一座地方小城，对于这类处境下的一位高度专注的知识分子，其周遭环绕的隔离地带，想必也会深有同感。[12]

康德对歌德和席勒都有重要影响，后两位又都很关注自我和世界如何相互交缠这样的问题，比如说，自我如何能在一个合意的社会秩序中找到真

[9] “Bar-Mitzvah”，犹太男孩十三岁时为其举行成人仪式。——中译注

[10] 默里克(Eduard Friedrich Mörike，原文误作 Mörke，1804—1875)，德国浪漫主义抒情诗人；艾兴多夫(Joseph Eichendorff，1788—1857)，德国浪漫主义抒情诗人、小说家，生于西里西亚一个贵族家庭。——中译注

[11] 参看 Elias，1994b，p.85。

[12] 康德在这种情境中的人身体验或许也影响了他的哲学思路，因为在他看来，我们并不能了解处在自我之外的“实在”世界里的“物自体”。不过，康德又补充道，我们的感觉的确从这个外在世界中接受到了一些印象，我们的思维则对这些印象进行综合和组织。我们有能力解释这些现象，换言之，我们能够以独立和批判的方式，运用自己的理智，领会我们有关“外在”世界的感知。

实的表达。他们都对人类暴烈的激情很感兴趣。歌德和席勒希望能有一种社会秩序，既能培育创造性，又不放纵癫狂。席勒告诫世人，需要教化人们不计功利地欣赏美；歌德则认为，通过诗性想象的运作，可以发现自然的秘密法则。这两位都希望，遵循这些道路，真、美、秩序与自由等原则就统统能融合在一起。

至于埃利亚斯自己，终其一生，他都极其关注什么样的境况既有利于秩序，同时又不敌视人的创造性。埃利亚斯在少年时就读着席勒和歌德，想来会发现，这些观念论者都被某种巨大的忧惧所笼罩。他们担心，一旦基于科学、技术和庸俗物质论来奠立一种新型社会秩序，他们的真、美和自由都将被碾碎。他们担心，随着“文明”的兴起，越来越只关注技术才干、身体安适和琐碎礼节，德国的“文化”和创造性想象可能难以为续。

在《现代性与暧昧》(Bauman，1991)一书中，鲍曼指出（但没有特别提到埃利亚斯）：“纳粹上台前，德国犹太人当中最具代表性的那些发言人，在歌德、席勒和莱辛这圣三一那里（有时还补充以康德、费希特[13]或赫尔德这几位圣哲，程度虽然较轻，但却同样受人尊崇），不仅看到了保障……德国文化与犹太文化之间的联盟，而且有生动的确凿证据表明，事实上，这两种文化本质上有着内在的相似性，受着同一种精神的引导。”(Bauman，1991，p.140)

话说回来，像埃利亚斯这样一位谨慎的学者也会注意到，自己心目中的
<31> 文化英雄所看到的主要危险究竟来自何处。在他们眼里，危险正是源于法国、英国和犹太人。诚如马歇尔·伯曼所言，问题在于：“德国社会是否应当一头扎进‘犹太人的’物质实践活动，也就是投入经济发展建设，同时又以英国、法国和美国的方式，施行开明政治改革？或者换个方式讲，它是否应当保持远离这类‘世俗性的’活动，培养一种‘德国基督徒性质的’内省式生活方式？”(Berman，1982，p.47)

让人哭笑不得的是，埃利亚斯钟爱的这些作家都将批判矛头对准自己所属的族群和阶级。他们也都鄙薄法国，而这正是埃利亚斯除德国之外最了解、最关切的一个国家。他“很早就开始深爱法国文化”(Elias，1994b，p.56)。

---

[13] 原文此处为“Fichter”，应系“Fichte”之误。——中译注

对埃利亚斯来说，“文化”与文明之间的冲突深切关联着他个人。与这场冲突相关的那些问题，或许在他脑海里只有隐约雏形，但到1913年，布雷斯劳举行系列庆典，纪念百年前普鲁士在莱比锡附近战胜拿破仑大军，这些问题暴露无遗。事后回顾，这场庆典是在纪念“文化”战胜文明。当时还特意为此建造了一座庆典厅。然而，皇帝却拒绝参加开幕式，因为他不赞同布雷斯劳正在上演家乡人格哈特·豪普特曼的戏剧。[14] 豪普特曼为所有遭受迫害的人们鼓与呼，包括犹太人。七十多年后，埃利亚斯回想起这些事情，还是历历在目（Elias，1994b，p.18）。

九、天翻地覆的世界（1914—1940）

故事的下一节有两种讲法。其一，可以如此铺陈直白的生平事实。1915年，埃利亚斯年满十八，加入德军，跟随一支电讯维护队开赴法国。前线是“一场大震荡……一场恐怖”（Elias，1994b，p.27）。

战争结束后，埃利亚斯回到了布雷斯劳，但此时家乡已是面目全非。德意志帝国已经倾覆，法军占领了该地区。德国的贵族阶级退出了政治上的领导位置。这就增强了政治上和文化上的自由。不过，无论是资产阶级还是工人阶级，都尚无能力接替贵族的位置。其结果，魏玛共和国的基础很不牢靠。

埃利亚斯要在这个新的世界里寻找一席之地。他进入布雷斯劳大学，开始接受医学和哲学方面的训练。但是过了一段时间，埃利亚斯放弃了医学，最终于1924年完成了哲学学习，获得博士学位。此时，通胀已经耗尽了家庭的财富，由于手头拮据，埃利亚斯只得去一家材料厂做副经理，这一段上文已经提过。随着自己的财政前景有所改善，埃利亚斯又短暂转向新闻报道，然后，在快到三十岁时回到了学术生活。这一次，他被聘为社会学教师，先是在海德堡大学，然后去往法兰克福大学。在研究工作中，他与曼 <32>

[14] 豪普特曼（Gerhart Hauptman，1862—1946），德国诗人、剧作家、小说家，西里西亚人，1912年获诺贝尔文学奖。曾在布雷斯劳艺术学院学习雕塑。其作品中永恒的主旨就是关心人类共同遭受的苦难，作品中的人物通常是社会和其他力量的牺牲品。——中译注

海姆过往密切。随着德国社会愈益走向暴力，民间武装在街头横行。当此之时，埃利亚斯写下了《宫廷社会》，并于1933年作为自己的大学授课资格论文(Habilitationsschrift)提交校方。

1933年底，埃利亚斯已经身在巴黎。两年后，他来到英国，最终在伦敦经济学院找到一份研究职位。《文明化过程》就写于这些动荡年月，同时他还完成了一篇长文，题为“个体的社会”(Elias, 1991b)。临到战事重开，伦敦经济学院举校避往剑桥。这段生活戛然而止。作为一名敌侨，埃利亚斯于1940年被拘进敌侨营，先是在海顿，然后在马恩岛(Isle of Man)上又关了几个月。

但是，关于1915—1940年间的这些故事，还有另一种讲法，能够凸显出面对德国的转型，埃利亚斯是如何做出既启人理智又富于想象的回应的。

德国在1918年战败之后，不仅留下了政治上的真空，也留下了道德上和思想上的真空。德国的战士们过去被告知，他们是德国“文化”的武装代表。然而，战争的残酷使许多幸存者彻底陷入愤世嫉俗。不过，埃利亚斯自己虽然对“文化”丧失了信念，但却是逐步的、局部的。他从未失去对德国诗歌的热爱，从未放弃对平衡秩序与自发性的理想的坚守。不过，到20世纪20年代中期，他已被“逐出了象牙塔”(Elias, 1994b, p.91)。

当埃利亚斯最终在布雷斯劳大学拿到博士学位时，他已不再接受康德式有关先验真理的观念，也不接受相关的模型：一个孤立的个体被封闭在四墙之内，外面则是自然与社会。他自己在战前生存境遇中所具备的那些保护性的墙，当然已经彻底坍塌。作为一名犹太知识分子，埃利亚斯不可避免地陷入了正在迅速丧失整合的德国社会令人惊恐的大漩涡。

对于埃利亚斯而言，两样事情同样急迫。一样是如何确保自己在物质意义上的生命维存。另一样是如何补充新型思想工具，新型的方法论策略，以便贯彻已经隐含于自己战前读书中的思想规划。不妨如此表述待考察的问题：德国的“文化”与德国的社会和政治之间是什么样的关系？

1914年之前，在埃利亚斯的两种忠诚之间的尖锐冲突中，已经隐含了这个问题。一种忠诚是他对德国观念论传统的哲学与诗歌迷恋不已；另一种忠诚是他深陷于地方性文化——犹太人文化，制造业文化，以及他本人的崇法趣味(Francophile)，而这些却遭到同样一批哲人和诗人的斥责，指其琐碎浅薄、唯物至上。

到了1924年，埃利亚斯已经超脱于布雷斯劳和观念论哲学。他处在这两者的“外部”。他在战前熟读席勒和歌德，想必也引发了德国的“文化”（他所阅读的那些作品）与德国的社会政治秩序（他所居处其间的那种生活）之间关系的问题。不管怎么说，到了20世纪20年代，埃利亚斯的生活情境发生了变化，所持信念也有了改变，很可能使他另寻他途，去追问自己所归属的阶级与所传承的文化之间的关系。埃利亚斯又怎能不希望解答以下两个 <33>
问题：在德国的“文化”中，在德国资产阶级的文化中，“康德式的”价值观念，“封闭的人”的哲学，为什么如此根深蒂固？在德国一战后民族国家猛烈丧失整合的过程中，这样的社会阶级，这样的世界观，又扮演着什么样的角色？

有意思的是，我们注意到，再往前推八十年，另一位德国纺织厂主的儿子，恩格斯，也面临着大致类似的思想挑战。不过，除了历史时期前后的差距，这两个实例之间还有一点明显差异。19世纪40年代，恩格斯主要关注的是，如何促进推翻不公正的社会政治秩序。而在20世纪30年代，埃利亚斯满脑子想的则是，理解造成恐怖和苦难的那种盛行的失序究竟根源何在。

然而，这两人之间的相似之处也很耐人寻味。恩格斯和埃利亚斯一样，也出身资产阶级，最初也立志成为一名哲学家。他也像埃利亚斯，逐渐深切意识到德国生活中的暴力与压迫，并希望了解它们的因果源流。恩格斯的研究策略是首先看看另一个社会，与德国足够相似，能具有讨论的相关性，但又与德国颇有差异，从而能有讨论的必要。采取这种方法，关键在于相对的实例将使恩格斯能够领会德国。无论是否特意，埃利亚斯也遵循了类似的策略。

要说拿来与德国作比较，英国与法国是再好不过的候选对象。恩格斯兜了个圈子，先去研究英国史，写下了《英国工人阶级状况》(Engels, 1969)，于1845年问世。埃利亚斯的选择则有所不同：“我在情感上更偏爱法国，而不是英国……英国我不喜欢。”(Elias, 1994b, p.19) 1933年撰毕的《宫廷社会》和1939年完成的《文明化过程》主要讨论的都是法国社会。尽管第二部著作探讨了整个欧洲，但它的素材却相当依赖法国这一个案，当然也绝非仅限于此。

在《宫廷社会》中，埃利亚斯展示出，法国的“文明”的发展，与从法国社会中逐步根除地方化暴力的过程有密切关联。要说该书的写作氛围，正是德国城市中时刻面临着街头暴力的威胁。希特勒就是书中一个未曾出场的重要人物，当埃利亚斯比较绝对主义王权和克里斯玛领袖时尤其如此。

埃利亚斯提出，克里斯玛领袖与绝对主义王权不同，超凡脱俗，勇于冒险，善于创造，借着社会失序而兴盛。克里斯玛领袖的个人要求就是秩序与行动的基础。像希特勒这样的领袖，身边吸引了一个核心群体，充满干劲地作用于社会，推翻老旧权威和既定做法。这就开辟了新的渠道，让雄心勃勃的男男女女有机会从泯然大众中脱颖而出。即便领袖“如履薄冰”(Elias, 1983, p.125)，因为勇于冒险，善于制造兴奋，创造成功，也能保持强盛。

<34> 埃利亚斯提出，希特勒之所以能发达，是因为他满足了熔铸在德国资产阶级人格类型中的某些欲望，这些人的惯习和自我意象都受到他们在帝国内所处政治臣属位置的塑造。某种意义上，德国资产阶级就像是法国的贵族：这是一个破落阶级，充满怨恨之情，怀旧之意，小心谨慎，唯唯诺诺。

在一个层面上，《宫廷社会》细致入微地分析了宫廷社会这一型构如何在法国贵族身上灌输了一种文明化的惯习。而在另一个不太明显的层面上，或许也是作者不太自觉的层面上，《宫廷社会》诉诸了“封闭的人”，即有关人的存在的康德式模型，并且体现在德国资产阶级的意识与行为上。

实际上，尽管埃利亚斯并未明确提出这一论点，但他有关法国宫廷的描绘显然就是在勾勒一种“封闭的人”。由此观之，太阳王就是居于统治地位的“主我”。他的廷臣们扮演着人的自觉意识的角色。守卫森严的宫廷边界就像是围裹着“封闭的人”的四面墙。整个国家就是“外部的”现实，在墙门口施加压力，但“内部的”廷臣们（自觉意识）是不会直接领会到的。

埃利亚斯希望，就像法国大革命涤荡了宫廷，也有一场新的“哥白尼革命……在思想上和感情上”(Elias, 1991b, p.56) 最终涤荡了“封闭的人”。他还想通过抨击康德哲学来促成这场革命。

以法国为个案，使埃利亚斯在经验上与德国社会拉开了距离。尽管如此，要想促成他所谓新的哥白尼革命，还需要在理论上与自己过去的哲学导师们拉开距离，尤其是康德。早在一个世纪前，恩格斯就曾面临同样的问题。他希望挑战自己年轻时所持有的那些基督教价值观和黑格尔价值观，转而诉诸马克思的观念。将近百年之后，埃利亚斯转向的则是弗洛伊德。

要想简单说明弗洛伊德的观念对于埃利亚斯的独特魅力，不妨将弗洛伊德与几乎完全和他同期的埃德蒙·胡塞尔做些比较，后者是一位深受康德和笛卡尔影响的哲学家。[15]

胡塞尔是现象学的奠基人，现象学可被用来揭示人们如何经验自身、自然世界及他人。现象学聚焦于孤零的个体，后者只与其自觉意识同在。基本的实验技术就是"否思"(unthink)我们对于生活世界想当然认为的一切。一个人要是以这种方式进行"否思"，就有能力将自己的精神关注完全集中于他们如何在"纯粹"意识之内领会对象。

战争刚结束时，埃利亚斯曾在胡塞尔任教的弗莱堡大学有过一段短暂的求学经历。他总结道，胡塞尔尚不具备足够的"否思"，尤其是未能"否思"现代哲学中有关孤零个体的模型。至少就埃利亚斯而言，弗洛伊德的思路更具吸引力。弗洛伊德拒绝将一个人的思维与其身体和社会关系相分离。不仅如此，他就像歌德和席勒一样，对人类内部激情与秩序之间的冲突也非常感兴趣。

弗洛伊德与胡塞尔不同，并没有花时间探讨，在我们的心智之外，是否 *<35>*
真的存在一个实在的世界。弗洛伊德的思路非常结合实际。他相信，人们需要有关世界的精确感知，这样才能有效地行事，并把握维持生存的大好机会。不幸的是，心理内部存在着冲突，意味着人们往往不能如实地看待世界。治疗能够帮助人们重新调整适应。这一点对埃利亚斯颇具吸引力，他希望创造有用的知识，而不是沉浸于形上的思辨。

胡塞尔的思路的出发点在于，通过想象去除特定文化和历史造成的特定影响，确定我们所有人的共同点。与此相反，弗洛伊德感兴趣的是，揭示人们的感知和行为彼此之间的差异及其原因。弗洛伊德的思路与埃利亚斯本人的兴趣颇有契合，后者致力于探求社会之间的差异（如法国与德国），不同时期之间的差异（如 8 世纪与 20 世纪中期）。

这又引出了另一个论点：弗洛伊德的思路自有其历史维度。要说明某人变成什么样的人，就需要了解他们过去的生活，尤其是他们与其父母如何相

---

[15] 有关胡塞尔，例参 Smith and Woodruff Smith，1995。——原注
弗洛伊德生于 1856 年，卒于 1939 年。胡塞尔生于 1859 年，卒于 1938 年。——中译注

处。换言之，当下是由过去塑造的。胡塞尔对历史没什么关注，这一点直到其 20 世纪 30 年代后期出版的最后一批著述中才有所改观。而在埃利亚斯看来，历史维度是社会学的核心要义。

在《文明及其不满》(Freud, 1994, 初版于 1930 年) 中，弗洛伊德提出，社会生活是基于约束建立起来的。人们不得不约束自己强烈的性滥交倾向，擎制自己的暴力冲动。社会要确保这些“汝不可”(thou shalt nots) 得到遵从，将超我变成一种强大的力量。这样的文明化生活在物质意义上是舒适的，但众生男女也就此丧失了本能遭到束缚前他们享有的那种快乐。

在《文明化过程》的一个脚注里，埃利亚斯承认“这项研究有多么受惠于弗洛伊德和精神分析学派的发现”(Elias, 1994a, p.249)。埃利亚斯接受了自我—超我—本我这一模型，但却有其自己的一套用法。弗洛伊德用这一模型来解释人们在 20 世纪早期遭遇到的各式各样的神经病症候。他把这些症候的源头都追溯到特定类型的家庭情境。相反，埃利亚斯则希望说明，在前后相继的几个历史时期里，分别占据主导位置 (或“正常”) 的不同行为形式与人格类型之间的那些差异。最重要的是，他希望了解德国社会为何会不同于法国社会。

对于埃利亚斯来说，问题近在眼前，颇为棘手。德国的“文化”既没有防止纳粹主义的兴起，也不曾有效地阻碍希特勒对大学的攻击，或是对犹太人的迫害，只因后者不是日耳曼人，因此威胁到雅利安文化。德国资产阶级作为“文化”的卫护者，却未能保护犹太知识分子。其结果，身兼德国人、资产阶级、知识分子和犹太人的埃利亚斯，体验到根本性的认同危机。

<36> 撰写《文明化过程》，就是应对这种令人绝望的处境的一种方式。他日后评论道，尽管“有关文明的问题最初在我看来纯属个人问题”，但却也逐渐认识到，需要“与直接的处境保持充分的距离”(Elias, 1996, p.444)。无论在身体上还是精神上皆是如此。1933 年，这两种保持距离的形式，驱使他先是去往瑞士，然后前往法国。

埃利亚斯在巴黎奋力求生，书的观点也逐渐成形。诚如其在序言中所称，他希望“帮助读者不再把‘文化’和‘文明’的概念看得那么不言自明地严格对立”(Elias, 1994a, p.xii)。这样的措辞表明，埃利亚斯脑子里还是有针对性地想着他的德国读者，他们其实非常乐见这些概念不仅相互对立，而且

有着等级高低，“文化”显然更加高贵。

但是埃利亚斯并没有加入“‘文化’对文明”之争，而是抽身而出。在《文明化过程》中，他说明了**为什么**会产生这种争论，**为什么**德国资产阶级将“文化”树立为自身的图腾柱，并讥讽他们在别处尤其是法国看到的那种文明。

埃利亚斯相信，有一个因素很关键，就是资产阶级在这两个社会中的具体发展情形。在法国，凡尔赛宫为资产阶级提供了行为与态度的强大样板，后者竞相效仿。法国资产阶级逐步挤进宫廷，借鉴其思想、感情及行为模式。其结果，等到资产阶级有能力挤开贵族阶级，成为占据主宰地位的国民阶级时，已经发展出了相当高度的自信与自控。

换句话说，法国资产阶级成员养成了一种文明化的人格结构，这一人格结构是从贵族统治阶级那里继承来的，后者已被彻底安定，在公共事务中早就放弃了暴力习性。不过，他们在德国的对应阶级却没有机会走上这条道路。与法国不同，17、18 世纪的德国不存在任何中央集权的王宫，可以充当一个“上流社会”的核心。

德国在政治上取得统一要远远晚于法国，直到 19 世纪开始后好久才完成这一目标。当德国城市工业资产阶级登上舞台，他们生活富裕，受过良好教育，渴望权力，期望获得社会承认，却发现自身并没有面临一个像法国那样高度自信的强大王宫。相反，这个阶级的成员得去叩响数十个王公贵族的小宫廷，它们散布在布雷斯劳这种充满势利的地方城市，彼此展开激烈竞争。

但是新来者大多会面临一声嘲笑而遭到拒绝。对于绝大多数资产阶级成员来说，要进入彬彬有礼的上层阶级社交生活[16]，几乎完全没门儿。对于那些带着铜臭气一心想挤进上层社交生活的人，本地世家名录会将其拒之门外。用钱来买通门路相当困难。这种情形产生的后果非常重要，导致礼 <37>
貌的文化及其相伴随的文明化惯习，无法顺利地从地位稳定的贵族阶级局内人，传递到富裕的资产阶级局外人。

德国资产阶级是一个孤零自处的阶级，在社会上不能镇静自若，在政治上也缺乏自信。德国在 19 世纪中叶取得的国家统一，也是通过一个尚武好

---

[16] 原文此处也是“social life”，但是我们一般会根据不同阶级 / 阶层的活动，区分出究竟是社会生活还是社交生活。——中译注

战的贵族集团所发起的一系列战争来完成的。皇帝及其取得胜利的将军们，使用同样强有力的手段，将严格的纪律强行推至整个德意志帝国境内。按照埃利亚斯的讲法，这一过程给德国人的灵魂打下了深刻烙印。它使得"个体的驱力控制……高度依赖于外部的强大国家权力。如果这种外部权力趋于缺失，情感的均衡，个体的自控，都会出现危险。"

德国资产阶级的成员畏首畏尾，索性对权力施行的严苛事实闭眼不见，充耳不闻。他们对赢得影响所需的政治技能和社会技能毫不在意，对"任何有关权力垄断的管理的事情"都避犹不及。德国资产阶级被权力所拒绝，转而追求教育、高尚的个人理想和高深的知识。资产阶级知识分子以大学为核心，创造出一种独特的阶级文化。他们崇尚个人教化，提倡孤零学人的自我钻研。支配这种资产阶级文化的是"内省，是在各种价值观念的列表中，将精神和文化方面的成就提升到一个特殊位置。"(Elias, 1994a, pp.512－513)

这样一种文明化过程，在德国社会中产生了"太多的"孤零，"太少的"互联，造成了埃利亚斯自身的磨难，也使他需要逃离自己热爱的德国。事实上，注重内省的德国资产阶级，正是"封闭的人"的化身。对于这一哲学概念，埃利亚斯三番五次地进行抨击，甚至有些沉迷于此，这在一定程度上体现出，他对自己所属阶级在政治上和道德上双双落败有多么愤怒。

悖谬的是，《文明化过程》几乎没有提及1918年以后的事情。1939年时，埃利亚斯或许尚未准备好或者还没有能力直面矛盾，无论是他的青年理想与成年体验之间的矛盾，还是他所属阶级的文化与铭刻于其犹太身份中的命运之间的矛盾。这部著作行将结束之时，他谈到了"个体与其自身之间的内在张力"(Elias, 1994a, p.497)，谈到了现代"人对于自身的恐惧，担心被自己的感情冲动所征服"(Elias, 1994a, p.520)，眼光极其敏锐。埃利亚斯明白，"如果个体不能充分约束自身，如果他触及敏感点，触及他自己的羞耻边界(own-shame frontier)，或是别人的窘迫阈限(embarrassment-threshhold)"，就会进入一块"危险地带"(Elias, 1994a, p.497)。两次大战期间的德国，就是埃利亚斯自己的危险地带。

十、一位社会学家的重生（1940—1965）

1940 年，埃利亚斯被关进位于英国海顿的敌侨营。如前所见，在敌侨营的一片简陋条件中，沃尔夫发现“一个叫埃利亚斯的教授，在一块充当黑 <38>
板的脏兮兮的纸板上圈圈画画”，讲解“一个人怎样来到人世间，不是作为素朴孤立的个体，而是作为一个社会网络上的节点。”(Gleichmann, et al., 1977, p.30)

埃利亚斯作为英国囚禁营中的一名犯人，体现出自己身份 / 认同上的四点核心要素。作为犹太人，他逃离了德国。作为资产阶级，他的教育、人脉和资源促成了这样的逃跑。作为德国人，他被关入英国敌侨营。作为一名知识分子，他即使身陷囚禁也在传授观念。

从布雷斯劳到海顿，从温暖的安全壳到冰冷的囚禁营，埃利亚斯这场旅行令人痛苦。而当他在 1940 年听闻自己的父亲已经在布雷斯劳去世，这种痛苦想必变得非常真切。具有悲剧色彩的是，他是从自己母亲的来信中得知这一噩耗的，而她则是在去往奥斯维辛的途中写下了这封信，并于 1941 年在那里被杀害。四十多年后谈及此事，埃利亚斯依然几乎难以承受。他告诉一位访问者：“我只是抹不掉自己母亲在毒气室里的场景。我过不了这道坎。”他又补充道：“我倒是很想写一本书，讨论整个纳粹事件，但是有太多的东西还有待释解。”(Elias, 1994b, p.79)

然而，需要“释解”的事情或许并不是历史记录，而是埃利亚斯自己的情感动荡。他的失落感想来是巨大的。20 世纪 30 年代晚期，当他在英国全神贯注地撰写《文明化过程》时，明白“德国的情形日趋恶化…… 非常担心（自己的）父母”(Elias, 1994b, p.55)。但他们拒绝去国离乡。事实上，他的父亲还敢于向纳粹当局叫板，要求得到必要的许可，让自己儿子的书能够付印并出版。

埃利亚斯如何能够不将《文明化过程》的写作与自己父母的去世紧密联系在一起？他甚至有可能自觉不自觉地感到，前者的成就正是以后者的牺牲为代价。埃利亚斯或许是为了避免更大的痛苦，“一时间认为，该忘掉过去了”(Elias, 1996, p.429)。他觉得难以写出一本关于纳粹事件的书，也是情理之中的事情。同样不难理解的是，在 1940 年后的二十年里，他发表的作品数量是如此可怜。

埃利亚斯在30年代写下的这些核心作品，在此后三十多年时间里几乎全被束之高阁。不仅如此，新的作品还久候不至。埃利亚斯倒是钻研不辍，但却非常不情愿将写的东西公诸于世。他给自己定下的标准可谓精益求精。直到临终前，要想从他手中搞到书稿拿去出版，还是得再三强求。

在这些几近默不作声的年月里，头十年，埃利亚斯在伦敦当一名非全时的辅导老师。他还当过群体治疗师，那是他在这些年里最拿得出手的专业身份。他和一小群精神分析学者一起创办了群体分析学会，其中就有S. H. 福克斯，那是他在法兰克福时就结识的故友。不过，他最终还是找到了一份全时工作，在一个新的安全壳里，有了一个安定无虞的位置。这就是莱斯特大学社会学系。从1954年开始，埃利亚斯在那里上课，直到1962年官方意
<39> 义上的退休，但在接下来十多年里继续待在那里，只是越来越频繁地造访欧陆。[17]

在那些日子里，这个系就好比某种宫廷社会，至于系主任伊利亚·诺伊施塔特，对埃利亚斯所来自的那个欧洲犹太背景，也是非常熟悉，深表同情。诺伊施塔特来自敖德萨[18]，熟谙孔德著述，对法国文化了如指掌。置身这一安全壳，埃利亚斯仿佛重新找回了安定感，提高了自信心，培养起自己身份/认同中的第五项要素：感到自己是名社会学家。

事实上，直到步入晚年，埃利亚斯才**最终**决定，选择社会学作为传递自己观念的载体。在此之前，他曾放弃过一次社会学。如前所见，一战之后，埃利亚斯最初学的是哲学。20世纪20年代，他放弃了哲学，转投社会学。但到30年代后期，他又发现社会学在根子上无法让人满意。

在《文明化过程》一书中，埃利亚斯对心理学、历史学和社会学都表示不屑。他发现，"心理学家的思考缺乏历史维度"，而"历史学家满脑子想的是他所称的事实，却回避了心理学的问题"。埃利亚斯进而指出："社会学的情形也好不到哪里去。至少就历史问题而言，它完全接受历史学家划定的分界线，一边是人们看似亘古不易的心理结构，一边则是在各种艺术、观念

[17] 参看Brown，1987。

[18] 敖德萨（Odessa），乌克兰黑海沿岸重镇。——中译注

和其他各种形式中的不同显现。”换句话说，有关人的心理结构的历史变化，社会学家无法处理涉及这些长期过程的问题。

埃利亚斯顺势呼吁打造“一门尚不存在的科学，即历史心理学”，或者更准确地说，“一门历史性的社会心理学”(Elias, 1994b, p.484)。就在这一背景下，他开始在伦敦做一名群体治疗师。然而，1954 年以后，埃利亚斯在莱斯特大学谋得一份教职，使他有了立足之地，最终能够再启新程。新的任务雄心勃勃，要重新界定社会学。埃利亚斯逐渐认识到，全面理解文明化过程的复杂维度，正是应对现代性的关键所在。而要达成这样的理解，社会学就是主要的手段。

十一、老树开花（1965—1990）

20 世纪 60 年代晚期，随着年近古稀，然后年逾古稀，埃利亚斯也逐渐在某种意义上“释然”了。在四分之一个世纪的几近沉默之后，他用英语及其他语言出版了一系列著作和论文。历经多年撰写和修订的文稿渐次付梓。《文明化过程》重新刊行。《宫廷社会》终见天日。新的著作不断问世，包括《何谓社会学？》(Elias,1978),《濒死的孤寂》(Elias,1985),《论时间》(Elias, 1992),《符号理论》(Elias, 1991)，以及去世后整理出版的《莫扎特：一位天才的肖像》(Elias, 1993) 和《德国人》(Elias, 1996)。

此外还有一些散篇，如论情感、意识、精神病学、暴力、国家形成、社 <40>
区，以及知识社会学，尤其是有关各门科学包括社会学本身的知识社会学。[19]然而，直到 20 世纪 70 年代晚期，也就是 1940—1941 年间的创伤过去三十多年后，埃利亚斯才鼓足勇气，重新在公开出版物或讲坛上探讨尚未释解的问题：两次大战期间的德国为什么会沦为一个充满暴力和压迫的社会？而这本来就是刺激他写出最重要作品《文明化过程》的主要因素。这些想法汇编成册，再加上 60 年代后写成的另两篇未曾发表的文章，收录于《德国人》(Elias, 1996) 中，该书出版后仅仅一年，埃利亚斯便与世长辞。

稍后一章将会详细讨论《德国人》。不过，在这里我们也不妨对这本博

[19] 参看参考文献中的例证。

大精深的作品做一番简要概括。书中浸透着埃利亚斯对犹太人遭际的悲悯，对资产阶级表现的悲愤，对德国命运的悲恸。埃利亚斯书中的悲剧英雄是谁？就是书名中的名姓。埃利亚斯隐含的自我定位就是德国人，而不是范围更加狭隘的德国犹太人。他在1984年时宣称，“我清楚自己是德国人，也明白自己是犹太人。”(Elias，1994b，p.10) 不错，两者都是，只是排名先后如斯。在《德国人》中，埃利亚斯描述了自己民族——德国人——的历史和惯习，作为一名局内人，关爱深切，感同身受。

十二、小结

本章重点讨论埃利亚斯的生平、核心观照及其主要作品之间的关系。笔者并不打算面面俱到地阐述其人其事，而是要捕捉与其作品相关的某些张力和冲突。我们得出的要点是：埃利亚斯年轻时渴望成为一名大学教授，活跃在德国“文化”的核心，但在德国资产阶级手上又体验到对个人的排斥，就因自己是个犹太人，所归属的群体被卑贱的“文明化”特征所玷污，由此生成了核心冲突。

在埃利亚斯的青春期，当他以独特的方式去解读德国文学，自己的追求与在别人手下遭到的体验之间的冲突就可能逐渐显现。[20] 埃利亚斯把焦点放在法国的个案上，将自己的思想根基从康德的观念论转向其他传统，包括弗洛伊德的著述，从而能以情感上更加超脱的态度，研究有关“文化”与文明的问题。

只要埃利亚斯能够找到类似安全壳的环境，提供一定程度的保护，其身份/认同核心的冲突就是可以驾驭的。由于1915年的参军，他离开了自己的第一个安全壳，即布雷斯劳的家园。20年代的海德堡算是另一个安全壳，五六十年代的莱斯特则是又一个。

不过，在30年代和40年代早期，埃利亚斯却暴露在狂暴无比的冲突中，

---

[20] 是否可以说，埃利亚斯的感情有时与詹姆斯·鲍德温颇为相似(后者是位美国非裔小说家，他曾评论道，尽管自己也会去欣赏西部片里令人兴奋的对抗，一方是勇敢无畏的牛仔，一方是邪恶捣蛋的印第安人，但却逐渐认识到，自己也是印第安人中的一员)？

因为他希望自己归属的那个阶级和民族却对他弃如敝屣。1933 年，他被迫 <41>
离开德国，接下来，在 40 年代初又失去了双亲。但从 1929 年离开海德堡这一安全庇护所，到其双亲去世，正是埃利亚斯最具创造性的时期，撰成了《宫廷社会》和《文明化过程》。

概而言之，在 30 年代，埃利亚斯个人体验到一系列的分离、断裂和暴力。而在自己的书里，他强调的却是互联、连续，以及对暴力越来越稳定的控制。埃利亚斯的个人处境激励他去探究“文化”与文明的性质与发展。在探究过程中，他发现了文明化过程。考察这一进程及其复杂的衍生后果，成为其毕生工作。

接下来两章，将会把埃利亚斯和与其同属一代的两位杰出学人，阿伦特与帕森斯，相比较。

附论：《个体的社会》

本附论概述了一篇题为“个体的社会”的文章，原本是要写入《文明化过程》的。在这篇文章中，埃利亚斯阐述了自己在理论上如何理解社会过程的性质，以及人类在社会关系中的处境。按照他的说法，社会具有某种“隐藏的秩序”(Elias, 1991b, p.13)。我们的功能，我们的位置，就是作为社会的一部分。我们或许不得不失去或改变这些功能和位置，但我们不能随意改变它们。不管怎么说，这种秩序不是由什么人来安排的。我们都以自己的思想和行动来维持社会的运转，如同舞场上的舞伴，又像乐队中的乐手。但我们并没有发明舞蹈，创造旋律。社会并不是一种分离的“实质”，从外部强加于个体，而是体现为这些个体之间的关系。[21] 我们都相互依赖。我们属于一些互赖关系的网络和链条。一个人是不能外在于这些关系而存在的。

社会的秩序，它的张力与约束，以及它所提供的变迁的可能渠道，都寓于个体之间的这些关系中，换言之，寓于网络或型构中。一个型构中发生的事情，密切关联着构成它的那些个体内部的心理构造，张力与约束，以及变迁的可能渠道。

---

[21] 原文此处标有注解符号，但章末并无此款注解，或系附论编排失误。——中译注

“个体并不是起点，他与其他人之间的关系并无起点可言。”(Elias, 1991b, p.32) 我们诞生之时，就可以说一头扎进诸事纠葛。我们成为某一群体的一部分，该群体有其独特的功能和利益，以特定的方式和其他群体相关联，其成员之间的关系也呈现出特别的模式。我们生在什么样的历史时代，属于什么样的群体，在该群体中占据什么样的位置，都会影响到我们成为什么样的人。“人类都属于某种自然秩序，某种社会秩序。”(Elias, 1991b, p.40)

由于这种秩序的特定演化，我们的生理构成和生物构成使我们在一定程度上保持“开放的”、未完成、未规划状态。它还使我们有能力发出多种多样的声音和面部表情。我们还能做出姿态，沟通意义。在这些生物界限之内，我们都是可以塑造、可以调适的。我们要想成为功能良好的人，就需要经受社会的模塑。不存在什么预定的计划，事先规划好个体和社会应当如何发展。所谓“个体的社会”，“无非就像漫无目的的群星集聚形成太阳系，一堆太阳系形成银河系。个体在社会中彼此结成的这种漫无目的的存在，就成为原材料，成为基本的构架，人们再将各自目的中多姿多彩的形象编织进去。”(Elias, 1991b, p.10)

我们从群体中学会某种特别的语言和言说方式。我们习得了特定模式的心理自控，习得了各具特色的情感构造。随着我们长大成人，也获得了个人
<42> 的一段过去，并将群体的过去融入自身。我们个人的言说习惯和面部表情习惯会使每个人都被视为独特的个体。随着我们自身和彼此关系当中发生更多的事情，我们的构造也会经历进一步的变化。但这种个体化过程并不能外在于社会关系而发生。人们在学会说“我”的同时，也学会了说“我们”。[22]

随着社会越来越复杂，专门化功能也越来越多。这些功能一般包括经济性的，军事性的，宗教性的，政治性的，还有其他许多行业。随着共同生活的结构变得更加分化，人的心理也趋于分化。自我和超我与表达本能驱力的本我更加分离。这些心理功能都各有指向。它们的对象可能在心理内部，比如当自我试图控制本我时，而当自我受制于超我的影响，一般就体现出个人行为的社会标准。

心理功能也可能指向个人所属的社会关系网络，或许采取侵犯或性欲的

---

[22] 原文此处标有注解符号，但章末并无此款注解，或系附论编排失误。——中译注

形式。也可能指向自然界，比如觅食或休闲。本能和控制都是在关系内部发挥作用的功能。所谓心理，就是“这些关系功能（relation-functions）形成的结构”(Elias, 1991b, p.35)。所谓个体的人，就是借助其在群体中履行的功能，通过其所属的社会关系而形成的结构。而所谓的群体，就是借助该群体在社会中履行的功能，通过其所属的群际关系而形成的结构。

在更为复杂的社会中，开始形成对经济资源和物质力量的垄断。随着人们力图确保其自身维存，用计谋利，超我愈益增强，本能被预见所调控。社会中的群体也更加紧密地维系在一起。它们相互依赖，但也彼此竞争。随着它们之间的张力增大，这些“网络力量”就会导致社会变迁，“并能在许多代人的时间里，遵循非常确定的秩序和方向”(Elias, 1991b, p.45)。例证之一便是文明化过程。

第二编

<43>

论辩格局的拓展

第三章

阿伦特与埃利亚斯

一、现代性：福兮祸兮？

本章将把我们直接带入一个颇具争议的话题，即现代性的方向性问题。“现代性”这个观念意味着动态，意味着以某种可以辨识的方向运动。然而，相对于一种更值得想望的境况，这种运动究竟是**远离**还是**趋近**？在这个问题上，理论家们各执一端。

阿伦特与福柯[1]的立场是前者。他们认为，现代性使事情变得更糟。他们的评判标准深受其共享的某种感知的影响，尽管对于这种感知，他们各有侧重。他们都认为，在古希腊罗马时代，公民们被认为处在较高的自主条件下，有能力践行理性的自我控制，为自己的行动承担责任。[2]他们认为，这比现代社会中的情形更为可取。在他们眼中，现代社会里人的思想和行为受到科层人员、科技人员和专业人员在相当程度上的监管和导引。

---

[1] 第五章还将有更详细的探讨。

[2] 参看 Arendt, 1958a; Foucault, 1978; Foucault, 1987; Foucault, 1988a。请注意，福柯在分析中优先考虑的是私人领域，阿伦特强调的则是公共领域。

与此相反，埃利亚斯和哈贝马斯采取后一种立场。他们都认为，从现代已经呈现出的那些要素中，有可能发展出一个“更好的”社会。他们都认为，习得过程在社会中扮演了核心角色。哈贝马斯把这一过程定位于道德和法律领域，埃利亚斯则将其与社会学知识的传播联系到一起。[3]

哈贝马斯与福柯之间的争论已是广为人知。[4] 但是关于埃利亚斯和阿伦特所提出的理论立场和经验分析之间的冲突与会通之处，却是乏人问津。而这些则正是本章的主题。事实上，埃利亚斯和阿伦特在公开刊行的著述中都没有讨论过彼此。如前所述，20 世纪 20 年代晚期他俩在海德堡相遇，埃利亚斯概括道：阿伦特“整个误入歧途”。他不能接受后者的哲学思路。

<44>

二、超越特定性

阿伦特作为海德格尔的学生，首要关注的便是不同的在世方式的长短优劣。人类社会的类型有多种运作模式，希腊的市集（agora）和纳粹的集中营是其中的两个极端。在这些实例分析中，阿伦特期望透过历史证据来确定，如果这类制度 / 机构中蕴含的结构原则得到充分贯彻，会落实怎样的创造性或破坏性的潜在可能。[5]

埃利亚斯与阿伦特相仿，也希望设法超出特殊案例，得出某种更具一般性的结论，只是遵循的策略有所不同。阿伦特主要对两个方面感兴趣，一方面是特定的人类能力（如进行蕴含意义的行动的能力），另一方面是世人世事所处关系网络的不同境况（以两种极端境况为例，即希腊的广场和纳粹的集中营），两者之间的关系如何。与此相反，埃利亚斯首要关注的是，确认并说明不同时代不同社会类型的相关经验概括中体现的不同模式。

诚如埃利亚斯所言：“当物质事实积累到某一特定程度，历史编纂就进

[3] 例参 Habermas，1991，pp.95—129；Habermas，1996；Elias，1978。

[4] 例参 Habermas，1987，pp.238—293。福柯有关“真理与主体性”的霍温松讲演也提到了哈贝马斯。参看 Macey，1993，p.431；Miller，1993，pp.456—457。这场具体争论的延伸之所及，已经远不仅限于追问，现代性所体现出的趋势，究竟是趋向还是远离一个“更好的”社会。

[5] 她相信霍布斯已经展示了这种分析技能。在她看来，霍布斯有能力在现代资产阶级繁荣发展之前数百年，就预见到它的特性。参看 Arendt，1973，pp.139—147，pp.155—157。

入了一个新的阶段，再也不应满足于搜集更多的特殊事例，描述那些已经收集汇拢的事例，而应致力于特定的问题，那些问题有助于洞察一些根本规律，某一社会中的人们赖以持续维系于特定的行为模式，维系于特定的功能链条…… 而这些关系也依据这些根本规律以特定的方向变化。”到了这一研究阶段，目标即在于确定“其全部互赖关系中的结构”(Elias, 1994a, p.488)。

因此，埃利亚斯的研究策略就是找寻经验证据，证明某些社会过程中的规律，如稳定的权力垄断的发展或瓦解。在他看来，这种社会学分析比任何类型的哲学都不知要高明多少。埃利亚斯觉得“海德格尔与整个存在主义…… 都不值得讨论，难以掩饰自己对这类不严谨思维方式的轻蔑”(Elias, 1994b, p.92)，这和其博士指导教师理查德·赫尼希斯瓦尔德的立场是一致的。

尽管埃利亚斯和阿伦特之间存有这些差异，但两个人经历相仿，对自己希望归属的社会类型持有类似偏好，对他们所来自的那个阶级和文化更是产生了差不多的失望感。埃利亚斯和阿伦特都是在魏玛共和国时期开始进入学术生涯，也都像许多犹太人一样，在 1933 年希特勒上台后逃离德国。埃利亚斯和阿伦特都认为，纳粹事件是文明瓦解的重大症候。[6] 他们都想搞明白，这一事件是如何发生的，如果可能，该如何改善局面。

但他们之间又存在以下重要分歧。埃利亚斯把纳粹当成欧洲发展过程中的某种偏误，源于德国社会与历史中某些极其独特的属性。阿伦特则认为，这是现代性的典型体现，提前警示了现代社会中绝大多数人可能面临的黑暗未来。 <45>

在这两位论家所采取的思路中，并不仅仅是各自领域的哲学和社会学思路，而是异同相杂，耐人寻味。作为德国犹太人，他们都面临着纳粹主义的兴起对于人身的挑战，但其应对方式却迥然不同。不过，他们有一样事情肯定是一致的。作为“第一代”犹太知识分子，埃利亚斯和阿伦特都非常积极地看待大学生活中那种开放轻松的文化氛围，尤其是在海德堡，那里

---

[6] 埃利亚斯在《文明化过程》序言中强调，“本书提出的这些议题源于……我们依然生活在其阴影中的那些人的体验，有关迄今为止存在过的西方文明的危机与转型的体验。”(Elias, 1994a, p.xvi) 在十二年后出版的《极权主义的起源》中，阿伦特指出，“人们普遍有一种界定模糊的泛泛共识，认为所有文明的本质结构都濒临崩溃。”(Arendt, 1973, p.vii)

的“普世主义的、自由主义的……精神闻名全德，对创新和实验非常宽容”(Young-Bruehl，1982，p.66)。

三、创生与礼貌

我想先来描述这两位观念中诸多对立与会通的复杂模式，然后细致地探讨他们的生平与著述之间的相互作用。为此我将从两位论家的作品中各挑一个核心概念，这些观念虽是彼此独立地发展出来的，但既相互对立，又相互补充。这两个观念，一个是**礼貌**(civility)，或者说“文明化行为”(Elias，1994a，p.505)，即与文明化人格相维系的有约束的审慎行为的准则；另一个是**创生**(natality)，阿伦特用来指公共领域中的创造性行动。

先来谈礼貌。埃利亚斯认为，人们来到世上所归属的社会网络或型构的动态机制，会深刻影响他们的人格。更具体地讲，他认为，要想发展出文明化人格，习惯于践行自控、预见与理性计算，政治相对稳定这一点是不可或缺的。

与此相反，阿伦特认为，当政治秩序瓦解，如在革命期间，创生，即“人的开启新事物的能力”(Arendt，1958a，p.9)，就会蓬勃发展。在《论革命》里(Arendt，1963a)，阿伦特指出，各地活跃分子组织的各种民众委员会似乎是自发涌现出来的，融入一系列革命起义。在美国革命中，在1789、1848、1871年的法国，在1905、1917年的俄国，在1919年的德国，乃至在1956年的匈牙利，都出现过这类情形。

在阿伦特看来，这些民众委员会都是“自由的空间”(Arendt，1963a，p.268)。它们让普通男女有机会在公共领域展开蕴含意义的行动。阿伦特将这些委员会比作“瀚海中的岛屿，大漠里的绿洲”(Arendt，1963a，p.279)。不过，它们也往往会被沙漠或海洋重新夺回，被更为强大的力量所吞噬。

这些民众委员会在阿伦特的观照中[7]扮演一定角色，在某些方面对应于

---

[7] 阿伦特固然同意，在对人类体验关键方面的把握与沟通中，观照也能发挥一定作用。但她又认为，如果过于依赖观照作为手段，从思想上对世界进行定向，是很危险的。她承认“思辨的、非认知性的思维方式”会“忠实于思维自我的根本体验”，但怀疑是否能够依赖比喻来传递意义。参看阿伦特所著《精神生活》第一卷《思维》中“比喻与难以言表”一节，Arendt，1978a，pp.110－125。

早先封建宫廷在埃利亚斯的文明化过程学说中所占据的位置。更具体地说，<46>
埃利亚斯指出，在中世纪早期的欧洲，可能会有这个或那个封建世家以基本没有计划的方式，间或把握住各种军事力量之间的特定均势所提供的机会，对一大块领土提出最高领主权的诉求。一旦在某块区域中确立起相对稳定的权力垄断，该世家的宫廷就会被确立为管理的中心、展示的中心。

在埃利亚斯眼里，诸如此类的宫廷就是文明化行为取得逐步发展的关键竞技场（arena）；无独有偶，在阿伦特看来，民众委员会对于培养公共领域中的行动习惯至关重要。绝大多数情形下，委员会就像宫廷，都长久不了。但对于历史中俯拾皆是的这些归于失败的开端，阿伦特与埃利亚斯都有着清醒的意识。

悖谬的是，在阿伦特看来最具希望的那场革命，也就是1776年的美国革命，在相当长一段时期里，是由杰斐逊这样的贵族掌控的，用埃利亚斯的话来说，他是位相当讲礼貌的人。[8] 这正是埃利亚斯与阿伦特取得会通的重要节点。事实上，对于接下来就要讨论的埃利亚斯与阿伦特倍加推崇的一种后果，创生与礼貌都是重要成分。

如前所述，埃利亚斯和阿伦特都非常重视已被安定的对抗性话语与行动竞技场。无论是埃利亚斯在《宫廷社会》中对绝对主义宫廷的研究，还是在《德国人》中的下述说法，都明显体现出这一点："一个免于冲突的社会或许看似理性的巅峰，但这个社会也如墓园一般，死气沉沉，极度冷酷无情，单调乏味至极——不仅如此，这还是一个没有任何动力的社会。"（Elias，1996，pp.292—293）

埃利亚斯显然更偏好政治上的"议会式体制"，这种政制倡导非暴力斗争形式，表现为讨论或"君子动口不动手"。在这样的情境下，冲突的展开也会遵照明确的准则和高度的自我纪律。这不免让人想到阿伦特对希腊城邦的景仰，在那里，行动的领域会超出"纯粹的暴力，后者沉默不言……永远不能伟大"（Arendt，1958a，p.26）。她在《人的境况》开头几章探讨了这

---

[8] 事实上，掀起美国革命的那些"文人"（hommes de lettres）所来自的群体，其"成员在其奋斗生涯之初，都是撤出社会，先是撤出王室社会，不再以廷臣为生，然后撤出沙龙社会。"（Arendt，1963a，p.118）

种政治形式（Arendt, 1958a）。

在《拉埃尔·瓦恩哈根》一书中（Arendt, 1958b），阿伦特还探讨了平和性竞争的另一种情境，即启蒙时代的沙龙。从宫廷、沙龙、城邦到议会，在所有这些实例中，有关的型构都达到了相当的集中程度和整合程度，足以促成稳定的人类互动。不过，与此同时，它们的集中化程度还不彻底，还不能剥夺人们表现自己行事能力的机会。不仅如此，这些情境还没有取得彻底的整合，足以清除以不同方式行事和想象的心理空间和政治空间。

阿伦特对这些对抗性竞技场的评价是积极的，这一点清楚表露，往往得到明确的肯定。埃利亚斯的评价虽然立场类似，但却潜伏不露，只是偶尔直接表述。不过，这两位论家在这一点上显然取得了会通。

<47> 行文至此，有必要引用埃利亚斯的说法：20 世纪 20 年代晚期，“海德堡前所未有地成为与同时代人角力之处，无论是巩固自信，还是甘拜下风，总归是和才智相仿之人友好切磋”（Elias, 1994b, p.36）。当时这座城市让埃利亚斯和阿伦特都切实体验到了他们日后高度推崇的那种不求暴力但求竞争的情境。他们都在这个环境中生活了大约五年，直到纳粹开足马力大肆压迫，改变了他们的生活。

德国社会的解体，希特勒的上台，为他们两位设定了思想议程，虽说他们的实施方式不同。如前所述，他们都认为，纳粹主义和大屠杀是文明瓦解的症候。不过，如果我们先来看看埃利亚斯和阿伦特在帝制德国与魏玛共和期间的生活的某些方面，就会更加理解他们切入这些问题的方式为何会有不同。本章第二部分就来处理这一点。

第三部分将比较阿伦特与埃利亚斯分别在《极权主义的起源》（Arendt, 1973）和《德国人》（Elias, 1996）中提出的观点。本章最后一部分将会提出，对于一个“文明化的”社会“应当”如何，埃利亚斯和阿伦特有着类似的理念，但在分析现代性中的主导趋势时却有所分歧。但不管怎么说，合而观之，他们的分析提供了一些要素，能比单凭《德国人》更为广泛、更为全面地理解“去文明化”的过程。

四、局外人与贱民

阿伦特于1906年出生于柯尼斯堡(Königsberg)[9]，和布雷斯劳一样，这里也处在德意志帝国的东部。她和埃利亚斯都来自富裕的犹太家庭，不过阿伦特家里更加有钱。如前所述，埃利亚斯的父亲开着一家半大不小的纺织厂。[10] 阿伦特的外祖父是位茶商，拥有柯尼斯堡最大的公司，该城本身就是“欧陆首屈一指的茶叶贸易中心”(Young-Bruehl, 1982, p.6)

埃利亚斯的父母都是商贸中产阶级的牢固成员。相反，阿伦特成长的家庭环境却更多专业人员而非工商阶层的气息。她父亲是位有专业学位的工程师，但在她七岁上就去世了。她母亲在巴黎学过法文和音乐。[11] 双亲都是坚定的社会主义者。对于1919年的柏林起义，阿伦特的母亲是表示赞成的。[12]

阿伦特作为这样一对家境富裕、立场左倾的专业人员父母的女儿，年轻时还没有遭到足够的拉力，把她引向犹太复国主义，或是帝制德国既有体制的价值观念。相反，埃利亚斯则同时感到了来自这两个方面的压力。比如说，他自己觉得非常亲近的父亲“是位爱国者”[13]。埃利亚斯还是个孩子时，对皇帝没有什么印象，但却“热爱德国”(Elias, 1994b, p.6, pp.10－11, p.18)。 <48>

[9] 现为俄罗斯的加里宁格勒(Kaliningrad)。

[10] 他的商产坐落于市政厅附近的中心广场。据埃利亚斯自述，“他大约是1880年或1885年前后开的厂，借了1870年后开始的繁荣景气的光。不过，这家工厂机器较少，主要靠人手工劳动，包括裁缝在内，三十人上下，做衣服去批发。”(Elias, 1994b, p.5)

[11] Young-Bruehl, 1982, p.10.

[12] 事实上，阿伦特的第二任丈夫亨利希·布吕歇尔就曾参加过1919年的起义。参看Young-Bruehl, 1982, pp.125－126。

[13] 他似乎乐于支持威廉皇帝治下的既有秩序。耐人寻味的是，他给自己的独生子取的是典型的日耳曼名字，是12世纪一位血统高贵的圣徒，曾任马格德堡大主教。马格德堡是在波兰人中传播天主教信仰的一个中心。它的建城特许状激发了马格德堡法，在13世纪，整个东欧都采纳了这套市政管理法典。克桑滕的诺贝特出生于德国北部一个贵族家庭，1120年在法国北部拉昂(Laon)附近的普雷蒙特雷(Prémontré)创建了一个隐修会。普雷蒙特雷会会士(Premonstratensians)，或俗称“白衣修士”(white canons)，遵循一套修道院规则。他们的任务是要铲除异端。诺贝特赢得了教皇和德意志皇帝两方面的支持，这在“主教叙任权之争”余烟未尽的12世纪早期，堪称了不起的成就。这帮助他赢得了马德格堡大主教的位置。后来，他更获封圣徒。——原注 (接下页)

他“对德国的风景”生发出“巨大的赞叹”[14]。对于自己身份的这两个方面，埃利亚斯似乎都乐在其中。他承认，自己既是“德国人，也是犹太人……两者之间根本不存在竞争”。

约尔格·哈克施密特最近指出，埃利亚斯在一战之前，曾加入过一个犹太复国主义青年运动，叫“蓝白”[15]，并“深深地卷入这场犹太复国主义青年联盟（Jugendbund）的思想争论和‘青联’（bündisch）规划，远甚于他日后所承认的程度”（Hackeschmidt，1995，p.4）。埃利亚斯日后只是回忆，自己在一战后进入布雷斯劳大学，在那里加入一个犹太学生团体。

然而，加入这一团体也并不是表现出某种犹太性，与德国性或帝国体制文化相对立。相反，犹太团体“在一定程度上仿效了”出身高贵的德国人的那些决斗会（duelling societies）。[16] 埃利亚斯还担任了该团体最初的负责人之一。[17] 在《德国人》中，他探讨了学生决斗会在塑造德意志帝国体制的文化与惯习方面所扮演的重要角色。[18] 他也参与了那种文化，至少是在想象中厕身其间。

（接上页）“主教叙任权之争”【investiture controversy，原书此处为“主教叙任权之背景”（investure context，前一词应系排印错误）】，罗马教廷与神圣罗马帝国在 11 世纪末和 12 世纪初因世俗当局任命主教和大隐修院院长而发生的一场权力斗争。主教和大隐修院院长掌握大量田产，除了行使宗教职能，往往行使世俗职能。因而世俗当局往往将代表职位的象征物授给（过去是献给）他们。由此引发教皇格里高利七世与神圣罗马帝国皇帝亨利四世之间的争执。——中译注

[14] 亦参 Hackeschmidt，1997；Hetherington，1994；Mennell，1996，p.vii；Elias，1994b，p.35。埃利亚斯对德国乡间的爱，也包含了“对每座教堂都如数家珍……所有建筑，各式风格，我都了然于心。”（Elias，1994b，p.19）多年以后，在海德堡韦伯夫人主持的研讨会上，埃利亚斯做了一个小讲演，“谈德法两国社会结构之间的差异，及其在各自教堂结构上的体现”（Elias，1994b，p.98）。

[15] “蓝白”（Blau-Weiβ）就是犹太标志六角星（大卫之星）的颜色。——中译注

[16] 诚如下文所述，埃利亚斯在日后的学术生涯中，特意挑选帕森斯和波普尔这样的人作为对手来抨击，有时会让人联想到一场决斗。参看 Elias，1994a，pp.185—204（谈帕森斯）；Elias，1985b（谈波普尔，笔者并未读过该作品的德译本，而是在 1970 年莱斯特大学一次研讨会上，亲耳聆听埃利亚斯发表其英文原本）。

[17] 他日后回忆，这类社团“并不被人太当回事儿，没有权利要求得到复仇的机会”，即要求决斗（Elias，1994b，p.35）。

[18] 埃利亚斯使用“惯习”或“社会惯习”的术语时，通常指的是灌输于某一特定群体成员身上的感觉与行为的独特准则。相关讨论参看 Fletcher，1997，pp.10—15。

20 世纪 20 年代后期，埃利亚斯去往海德堡，为自己打造社会学领域的学术生涯，开始师从阿尔弗雷德·韦伯和曼海姆。[19] 而在 20 年代后期，阿伦特也待在海德堡。她比埃利亚斯小九岁，但在学术生涯的角度上说，她此时只比埃利亚斯晚一年左右。来海德堡前，她已在马尔堡（Marburg）跟海德格尔学习了一年，然后又在弗莱堡跟胡塞尔学习了一个学期。[20]

到 20 年代后期，埃利亚斯和阿伦特都对“文化”和“教化”(Bildung) 的内省传统产生幻灭。如前所述，德国资产阶级中的自由派深信，能够经由文学和哲学达成自我教化。这个阶级的成员在德国的国家政府中政治上处于劣势，聊借对“文化”的自豪来弥补。悖谬的是，还可以肯定，他们并不倾向于获取弥补这一劣势所需的特定知识和技能，包括能让他们跻身权势者的宫廷的那些社交风度和精致礼仪。

埃利亚斯和阿伦特都在十八岁时受到震撼，走出了对“文化”的执信。就埃利亚斯而言，关键事件就是一战。而在阿伦特这边，则是与海德格尔的一场韵事，后者正是“隐然主宰思想领域的王”(Arendt, 1971, p.51)。埃利亚斯在 1915 年应征入伍，服务前线。德国公众被告知，这场战争就是对抗法国、英国和美国“文明”中蕴含的卑劣的物质论价值观，捍卫德国的“文化”。然而，战争犹如竹篮打水，1918 年的战败更使士气低落，一时间幻灭感四下蔓延。

如前所述，埃利亚斯对此的反应就是转向哲学研究。到 1924 年他拿到博士学位时，已经对新康德主义的正统观念大为不满，而后者正属于作为一种思想体系的“文化”的核心要义。他觉得，如果采用一种普遍主义的先验思路，根本不能引导人们去了解社会实在的性质或其历时而变的方式。与 <49>
此同时，在 1924 年和 1925 年的马尔堡，阿伦特正在从海德格尔那里学到，

---

[19] 马克斯·韦伯的弟弟阿尔弗雷德·韦伯同意在未来某时督导其授课资格论文。埃利亚斯开始研究伽利略和乌切洛等文艺复兴时期艺术家对透视法的探索实验，据说能由此洞察从前科学思维向科学思维的转型。后来，在法兰克福，曼海姆又成了他的督导人。参看 Elias, 1994b, pp.95—96；Mennell, 1998, p.14。

[20] 这里讲述比较模糊。1925 年海德格尔决定安排阿伦特离开马尔堡，去往弗莱堡胡塞尔那里短暂学习后，又在同年转往海德堡，在海德格尔的学生雅斯贝斯手下完成博士论文《奥古斯丁的爱的观念》。海德格尔自己则于 1928 年转往弗莱堡接替退休的胡塞尔的教授席位。——中译注

自苏格拉底以降，所有的西方哲学都只是啰嗦空洞的形上玄论，模糊了存在的真正性质。

埃利亚斯和阿伦特在对自己所传承的世界观产生了幻灭感后，都转向了一项紧迫任务：从思想层面上领会犹太人在德国社会中的处境，尤其是教育有素的中产阶级犹太人的处境，比如他们自己。埃利亚斯处理这一问题的思路，就是基于自己的家庭背景和职业欲求，思考自己直接面临的实际挑战。

埃利亚斯非常希望加入德国的局内群体，成为一名大学教授。然而，他很早就开始意识到，自己的犹太身份是一个严重障碍。因此，局内群体与局外群体之间的关系如何发展，这个问题对他来说，就成了一件非常实际的事情。20 年代后期，埃利亚斯作为一名寻求被体制内学术接纳的局外人，似乎处在上升轨迹中。在海德堡，他觉得自己属于某个社会的完整成员，大家平等相处，气氛和谐，坦诚以待，彼此竞争。

后来，在《文明化过程》中，埃利亚斯提出，那些上升中的局外群体，自然会受益于“居处举止的规范趋于平等、差异趋于夷平这一明显趋势”(Elias, 1994a, p.507)。不过，尽管这一过程似乎已经在海德堡展开，但到 30 年代早期，当埃利亚斯到法兰克福工作，就觉得自己的处境完全不同了。

此时，犹太人正在被蛮横粗暴地排斥出德国人的生活。埃利亚斯的反应则是后撤一步，寻找某种对照点。我们已经看到，他选择法国作为个案。埃利亚斯认为，在这个社会里，局内群体与局外群体之间的关系更加持续地趋向愈益平等、愈益包容。他考察了 17、18 世纪期间，法国的王室、贵族与资产阶级的命运彼此交织，呈现出怎样的过程与型构。这正是他于 1933 年完成的授课资格论文的主题。

在 30 年代早期，阿伦特待在柏林。她也经历了被排斥，并比埃利亚斯更加直接、更为切身。1928 年，海德格尔终结了两人之间的肉体关系。不久，他就成为弗莱堡大学的正教授。1933 年，他当上了弗莱堡大学校长，并于同年加入纳粹党。事实上，上述事件或许真的产生过一些影响，让阿伦特拿瓦恩哈根作为研究主题，后者与一位德国贵族有过一段并不美满的恋情。

从 18 世纪晚期到 19 世纪早期，在柏林的沙龙社会中，瓦恩哈根是位声名显著的女成员。她和阿伦特相仿，也是一名出身资产阶级的犹太知识女性。同样类似于阿伦特的是，她逐渐觉得被一个强大的、非犹太人的男性局内体制所背叛。[21] 拉埃尔饱受折磨之后做出的回应，就是全心承纳自己的犹太身份，并得到同为“苦力”的诗人海涅的鼓励。[22]

阿伦特决定“模拟拉埃尔自己的口吻，来叙述她的生平”(Arendt, 1958b, p.xv)。她像埃利亚斯一样，寻求一种可堪比较的处境，以理解自身的处境。然而，埃利亚斯力图超脱于切身困境所激起的情感，而阿伦特则通过比较，更加清晰地意识到使自己陷入高度困扰的处境所激起的情感。她深入思考了这类情感的意涵，比如它们如何与个人认同感相关联，如何使人体验到无力感，不能推行自己的意志。 <50>

埃利亚斯的策略可以说是沿循人类互赖的链条与网络，“向外”探求，以求发现在特定情形下，这些型构如何塑造“文明化的”人格。与此相反，阿伦特则“向内”探寻，想要找到一些资源来抵制德国社会强加于作为犹太人的她的那种“人格”(persona)。

埃利亚斯从局内人—局外人关系的长期动力机制这一角度来思考问题，阿伦特则集中考察每位犹太局外人究竟有多少能力做出选择，像她所认为的那样，要么当一名**自觉的贱民** (conscious pariah)，积极抵制贬损他们的那个社会，要么做个**暴发户** (parvenu)，一心要被那个社会同化。[23] 阿伦特希望搞清楚人的行动有多少潜力创造意义，搞清楚是哪些精神境况和社会境况塑造了这种潜力的表现形式。

总结一下两人之间的差异：埃利亚斯的目标在于了解社会过程的有关知识，以求有助于防止这些过程可能带来的最糟糕的灾祸。在他看来，塑造我们参与其中的那些人类型构的社会过程，包括塑造国家、阶级、族群等的社

---

[21] 从18世纪晚期到19世纪早期，在柏林沙龙社会，拉埃尔·瓦恩哈根是位光彩夺目的头面人物，曾与一位德国贵族有过一段韵事，结局并不完满。而阿伦特也曾与海德格尔有过一段恋情，这对她影响深刻。阿伦特与海德格尔之间的关系有两点严重阻碍。他是个有家室的男人，妻子倾向国家社会主义。阿伦特的传记作者记录了阿伦特的首任丈夫对这一段的印象。尽管如此，在马尔堡那年，恋情可谓如胶似漆。1925年，海德格尔动员阿伦特离开自己教学的马尔堡，前往海德堡。此后他们继续幽会，直到1928年，海德格尔决定断绝关系。不久，海德格尔受聘弗莱堡大学的正教授。1933年他就任弗莱堡大学校长，并加入纳粹党。参看 Ettinger, 1995, pp.13—37; Young-Bruehl, 1982, pp.48—50, pp.59—62, p.108。

[22] 海涅出身犹太富商家庭，曾是拉埃尔主持沙龙中的常客。——中译注

[23] 参看 Lazare, 1949; Bernstein, 1996, pp.14—45。

会过程，都具备一些盲目的、非计划的规律性。不过，如果我们借助超脱的观察和推理，增进有关这些过程的知识，就能切合实际地做出回应，甚至做出有限的干预，改变过程的发生方式。

与此相反，阿伦特认为，当你面临一个并不友好的世界，总能有机会选择行事，以有助于创造替代性的意义、标准和现实。情况好时，那些行动就发生在某些特定的社会关系网络中，其中的人们能够也愿意共担长期不懈的任务：创造并维持一个共有的世界。[24]

对于希特勒的崛起，阿伦特与埃利亚斯又作何回应？埃利亚斯扮成一名贵族去参加一次纳粹集会，及时清理了整个社会学系，除掉了所有可能有牵连的材料，后来又与党卫军正面冲突，这些前文都已说过。[25] 大约与此同时，在柏林，阿伦特被纳粹当局逮捕。此前，她一直在普鲁士国家图书馆工作，搜集德国工商业界和专业人士中反犹态度的证据。这是为她刚参加不久的德国犹太复国主义组织做的一项工作。阿伦特被带到位于亚历山大广场（Alexanderplatz）的警察总部，遭到审讯，并被关押了八天。警方搜查了她住的公寓，并翻阅了她的笔记本。

不久前，阿伦特住的公寓还是政权的左翼之敌的藏身之处，幸运的是，
<51> 公寓当时并无人在。同样幸运的是，负责她这桩案子的人非常缺乏经验，不确定该如何办理，就把她给放了。[26] 1933 年秋天，她像埃利亚斯一样，也到了巴黎。[27] 但在一个关键方面，埃利亚斯与阿伦特的表现截然不同。当埃利亚斯忙于销毁一切可能有牵连的材料，尽可能保护自己及其同事时，阿伦特却故意替别人冒险，吸引警方注意。埃利亚斯竭力保持低调，阿伦特则毅然直面危险。

---

[24] 她也承认，这种关系网络中的行动很容易产生难以预测的意外后果。参看她在《人的境况》中讨论"行动的过程性"、"难以挽回与宽恕的权力"、"难以预测与承诺的权力"的行文。Arendt，1958a，pp.230—247。

[25] 参看本书前文边码第 12 页。

[26] 阿伦特后来告诉伊丽莎白・扬－布吕尔，"他……说：'一般情况下，一个人被带到我面前，我查查我们记录的案宗，就知道该怎么做了。我该拿你怎么办呢？'"（Young-Bruehl，1982，p.106）

[27] Young-Bruehl，1982，pp.105—115。阿伦特后来又有几次惊险的逃脱，成功摆脱了被遣返德国，确保与自己第二任丈夫入境美国。参看 Young-Bruehl，1982，pp.153—163。

这两类事变显示出埃利亚斯与阿伦特的不同取向。在埃利亚斯这边，早已做好充分准备，仔细盘算过所有风险。他利用遇到的任何机会，了解并洞察周遭德国社会正在发生什么事情。再举一例。1932 年，埃利亚斯参加了法兰克福工会之家(Gewerkschaftshaus)的一次会议。[28] 他问会上的工人，做了哪些准备来对付可能发生的武装袭击。听了讨论后，他在一定程度上明白了，为什么右翼分子对付工会人士会如此成功。“凸显的画面”展示出“希特勒的胜利中某些容易被忽视的结构性特征”，尤其是工人们深信，纵然发生了种种事件，“理性”仍将战胜一切 (Elias，1996，p.221)。

埃利亚斯相信，自己的角色并不是直接参与斗争，而是从社会学角度去了解文明化过程和去文明化过程，以及在何种程度上，理性的人类干预能影响这些过程。他在《文明化过程》一书结尾写道，尽管“文明是被盲目地启动的，是由关系网络的自主动力持续推动的……但我们绝非不可能从中得出某些更加‘合乎情理’的东西，更能服务于我们的需要和目的。”他预测，未来可能会有“更大的空间，对社会结构和个体结构 [29] 进行有计划的干预——这种干预的基础是，越来越了解这些结构的非计划的动力。”(Elias，1994a，p.445)

埃利亚斯的结论是，要想理解德国的“文明化行为的重大沦丧”，就必须“作为一名社会科学家，保持与直接情境之间的充分距离”。如前所见，保持距离就意味着看看另一个社会，即法国，来获得比较的视点。它还意味着对中世纪和现代早期的法国展开历史研究，追溯相对稳定和受控的社会与人格结构是怎样形成的。

埃利亚斯相信，“如果无法理解并说明，文明化的行为和情感是如何首先在欧洲诸社会**建构起来并逐步发展**的，就不能理解文明化行为的**沦丧**。”(Elias，1996，pp.444—445；黑体格式为引者所加) 在 20 世纪 30 年代剩下的时间里，他都在进行这项研究规划的第一部分。1939 年，《文明化过程》问世 (Elias，1994a)。该书旨在奠立基础，以便更细致地分析德国这个案例。

---

[28] 即工会总部。埃利亚斯在那里讨论一笔学生奖学金。

[29] 结合上下文可以看出，埃利亚斯所说的“个体结构”，指的是“人格的结构……人的心智的结构……可塑的心理机制。”(Elias，1994a，p.445)

<52> 回头来看，当埃利亚斯最终完成研究规划的另一部分，即1989年出版《德国人》(Elias, 1996)，已经过去了半个世纪。

1933年发生的一系列事件，对于阿伦特的意义颇为不同。依其日后所言，她的结论是，"'当你因为是个犹太人而遭到攻击，就得**作为一个犹太人**来捍卫自己'，不是作为一名德国人，不是作为一个世界公民，也不是作为'人权'的拥有者。"(转引自 Young-Bruehl, 1982, p.109，黑体格式为原文所有）她就此主动出击，作为一名具备自觉意识的贱民，对抗压迫自己的人。借用阿尔伯特·赫希曼在其《退出、呼吁与忠诚》一书中的用语，阿伦特将她的"退出"转变成积极主动地拒弃德国社会。她撤回了对德国的"忠诚"，将其转投到犹太复国主义计划。最后，无论是反对德国，还是宣扬自己的犹太复国主义观念，她都在大声"呼吁"。

而对埃利亚斯来说，局面要复杂得多。他发现，在自己的社会身份/认同、自我意象和惯习中，作为德国人和作为犹太人是不相上下的两个部分。它们同样是不可让渡的。五十年后，当被问及是否自视为一名犹太人时，埃利亚斯答道："是的，就是说，我是一名犹太人，一名德国犹太人。这渗透在我整个的性格中，也体现在我的外表上。你这么提问题，听起来好像我能有什么选择……可我之所以是一名犹太人，又不是我想要当，而是因为我就是。"然后提问的人又问，埃利亚斯"是否也以同样的方式是个德国人"。他的回答是，"准确地说，是个德国犹太人"(Elias, 1994b, p.79) [30]。

埃利亚斯不像阿伦特，他在退出德国时，体验到与自己人格的满含创伤的断裂。他的人生目标，即当一名德国大学教授，已遥不可及。他与德国两相分离，而他曾是如此深切地忠诚于这个国家。他不得不应对自己父母的辞别人世，母亲更是罹难于集中营。接二连三的这些震动产生了诸多后果，其中之一便是埃利亚斯在1939年出版《文明化过程》后的二十年间，可以说失去了自己的声音 [31]，几乎没有发表任何文字。

---

[30] "我认为你不能说曾经选择过什么。"(Elias, 1994b, p.3)

[31] 即上文的"呼吁"。——中译注

五、为何是德国人？为何是犹太人？

面对20世纪30年代到40年代早期的重重危机，埃利亚斯和阿伦特做出的回应截然不同，分别趋向涉入—超脱连续统的对立两极。[32]他们的人生轨迹展现出显著的分歧。30年代早期，当阿伦特正在研究18世纪晚期柏林一位中产阶级犹太女性的个人困境时，埃利亚斯则在探讨17世纪的法国宫廷。而到30年代晚期，当阿伦特在协助巴黎的犹太逃亡者时，埃利亚斯却在大英博物馆中研读现代早期欧洲的餐桌礼仪。1941年，阿伦特在为组建一支犹太军队鼓与呼，埃利亚斯正在进入其几近无言的漫长沉寂期。[33]

此后，直到60年代初期，埃利亚斯才慢慢开始转回到德国问题。对于这一议题，他采取了绝然的超脱立场，以免触及伤痛，作为心理的自我保护手段。阿伦特的处境则有不同。在30年代，埃利亚斯要探讨德国，就必须克服彻底的超脱立场；阿伦特则得从深度涉入的立场中撤回来，才有能力做同样的事情。当时，她“觉得需要全力投入去消灭”的敌人是极权主义。[34] <53>

无论是《极权主义的起源》还是《德国人》，都实现了涉入与超脱之间的某种平衡。不过，要实现这种平衡，两位作者所经历的转变方向是不一样的，

[32] 埃利亚斯提出，社会科学家必须非常自觉地结合涉入与超脱。涉入使同情成为可能，不过也蕴含了危险：一个人的感知，以及受那些感知主宰的行动，都有可能受到与自我相关的强烈情感的完全支配。极端涉入的风险在于，一个人之所见所为，无非是在表达自己内心深层的所期所忧。埃利亚斯将涉入与超脱相对立，当有关自我的感觉被严格排斥出感知过程，不会介入基于那些感知的行动，就会出现超脱。彻底的超脱与彻底的涉入处在一个连续统的两端。阿伦特在《论暴力》中写道：“情感的缺失既不会引发理性，也不能助长理性。目睹‘不能承受的悲剧’而保持‘超脱与泰然’，其实‘令人可怖’，因为这已经不是出于控制，而显然反映出不能理解。要想做出合乎情理的反应，首先必须被‘触动’。发乎情感的对立面并非‘讲求理性’，不管这里的理性指的是什么。其对立面要么是不能触动，这往往是一种病态的现象，要么是多愁善感，这也是感觉的某种偏常。”(Arendt, 1970, p.64)

[33] 但埃利亚斯绝不是消极无为。在伦敦的时候，他协助创建了群体分析学会，并带领着几个治疗小组。参看Elias, 1994b, pp.63－64。有关阿伦特如何为创建一支犹太军奔走鼓呼，参看Young-Bruehl, 1982, pp.173－181。

[34] 阿伦特在回应一篇批评《极权主义的起源》的书评时写道，自己难以了解如何“从历史维度去写我……一心想消灭的东西，即极权主义。”(Arendt, 1953, p.77) 转引自Canovan, 1992, p.17。

这在作品中有鲜明的表现。阿伦特自觉地充当了洞悉一切的诠释者的角色，以保持与自己此前倾向于行动、介入并努力有所改变的话题之间的距离。埃利亚斯同样自觉地提醒读者，自己就置身德国，参与其间，体验着那些张力，仿佛正在操纵自己的想象，有意陷入原本应该忘却的场景。

阿伦特的书自"上"而下地分析有关事件，传递出的氛围有一种深沉而牢固的道德确定性。阿伦特严格控制自己内心的愤怒，从不允许这种情绪扰乱乃至取代论证。与此相反，埃利亚斯的书则像是有个人自"内"向外地报告自己觉得深受困扰的一种情境。他的悲痛和焦虑时不时就会浮出表面，比如慨叹"自我毁灭的可怜的德国"(Elias，1996，p.433)，或是回忆起"我的同学伯恩哈特·朔特兰德，一个身体孱弱、大脑发达的人，眼镜片厚厚的，就像个年轻学者，甚至像个初一学生，读了马克思就向往共产主义，如果我没记错，他的尸体在布雷斯劳的护城河里找到了，用带刺的铁丝捆着。"(Elias，1996，p.187)

行文至此，不妨认为，埃利亚斯与阿伦特试图理解纳粹主义和大屠杀的视角是互补的。他们俩都增添了对方所缺乏的一个维度。《极权主义的起源》和《德国人》如果略作调整，不妨解读为同一部著作的两卷。两本书的核心都是以下三项主题：资产阶级趋于野蛮；民族国家遭到破坏；与族群膨胀或国家膨胀有关的领土扩张在社会和政治角度上产生的后果。主要差异在于，埃利亚斯聚焦于德国，阿伦特的分析则以整个欧洲及其殖民地为背景。

埃利亚斯首要关注的是，德国的哪些社会过程为纳粹主义和大屠杀开辟了"空间"；阿伦特则关注那种"空间"内部正在发生怎样的过程。[35] 更具体地说，阿伦特认为最具问题价值的两大议题是：其一，犹太人为什么会沦为纳粹分子的牺牲品？其二，种族灭绝是如何与极权主义支配的理据和手法相契合的？

与此相反，埃利亚斯基本上不言自明地认为，犹太人属于局外人，在潜在可能的牺牲品名单上位居前列。他把种族灭绝看成一个特别恐怖的实例，

---

[35] 在《德国人》中，谈论犹太人、国家社会主义和希特勒的行文不超过五十页。与此同时，在《极权主义的起源》中，抛开犹太人、国家社会主义和希特勒，单独来谈德国的行文不超过七十五页。两部著作都约有五百页。

背后还有一个更为一般层面上的范畴，就是非理性、不现实、唯情感的行为。事实上，这些特定议题并不是他主要关注的问题。他最关注的是德国社会的哪些方面让纳粹思潮有机可乘。 <54>

这两本书的写作视角，受到两种旨趣的影响，这些影响可以说透过字里行间体现出来。就埃利亚斯而言，纳粹主义只是“自己”社会**内部**充满苦痛的动荡的一部分。而对阿伦特来说，纳粹主义是**针对**“自己”民族的一场极具威胁的运动。[36] 阿伦特问道：为何是犹太人？埃利亚斯的问题则是：为何是德国？

六、《德国人》

在《德国人》中，埃利亚斯反复强调，德国的国家形成，以及由此导致的民族惯习，都有怎样的独特性。[37] 至于拿来直接或间接比较的对象，则有法国、英国、荷兰及其他欧洲国家。埃利亚斯凸显了德国的特点。比如，从地理分布上讲，操德语的民族夹在其他两个相互竞争的语族之间，都尽力在欧陆求取一席之地。日耳曼人不像拉丁语系各民族和东面的斯拉夫语系各民族，始终是两线作战，生活在充满威胁和侵略的气氛中。

不仅如此，自现代早期以来，尤其是在 17 世纪，德意志帝国（神圣罗马帝国）渐趋衰微，而德国的周边四邻，如法国、英格兰和瑞典，都成长为整合更加紧密的绝对主义王朝。换句话说，德国人生活在“荣耀往昔的阴影中”(Elias, 1996, p.4)。霍亨索伦王朝的连串军事行动和外交操弄，中断了这条漫无尽头的下坡路。1871 年建立的德意志帝国成为这一切的最高潮。只是这场命运的逆转未免太过匆匆，随着 1918 年的战败戛然而止，1945 年又重复了一场灭顶之灾。

还有一点独特之处，德国与法国或英国不同，其国家形成屡遭中断，不

---

[36] 在 20 世纪 30 年代中期的巴黎，阿伦特跟着一位刚从巴勒斯坦来的波兰犹太人学习希伯来语：“她告诉他：‘我想要了解我的民族。’”（转引自 Young-Bruehl，1982，p.119）

[37] 例参 Elias，1996，p.2，p.31，p.51，p.63，p.64，p.65，p.73，p.97，p.162，pp.285—286，p.338，p.343，p.362，p.401，p.411。

成连续。这种多舛的往昔塑造了德国人的自我意象，塑造了他们的“我们理念”(we-ideal, Elias, 1996, p.137)。德国人的心灵特点就是郁郁寡欢，自怨自艾，一心复仇，“渴慕辉煌”(Elias, 1996, p.326)。[38] 德国民众从心底不满于自身在政治上的软弱，处境上的不安。他们抱有强烈但却不切实际的愿望，一心想恢复自己在中世纪的伟大，哪怕需要自身付出高昂代价也在所不惜。他们反复念叨着“英勇赴死”(Elias, 1996, p.333)。

最后，在德国，贵族与资产阶级之间的关系所遵循的演变轨迹，与法国颇有不同。如前所示，在德国，国家层面上不存在任何具备社会自信、堪为楷模的宫廷。而在绝对主义的法国，贵族与资产阶级这两个利益集团力量相当，
<55> 资产阶级中那些野心勃勃的成员能够逐步渗入贵族集团。德国武士贵族的安定化和文明化程度，远小于法国的相应集团，后者是在凡尔赛宫的阿谀奉承和钩心斗角中训练成长起来的。

德国各地的地方宫廷都对工商贸易大表鄙夷，并严格排斥资产阶级。在 18 世纪和 19 世纪早期，有一部分资产阶级结合观念论性质的德国民族主义，培养起一种自由主义精神，作为对这种态度的回应。悖谬的是，1871 年迎来的这个统一的德国，并不是凭借“人民”的民族主义起义，而是藉由贵族保守派的军事努力，其中绝大多数人都觉得，歌德不提也罢，而康德根本就读不懂。

这种情形分裂了资产阶级。其中的少数派，包括韦伯的圈子和许多犹太人，坚守新康德主义的“文化”与“教化”传统。然而，大多数德国资产阶级还是转而效忠贵族的尚武主义价值观。他们通过加入学生决斗会，以粗蛮其身心的形式，吸收了这些价值观念。对于一心要在社会中扬名立万的人来说，脸上留下疤痕倒成了一种独特的社会资本。诚如埃利亚斯所言，资产阶级正从一个产生了康德的社会道德世界，转向一个塑造出尼采的社会道德世界，从绝对律令转向“摆脱道德伪善的德性”(Elias, 1996, p.119)。[39]

---

[38] Elias, 1996, pp.6—7, pp.319—320, pp.324—328, pp.331—333, p.343, p.377.

[39] 埃利亚斯写道：“尼采肯定没有意识到，他大力抬升权力在人类价值观念阶序中的位置，轻视社会角度上软弱的一方，贬斥中产阶级的道德准则，从而以哲学上最高层面的普遍性，从哲学上表述了一些发展趋向，它们在帝国时代的德国社会逐渐占据支配地位，并非人有意为之，也没有得到什么探讨，而尼采却反复加以抨击。”(Elias, 1996, p.118)

有了学生“格斗兄弟会”(fighting fraternities)的成员资格，至少就可以进入帝国局内体制的外缘。“决斗资格会”(satisfaktionsfähige Gesellschaft)[40]汇聚了来自局内体制方方面面的成员，从柏林的王宫，到马尔堡之类大学城里的“上流社会”。它规定了一套有关等级、纪律、暴力和残酷的严格准则。[41]通过吃喝酒宴、决斗比赛和性的联谊等方面的相关仪式，灌输其冷酷无情的惯习。[42]

对于这里的主导价值准则，埃利亚斯做了这样的概括：“成年人的生活就是一切人对一切人的持续战争。要想挺过并赢得这场战争，你就得成为一个强硬的家伙。在这里，桀骜难驯的武士精神以资产阶级化的形式再次复活…… 人际关系的严酷性体现为直接使用粗暴武力，体现为伤害别人，有必要的话杀戮别人，就像一场感染，甚至传染到那些根本不曾发生过武斗的地方。”(Elias, 1996, pp.108—109)稍后他更补充道：“无论是学生格斗兄弟会里提供的训练，还是作为其目标的帝国上流阶层成员的生活，从根本上来说都是把人的社会生活刻画成一切人对一切人的战争，与霍布斯几乎完全类似。”(Elias, 1996, p.112)

在帝国内部，军事局内体制自视为“真正的德国”(Elias, 1996, p.69)，与平民大众两相对立。[43]尽管如此，这个局内体制的支配地位却越来越不安稳。帝国使德国的领土得到进一步扩张和巩固，意味着德国的资本主义经

---

[40] 这是一种等级森严的建制，其中的成员有权以决斗的形式，向该建制中其他成员“要求复仇”。Elias, 1996, pp.106—113。

[41] Elias, 1996, pp.47—48, pp.77—85.

[42] 埃利亚斯揭示了这些仪式是如何体现了德国社会中独特的**“正式与非正式的余地”**(formality-informality span, Elias, 1996, p.28；亦参 pp.41—43)。这个概念使他能够探察不同社会之间，不同时间的特定社会之间，在特定的情境下，关于日常生活的正式化的程度与范围，关于心理控制与社会控制在特定情境下允许放松的程度，都有哪些差异。埃利亚斯讨论了这些决斗社团如何将特意逾越从小被灌输的禁止事项的做法仪式化，就此深入福柯也十分感兴趣的研究领域。参看 Elias, 1996, pp.106—108；Foucault, 1977a, pp.49—54；Smith, 1997。有关帝制德国时代的酗酒、性与决斗，参看 Elias, 1996, pp.35—36, pp.49—50, pp.65—72, pp.97—98, pp.107—108。亦参 Wouters, 1977；Wouters, 1987。

[43] 甚至与国家机器对立。埃利亚斯指出，贵族集团成员通过维护在技术角度上属于非法的决斗传统，也是在确认自身作为真正的土地领主的位置。参看 Elias, 1996, pp.52—53。

济繁荣发展，工人阶级的组织性愈益增强，而大工业家们也越来越有势力。[44]面临这些挑战的这群人，早已习惯于仰赖某种外部权威来指导自己的思想
<56> 与行为。这种外部权威可以是紧邻的社会群体，雇主，警察，地方“名流”，全国范围的“决斗资格会”，甚或是皇帝本人。

在埃利亚斯看来，德国人民的人格结构，要求得到外部权威的引导。它会与“一个绝对主义王朝政权或专制政权”求得调适，这样的政权“会让个体非常愿意接受秩序……在这种政权底下，个体在与国家的关系中始终像是个孩子”。[45]埃利亚斯指出，德国人格结构的鲜明特色有助于说明，在德意志帝国于1918年轰然倒塌，“就像全速赛跑的人撞上了一堵墙”(Elias, 1996, p.183)后，为何会发生去文明化过程。

德国战败，皇帝退位，魏玛共和国成立，使得官吏阶层和学生团体中的许多人觉得生命失去了意义。埃利亚斯引述过一本准自传体小说，它以该时期为背景，捕捉到了他们的感觉：“我们……点燃了火葬柴堆……我们对未来的希望就这样付之一炬，我们对往昔的渴慕也随火而逝。资产阶级的名人册烧了，文明世界的法律和价值观也烧了。我们依然随身拖拽着的那些笨重古旧的词汇，以及对于现在已经弃我们而去的那个时代的东西和观念的信念，也统统烧了。”(Elias, 1996, p.195)[46]

有些人，比如写下那些文字的人，会诉诸恐怖主义，理由是“要想让生

---

[44] 例参 Elias, 1996, p.54。

[45] 埃利亚斯补充道：“个体的人格结构或许能够做出调整，以适应命令和服从的等级秩序。但要搞清楚一点，贵族统治者常常使用其不受限制的处置国家对于强力的垄断的权利，创造出尽可能紧密牢固的监控机制，以确保个体不会偏离正轨。”(Elias, 1996, p.291)埃利亚斯认为，这种型构具有非常特殊的德国性。福柯、阿伦特等人则相信可以把它应用到更一般的层面上。相反，埃利亚斯提出，“多党议会体制……需要有相应的更为复杂、更为分化的人格结构”(Elias, 1996, pp.291—292)。还可以比较埃利亚斯在此前五十年完成的《文明化过程》中表达的观点。在那本书里他写道，在德国，“资产阶级已被灌输了根深蒂固的习惯，习惯于强大的外部的国家权威。”他又补充道，“如果缺少了这种外部权力，个体的情感平衡、自我控制就会陷入危险。代复一代，在资产阶级大众中逐渐创造出一种超我，注定将放弃统治和组织整个社会所要求的那种特定形式的预见，将其留给一个更高级的单独的圈子。”(Elias, 1994a, p.512)

[46] 引自恩斯特·冯·萨洛蒙所著《不法之徒》(*Die Geächteten*)。参看 Von Salomon, 1931, pp.144—145。冯·萨洛蒙与自由派政治家沃尔特·拉特瑙遭谋杀一案有牵连。参看 Elias, 1996, p.186, p.191。

命更让人有成就感，更有意义，唯一的希望就在于毁灭整个社会……而毁灭者就是全能者。”(Elias, 1996, p.226) 1918 年后，议会政府软弱无力。被前政权打压下去的阶级张力开始凸显。杀人夺命、街头暴力日趋流行，常常使得前官吏领头的武装团伙与工人群体直接对峙。而广大民众一朝失去自己要求的那种强大的外部权威，就会感到渺小无力，茫然失措。[47]

希特勒就此填补了旧的局内体制瓦解留下的鸿沟。埃利亚斯指出，对绝大多数公民来说，希特勒已经成为一个新德国的象征，它能在深重威胁之下成就伟大：“之所以相信元首，相信他对全体人所实施的彻底的权力……归根结底，就是因为简单的民众的简单需要。”希特勒“披上了救世主的光环”。他的特性“与他们的需要两相契合”(Elias, 1996, p.390)。

希特勒娴熟地利用了整个民族的自我意象及其惯习，尤其是德国人“对于顺从的渴望”(Elias, 1996, p.378)，就此赢得了权力。帝国局内体制的理念被扩大到涵盖全体人口，其精神被改造得更加横蛮。全体德国人民都被归为雅利安主人种族，注定将通过强力进行统治。埃利亚斯提出，鉴于这些方面，“国社党人眼中的第三帝国，就是某些信念与行为的漫长传统的登峰造极”(Elias, 1996, p.377)。

七、《极权主义的起源》

再来看阿伦特。她和埃利亚斯差不多，也考察了领土扩张的过程，其背后的驱动力，一是资本主义的贪婪，一是族群或种族的膨胀。然而，埃利亚 <57>

[47] 埃利亚斯指出，对许多德国人来说，“随着广阔的世界丧失其受人信任的形式”，“他们的私人世界也越来越成为自己生活中唯一牢固的元素”(Elias, 1996, p.399)。这也是顺理成章之事，因为德国资产阶级已经习惯于“内省的教化”(Elias, 1994a, p.512)。按照阿伦特的说法，在希特勒治下，资产阶级的行为属于“庸常拘谨”(philistine)。她写道：“所谓庸常之辈，就是与自己的阶级相分离的资产阶级，是由资产阶级本身的瓦解所产生的原子化个体……看来最容易毁灭的就是那些一心想捍卫自己私人生活的人的私密性与私人道德。”阿伦特将“庸常拘谨的”资产阶级与戈培尔之流“奔放不羁的”(bohemian)纳粹暴民领袖相对立。“庸常拘谨”与“奔放不羁”之间的这种区分或许受到芝加哥社会学学派的一定影响。比如说，《身处欧美的波兰农民》一书中也使用了这些术语。参看 Thomas and Znaniecki, 1927, pp.1868—1871。亦参 Smith, 1988, pp.107—108。

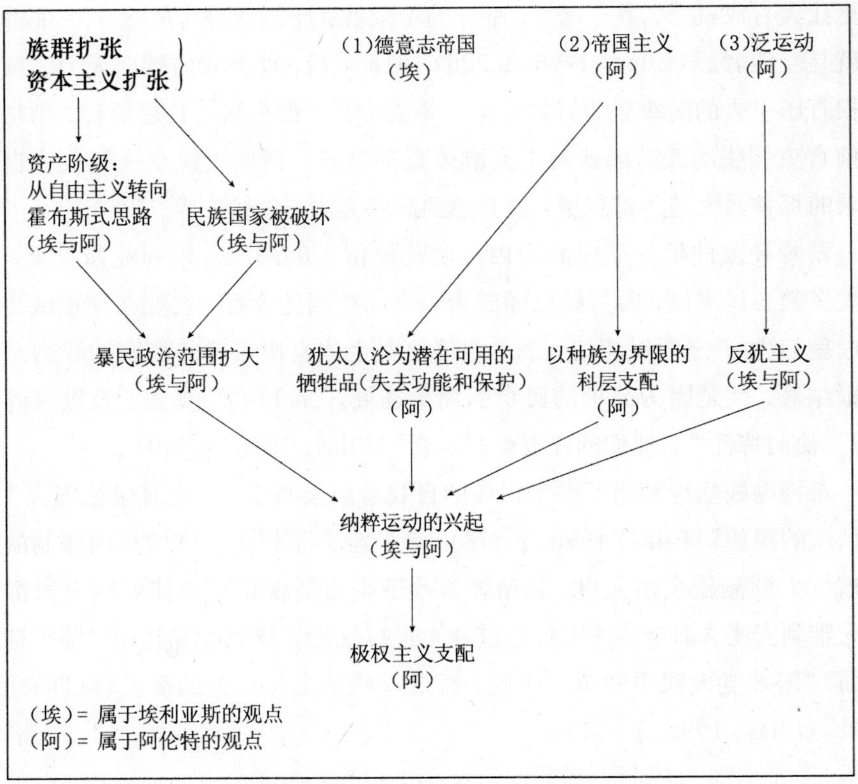

图 3.1 《极权主义的起源》与《德国人》的一些核心主题

斯考察的是欧洲的德意志帝国，阿伦特则聚焦于欧洲在亚非两洲的殖民主义(参看图 3.1)。一方面是纳粹运动，其一干领导人来自“暴民”[48]；另一方面则是作为该运动牺牲品的犹太人，她分析了是哪些过程最终导致这两方面之间的对抗。在这一分析中，帝国主义扮演了关键角色。

在阿伦特看来，帝国主义从根本上破坏了现代欧洲资产阶级和欧洲民族国家的那种自由主义。她和埃利亚斯都认为，资产阶级被两种倾向所分裂：

[48] 暴民由那些失去社会地位的人(déclassés)构成，即破产商人、失业匠人、罪犯、乱世落魄的绅士、被解职的专业人员、找不着工作的学生、走下神坛的知识分子等，包括那些埃利亚斯所谓的“受教育程度不高的人和社会局外人”(Elias，1996，p.376)。这些人都属于局外人，都认为上流社会就是个巨大的骗局。暴民包含了准备集体追随一名强硬领袖的“各个阶层的残余分子”(Arendt，1973，p.107)。

一是趋向自由主义，一是趋向霍布斯式的社会观。话说回来，埃利亚斯只是聚焦于这种张力在德国的展现，而阿伦特则认为，可以在整个欧洲观察到相关展现。犹太人究竟如何受到这两种倾向之间变动不居的平衡的影响，阿伦特的分析要比埃利亚斯详细得多。

阿伦特认为，霍布斯描述的那个世界蕴含了现代资本主义的本质：充满活力的积累，冷酷无情的竞争，变幻莫测的处境，根深蒂固的暴力。她指出，*<58>*
这也蕴含着资产阶级的根本性格：自我中心，图慕虚荣，惶惶不定，胆小怯懦。资产阶级是“一群可怜温顺的人……顺从于任何现存政府，就算最好的朋友沦为某种无法理解的国家理由的无辜牺牲品，也不会起来闹事。”(Arendt, 1973, p.146)

尽管如此，体面社会中的资产阶级成员反倒乐于认为自己仁慈、正派。这是因为开明政府的影响，在法国大革命后，它赋予许多成年男性各式各样的公民权利，而无论其社会等级、宗教或族群。到 19 世纪晚期，在欧洲许多国家，以权利框架组织起来的阶级利益集团之间，普遍出现相对平和的协商谈判。这并不会严重妨碍利润，因此有助于资产阶级被视为自由主义原则的持有者。

犹太人是一个跨国层面的族群，而不是国家层面的阶级。作为一个群体，他们并不符合自由主义民族国家的框架。然而，如前所示，阿伦特相信，个体可以选择是做贱民还是暴发户。最具特权的那些贱民能为国家提供金融服务和国际联络，其中包括罗斯柴尔德等人脉广泛的犹太家族。话说回来，19 世纪晚期以后，这两种策略都变得越来越困难。它们先是遭到帝国主义的侵蚀，然后又被第一次世界大战所破坏。

19 世纪 70 年代，拥有剩余资本的商人们，力求改变命运的社会边缘人们，都开始进行殖民冒险或投机。工商利益集团与蛊惑民众的政客沆瀣一气，劝说政府“基于国家民族利益”，提供商业信贷、组织后盾和军事支持。国家需要犹太银行提供信贷，但随着政府开始更有效地自行征税以支撑殖民扩张，这种需要大大削减。

欧洲资产阶级与开明国家之间的实用主义联盟，使合作双方都发生了转型。国家的主要任务就是武力对抗其他国家或族群，要么视为敌手，要么当成牺牲品。而在资产阶级这方面，则在殖民地丢掉了自由主义的面具后，成为霍布斯主义者。帝国主义带有种族主义和科层主义的性质，就是一场谋取收益的暴力竞赛，政府只是进行最小限度的调控。非白人不得不忍受全面剥削，不得不顺从于暴力。

这种“部落式民族主义”(tribal nationalism，Arendt，1973，p.153）充满动力，积极扩张。塞西尔·罗兹希望尽可能地“吞并全球”。国家民族的精神是不会被任何有关“普遍人权”的考虑束缚住的。并且，这样的思路也不仅限于殖民地。19 世纪八九十年代，这种思路席卷整个欧洲。在自由派政府势力最弱的地方，它的影响就最大，比如在奥匈帝国和俄国。

泛日耳曼主义的宗旨，就是要将散布在欧洲各地、漂浮无根的各个日耳曼裔少数族群联合起来。而要说漂浮无根的泛欧民族，最典型的就是犹太人。结果便是，他们成为泛日耳曼主义最显见的竞争对手，并成为其首要敌人。
<59> 不仅如此，犹太银行家还借钱给世人痛恨的统治家族，如哈布斯堡王朝。如此一来，犹太人就遭到一切抱怨压迫性政府的群体的敌视。即使政府不再需要放款服务，这种敌意仍将持续。犹太人还给人一种刻板印象，就是盘剥大众，富得流油，但面对攻击，他们已经丧失了此前享有的政府的保护。

欧洲犹太人的弱势曾有一段短暂时间被掩盖起来。在一战前的十五年间，帝国主义带来了新的繁荣，促进了社会和平。此时，许多犹太人已经撤出银行业，转向工商业。另有些犹太人正在思想生活或“上流社会”中留下自己的声名。但不管怎么说，一战之后，欧洲变成摆脱哈布斯堡、罗曼诺夫或奥斯曼王朝统治的多个民族的混乱战场。

在捷克斯洛伐克、波兰、南斯拉夫和罗马尼亚等新成立的国家，新政府未能在这股大潮中站稳脚跟，被族群憎恨的政治撕得支离破碎。在包括魏玛共和国在内的现存自由开明的国家中，在权利框架内和平协商的整套机制都分崩瓦解。人们总是忍不住要直接诉诸暴力，采取行动。他们感到没有保护，各自孤立。他们不确信该信任谁，该相信什么，或该去哪里寻求保护。

八、理解种族灭绝

在这一点上，阿伦特的分析重新确立起与埃利亚斯提出的观点之间的关联。如前所示，埃利亚斯令人信服地指出，德国民众的民族惯习如此，当希特勒以高超的技艺，诉求他们的集体性自我意象时，特别容易打动他们。埃利亚斯精心细致地构筑起这个案例，从某种角度解答了阿伦特忽视的那个问题：她所勾勒的那些遍及全欧洲的过程，为何最终落实为**德国**纳粹运动成功攫取政治权力，并以**德国**犹太人作为首要目标？

不过，与此同时，阿伦特还分析了帝国主义、泛运动、欧洲资产阶级愈益明显的“霍布斯式”特征，以及一战后自由开明的民族国家遭到侵蚀的趋势，从而可能引出埃利亚斯不曾提供的说明：犹太人为何会沦为可能的牺牲品？为何某些民众会被运用全面系统的暴力对抗族群或种族敌人的观念所吸引，并领导一些运动？[49]

阿伦特像埃利亚斯一样，也认为一战后盛行一种“以自我为中心的苦痛”情绪，偏好“毫不妥协地破坏”(Arendt, 1973, p.315, p.329)。但在她看来，这些情感并非德国人专有，而是属于更一般层面上的“欧洲男性大众的心理”(Arendt, 1973, p.315)，以及欧洲新崛起的蛊惑民众的领袖们的心理。这些领袖出自暴民，不能适应社会，地位下降，落魄绝望，都是1918年旧秩序倾 <60>
覆之后的遗留问题。而他们的前辈，就是那些曾经劫掠非洲的亡命歹徒，他们在19世纪七八十年代煽动欧洲核心地带的反犹情绪，在德雷弗斯案件闹得最凶的时候，叫嚣着“犹太人去死！”(Arendt, 1973, p.111)

对希特勒所具备的克里斯玛性质，阿伦特远不像埃利亚斯那么强调。[50]相反，她强调一个强有力的组织的支配能力，这种组织的设计宗旨有二：对势力范围内的每个人都强加一种带有意识形态意味的特定世界观；实施暴力以求重塑世界，使其符合这种意识形态观念。[51]

阿伦特揭示了纳粹的组织如何由不同的圈子构成：从掌权者的内核，包括相互倾轧的一些派别，再到由整个社会中相对被动的纳粹同情者组成的外缘。两者之间，是普通党员，以及由高度投入的党务工作者组成的各种精

---

[49] 同样，下文将会提到，阿伦特有关纳粹运动的手法(modus operandi)的分析，补充了埃利亚斯本人在去文明化过程的框架中有关该运动的讨论。

[50] 参看Arendt, 1973, pp.361—362。比照Elias, 1983, pp.121—126。

[51] 埃利亚斯强调，在允许通过暴力宣泄挫败、憎恨和愤怒方面，政治和社会角度上的分裂起到了重要作用。阿伦特强调的则是，人们以精心计算的方式来使用恐怖和有组织的暴力，以毁灭既存秩序的残余，开始打造一套新秩序，在社会层面和人格层面上同时推进。

英群体。每个圈子都为更加接近运动核心的规模更小、更具排斥性的圈子的成员提供了保护。有组织的暴力为整个运动提供了一道“防火墙”。元首的言语就是权威的唯一源泉。[52]

组织的主要目标是了解并控制社会的所有方面。这会使组织有能力基于运动的意识形态，即其对世界的“了解”的源泉，根据就此产生的类别来分别处置一切人员。有鉴于此，比如说，犹太人就得被消灭掉。对该运动的规划的任何抵抗，都将被排山倒海而来的力量所征服。在阿伦特看来，集中营就是纳粹演练总体支配技术的第一项重大实验。它们提供了经验：如何系统地利用恐怖来消灭整个社群，破坏落入其强权的牺牲品的惯习、自我意象和人格结构。一种新的现实就这样通过人的意志行为创造出来。

对阿伦特来说，集中营让人瞥见了一种可能的未来，那是全体人都可能遭遇的现代性前景，而不仅限于被选择的少数牺牲品。阿伦特认为，纳粹和大屠杀就是发达现代性的典型体现。与此相反，埃利亚斯把这场运动及其领袖看成某种回潮，倒退回文明化过程中某个早得多的阶段。在埃利亚斯看来，希特勒就是“一个有创造性的政治巫医”(Elias, 1996, p.389)，诉求大众情感，包括憎恨与忧惧。他就此能够要求人们付出巨大的努力和牺牲，去追求非理性的目标。这些目标包括“大规模杀戮…… 以服务于…… 在欧洲建立伟大帝国的梦想，统治该帝国的将是…… 日耳曼血统的民族”。这类行动纯属非理性，严重考验埃利亚斯的耐心。他慨叹，“希特勒及其将军们的精神倾向纯属前工业状态”(Elias, 1996, p.371)。

埃利亚斯提出，纳粹领袖们面临一种两难困境：未来不管他们通过征战缔造出什么样的帝国，都将充斥着心怀敌意的成分，而他们又不得不依靠这些人群来服务于经济。他总结道：“有时你会有这样一种印象：纳粹对于他们的其他一些敌人和牺牲品，由于需要其劳力，或是因为有关群体太过强大，
<61> 无法承受其释放怒气的代价，于是就把这种怒气统统宣泄到犹太人头上，在纳粹所有公开宣示的敌人中，后者属于最弱小的一个…… 纳粹的所作所为就像一个人不能去消灭自己真正的敌人，便把自己被压制的愤怒宣泄到另一种敌人身上，后者代表纯属臆想的对他的危险。”(Elias, 1996, p.371)

---

[52] Arendt, 1973, pp.364—388.

关于纳粹的种族灭绝，埃利亚斯的解释是，这是由于德国社会内部出现了一个去文明化过程，使得针对一系列恰好可以利用的牺牲品，有可能宣泄相当猛烈的侵犯，而对于可能导致的后果，却没有进行过任何理性思考。不过，埃利亚斯也承认，这一问题给他带来了非常严重的考验。他写道："这种半吊子科学、冒充理性的理念和丝毫不容妥协的暴力混在一起，对那些实施暴力的人来说，人类牺牲品真的就只是非人的东西，可被当成工厂里的原材料，以便将其转变成有用的客体，如肥皂、骨粉或饲料；这些牺牲品对杀人凶手来说，不过是理论中的象征符号。直至今日，这种混合物依然有待探寻。"(Elias，1996，p.286)

埃利亚斯发现，很难把种族灭绝特有的那些规律性，确定为一种特定类型的社会过程。实际上，他把它归入一个非常大的类别，包括许多特定类型的非理性行为，它们之所以可能，都是由于社会纽带的分裂，以及对思维、感觉和行为的控制弱化。

根据埃利亚斯的描述，在集中营这样的场所里，由"浑然单一的正面背后……诸多张力和冲突造成的巨大压力"而生成的感觉得到了宣泄："仿佛政权在别处没留下什么出口的那些遭到阻碍、矛盾混杂的感觉，在处置集中营犯人时，无比狂暴地展示了自身：'一旦敌人落入我们手中，又没有其他任何人在旁监督，只要这种局面持续存在，我们就要让犯人们瞧瞧，谁是这里的主子。'如此一来，他们就会将自己私底下希望如何折磨别人的法子，都拿来折磨这些犯人。他们对犯人的所作所为，搁到有秩序的社会里，连孩子都不允许这么干，都不允许因为自己遭受的种种失望而采取报复行径。"(Elias，1996，pp.382—383)言下之意，集中营体现的是社会的去整合。

而在另一方面，阿伦特则认为，集中营为一个遭到高度管控的社会奠立了基础，在这样的社会里，每个人生存的无论哪一方面，都要根据政权将其放置的类别，以及有关该类别的规则，遭到管控。由此可见，集中营就是纳粹希望打造的那种高度集中化、高度纪律化的社会秩序的蓝图。

在阿伦特看来，集中营代表城邦的对立一端。以市集为中心的希腊城邦公共生活，决定着和平、战争与公共政策等议题。市集提供了一个空间，让公民们以流芳后世的言行，展开和平对抗，努力胜过对方。无论就形式还是内容来说，对参与各方的表演都施加了严格的规范要求。

<62> 而在另一端，集中营则破坏了人展开蕴含意义的行动的能力。在营中，犯人们被改造成消极被动的牺牲品，他们的兴趣和利益遭到拒绝，他们的生死与否变得毫无意义。纳粹系统全面地利用恐怖和暴力，这属于总体支配战略的一部分，想要彻底铲除公民进行公共活动的空间。

九、去文明化过程诸类型

埃利亚斯和阿伦特一致认为，国家社会主义的兴起就是一种去文明化过程。不过，埃利亚斯是从控制的瓦解这一角度切入来描述的，而阿伦特则认为，这里涉及的其实是控制的收紧。两人的作品始终贯穿着这种强调重点的不同。阿伦特特别注意政治集权与整合方面的大大增强所带来的威胁，以及相伴而来的分裂大众中的孤零感。相反，埃利亚斯关注的是与此对立的趋势，即政治集权与整合方面的大大削弱导致分裂与瓦解。

之所以会产生这些彼此对立的感觉，与他们在20世纪三四十年代对于失序的不同体验或许不无关联。粗疏地讲，失序乃阿伦特之友，却系埃利亚斯之敌。社会政治方面的动荡给埃利亚斯带来的是个人的灾难：祖国家乡、职业生涯、父母双亲，统统化为泡影。与此相反，反复不断的乱局、暧昧与含混，倒使得阿伦特能够保全自己的生命与自由，拯救其尊严，着力为新的政治结构而斗争。

1933年，在位于亚历山大广场的警局里，正是官方惯例的瓦解，是抓她的人没有能力将其归类，使阿伦特免陷囹圄。在30年代的巴黎，阿伦特成天进行政治论辩与宣传的生活就是在一个模糊不清的世界里进行的，住在城里的人都没有什么官方证件。而到了40年代，正是德国人侵法国所导致的失序，使阿伦特有机会逃出一度被拘押的囚禁营。这么一逃，她也挽救了自己的生命，那些没离开的人后来都被送进毒气室。[53]

不过，两人之间的差异也不是绝对的。埃利亚斯的《濒死的孤寂》(Elias,

[53] 与此相反，正是20世纪40年代埃利亚斯在英国敌侨营中遭到长期羁押，使他平生第一次有了实实在在的机会，能够在一个虽然粗陋但却安定的环境下担当老师的角色。在敌侨营中，他能当个“埃利亚斯教授”，这就是沃尔夫1940年初识埃利亚斯时他的称号。参看Wolf, 1977, p.30。

1985a）一书的题名本身[54]就显示出，他很清楚地意识到现代性的去人身化、使人陷于孤零的趋向。与此类似，在《论暴力》中，阿伦特也提出，20 世纪 60 年代美国街头的暴力所体现的，就是“近些年来已经如此明显的那些去整合的过程”(Arendt，1970，p.84)。不过她又认为，法国大革命以来的主导趋势，就是科层人员、科技人员和专业人员越来越对都市—工业人口实施集权化控制。这很可能产生“有史以来最僵化、最贫乏、最消极的一段历史”(Arendt，1958a，p.322)。

一方面，埃利亚斯宣称，文明化过程的大致走势是功能民主化加剧，在 <63>
都市—工业社会中的复杂分工体系里，互赖性不断增强，使得权力均势越来越平等化。另一方面，阿伦特却提出，随着现代社会以愈益复杂的方式整合在一起，权力也变得越来越集中化。

至于功能民主化的趋向与阿伦特所界定的趋势（或可称为“功能集中化”）如何关联在一起，这是一个经验性问题，在此无法确定。话说回来，“整合程度”与“集中程度”这两个维度，为思考去文明化过程的一种可能方式奠定了基础。

要想以简化但却系统的方式来描述社会过程的方向性，不妨首先聚焦于各种资源和机会在多大程度上被某个核心要点所垄断，比如某个统治者，而不是在整个人口中广泛分配；其次考察各种制度和群体在多大程度上紧密维系在一起，而不是不成系统，无法连续（参看图 3.2）。

在本章开头，我们看到，埃利亚斯和阿伦特都更偏向宫廷、沙龙、城邦、议会之类的型构，因为它们鼓励并促成了（阿伦特所提倡的）创生和（埃利亚斯所强调的）礼貌的实施。这些型构具有如下特征：具备相当程度的集中化和整合，足以促成稳定的人际互动；但又不彻底集中化，乃至剥夺人们表现自己的言谈、论辩、主张和行事能力的机会；也不彻底整合，不至于将实施和想象不同于现状的事情的心理空间与政治空间彻底铲除。不妨把这些 <64>
型构合称为“文明化竞争”的情境。

《文明化过程》基本上描述的就是这样一些型构转化，其整体趋势是逐渐摆脱分权、分裂和不稳定的控制情境，转向不断加深的集中化和整合。根

[54] 这几乎可以当《极权主义的起源》一书的副标题。

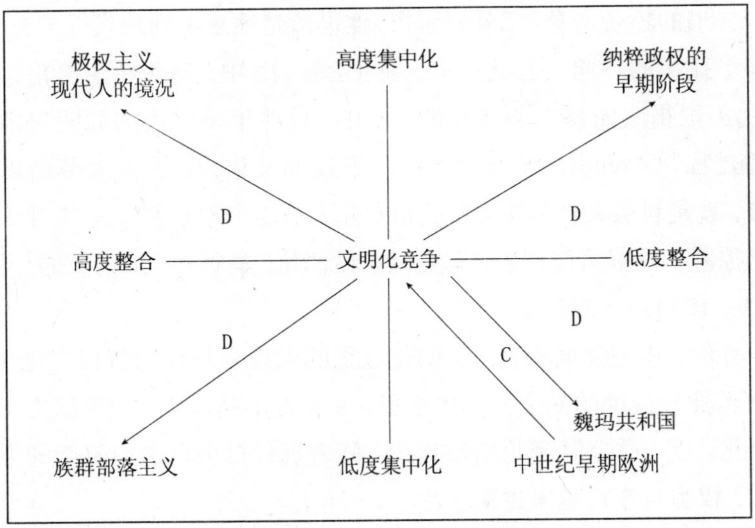

图 3.2 阿伦特与埃利亚斯作品中的文明化过程与去文明化过程

（箭头标示过程性变迁的方向；C = 文明化过程；D = 去文明化过程。）

据埃利亚斯的说法，集中化趋势还受到功能民主化这一对立趋势的调整。

阿伦特的《人的境况》一书进一步补充了上述分析，因为它考察了现代时期，在功能集中化而非功能民主化的境况下，型构愈益复杂和牢固整合的趋势的维续，会产生怎样的连带后果。

去文明化过程可能呈现出四个方向。但无论哪一种情形，运动都是逐渐摆脱曾经标定的文明化竞争。第一类去文明化过程就是埃利亚斯在《德国人》里描述的那种，即整合和集中化程度下降，如一战后德国的情况，导致议会政治崩溃，街头暴力泛滥。

阿伦特描述了另外三类去文明化过程。有一种去文明化过程是整合程度下降，集中化程度则增加，包括阿伦特笔下纳粹政制的早期阶段，换句话说，在这个阶段，议会政府和工会组织的结构，被新的独裁政制“原子化”。其他例子包括二战初期，占领军摧毁了许多议会政权。

阿伦特描述的另一种去文明化过程是整合与集中化程度同时增强。这会导致极权主义政制（事实上，也是阿伦特笔下整个发达现代性）所特有的那种全面的、自上而下的压迫性组织体系。

最后一种去文明化过程是，整合程度增强，集中化程度下降。各自紧密维系、彼此争战的族群之间的暴力冲突就属于这一变式。阿伦特描述了两次世界大战期间，奥匈帝国、德意志帝国和奥斯曼帝国崩溃后，这类张力如何愈演愈烈。其他一些更晚近的例子则见于苏联和南斯拉夫解体后的情形。

我们并不打算将上述类型划分推广到人格结构方面的变化。不过，有必要指出，在一个社会里，集中化 / 分权化的维度和整合 / 去整合维度上的运动可能发生得非常迅速，会在同一代人的生命历程中就产生骤变。人格结构上的变化或许发生得缓慢一些，至少可以说，在社会的不同部分，发生的速率不已。

这就意味着，尽管有些人格结构从许多方面来看，还保持着埃利亚斯意义上的文明化，但很可能已经受到去文明化过程的影响。事实上，有关人群 <65>
之所以会**体验到**去文明化过程，原因也正在于此。用埃利亚斯的话来说，是型构背景的转化；用阿伦特的话来说，则是“世界”的丧失。就人格结构方面发生的“去文明化”变迁而言，应当区分两种趋势，一是埃利亚斯强调的内在约束的松懈趋势，一是阿伦特强调的逐渐灌输的消极被动。它们都属于去文明化趋势，因为它们逐渐侵蚀了文明化竞争的境况，但又以两个相反的方向远离这些境况，一是趋向破坏性暴力，一是趋向冷漠。

十、小结

本章的讨论范围已经超出了埃利亚斯与阿伦特之间表面上的理论分歧，揭示了根植于他俩发展出的特定“触角”的那些感知模式，如何在他俩都感兴趣的那种社会政治理念上取得了会通。而在他们都非常关注的那些经验过程上，他们的作品也都互为补充。阿伦特与埃利亚斯提供了各具特色的“犹太”视角和“德国”视角，来探讨与纳粹主义兴起相伴而来的“文明的崩溃”。

这两位论家的深刻见解可从两个方面加以融合。其一，将《极权主义的起源》与《德国人》合而观之，已经明确捕捉到一系列观点，不仅说明了纳粹为何选择犹太人作为特别的牺牲品，纳粹主义为何是一场极权主义运动，而且解释了纳粹主义和大屠杀为何根源于德国，而不是其他某一个欧洲社会。其次，通过区分不同类型的社会过程，确定发生“去文明化”的多种可能方式，至于具体会有哪些方式，就看这些社会过程对社会政治型构中集中化程度和整合程度上的变化，具有什么样的连带后果。

总的来说，本章展开了三项比较：一是比较出生于德意志帝国后期的两位德国犹太知识分子；二是比较有关纳粹主义和大屠杀的两项分析；三是比较关于现代性的两种解释。难点在于说清楚三样事情：一是辈分、阶级、行业、族群和国籍上非常相似的一位哲学家和一位社会学家之间在思想取向上的主要差异[55]；二是思想取向非常不同的两位论家在有关德国发展历程的经验分析上的重要共性；三是在具体解释德国个案时非常相契的两位知识分子，在解释整个现代性时呈现出的深层差异。

为了回答这些问题，本章贯彻了两点方法论措施。首先，引入一些类别
<66> 来确立特定比较的相关性，比如在这里，资产阶级、知识分子、德国人和犹太人等类别都被破坏或拆散，以揭示内部或背后隐藏的复杂性。在“资产阶级”这个类别背后，隐藏着从工商生意转向专业人员、许多时候还是学术生涯的代际转换。“知识分子”(intellectual) 这个术语引出了许多彼此竞争的范式，都想占据“文化”对德国知识阶层 (intelligentsia) 的控制力削弱后留下的真空地带。调和犹太人与德国人这两种社会身份 / 认同的斗争越来越困难，与这些过程相互纠缠，难以释解。

其次，将来自表面看似不相关联的一些背景的概念与社会过程放在一起，进行比较，以便揭示它们具有出乎意料的互补性，或是作为特定的变式，汇聚于更为一般的一个类别。比如说揭示了礼貌与创生这两例的互补性，揭示了埃利亚斯与阿伦特探索的不同的去文明化过程之间的会通之处。

下一章将会讨论 20 世纪 20 年代晚期另一位在海德堡居留的人物：帕森斯。

---

[55] 埃利亚斯与阿伦特之间显然存在性别差异，但却很难将这与他们思想路数上的具体方面系统地联系到一起。不过，关于这一话题，也有一些耐人寻味的深刻见解，参看 Eyerman，1995；Benhabib，1995。

第四章

帕森斯与埃利亚斯

一、生平的相似之处

帕森斯生于1902年，比埃利亚斯小五岁。两人都是很早就立志要从医，都受到弗洛伊德的影响，在四十多岁时都受过精神分析的训练（但类型有所不同），帕森斯是在波士顿精神分析研究所（Boston Psychoanalytic Institute）受的训。[1]

与埃利亚斯之间的另一点相似之处在于，帕森斯也非常关注民主体制在德国的命运，关注开明自由在德国的命运。本章结尾还将回过头来谈这

[1] 这一共享背景有助于说明他们为何都持有一种信念。按照帕森斯的表述，这是"坚信有机世界的生命系统与人类社会文化世界的生命系统之间存在根本的连续性"。在这方面，帕森斯和埃利亚斯一样，都很关注"符号"的角色（Parsons，1970a，p.831），虽说他们的具体分析各不相同。还有一点巧合：20世纪40年代早期，两人都尝到了自己直系亲属去世的痛苦。在这段时期，帕森斯失去了双亲和一个哥哥。他像埃利亚斯一样，也在这期间遇到了写东西发表上的困难。不过，要说摆脱这些困难，他可比埃利亚斯快得多。参看 Parsons，1970a，pp.839—840。

个主题。[2] 帕森斯在两次世界大战之间去过德国，更加深了他对德国的兴趣。20 世纪 20 年代，他和埃利亚斯都在海德堡待过一段时间，试图打造学术生涯。但在那些年里，帕森斯和埃利亚斯可能从未谋面。至少，就算他们见过，日后也从未提及这一点。话说回来，他们的社交圈子倒有几分重叠。帕森斯和埃利亚斯一样，都结识了玛丽安妮·韦伯（韦伯的遗孀），认识哲学家雅斯贝斯，并与社会学家阿尔弗雷德·韦伯有学术联系。[3]

埃利亚斯待在海德堡的时间是从 1925 年到 1929 年，作为曼海姆的助手。在此其间，帕森斯两次造访该城，时间稍短。第二次是在 1927 年夏天，他的博士论文通过答辩，研究的是布伦塔诺、桑巴特、马克思，以及最重要的一位——韦伯。[4]

对于韦伯作品中的新康德主义成分，帕森斯持积极肯定的态度。与此相反，1924 年，埃利亚斯在布雷斯劳大学经过哲学领域的学习，拿到博士学位，却对新康德主义传统抱持消极否定的立场，并与自己的导师理查德·赫尼希斯瓦尔德在这一点上发生严重分歧。[5] 将近半个世纪之后，在海德堡时的这些立场分歧，还引发了耐人寻味的后续发展。

二、瓦尔纳的高潮一幕

埃利亚斯原本习惯于忽略作为对手的社会学家，但在 1970 年，他做出了一个重大的反常举动。他单挑帕森斯，这是给后者的一个特别荣耀。他当

[2] 也有必要指出，他们养成了类似的学者惯习。埃利亚斯《一生回眸》的两位编辑，A.J. 海尔马·范沃斯和 A. 范斯托尔克，描述他的工作惯例是保持“每周七天……每天直至晚上十点”（Elias，1994b，p.2）。爱德华·希尔斯则回忆道：“和帕森斯共事的时候，我们常常工作到深更半夜，讨论完了拟稿，再讨论，再改稿。然后到了第二天早上，往往是一大早七点，他就会给我打电话，就前一天的工作提出一些新的建议，比如新的表述，新的区分，或是我们未能发现的新的关联。他一心想找到社会中所有东西的系统模式和相互关联。”（Shils，1981，p.192）

[3] 有关帕森斯成长岁月的某些经历，参看 Szakolczai，1996，pp.64—94 的有意思的评论。亦参 Parsons，1970a。

[4] 有关帕森斯与埃利亚斯，还有一些比较观点，参看 Robertson，1992a，p.219。

[5] 参看 Elias，1994b，p.30，pp.88—89，pp.91—92。

面详细抨击了帕森斯的观念，逐条列举了自己眼中帕森斯思想体系的根本欠缺。实际上，他的方式非常具有海德堡人的特色，向帕森斯发起挑战，来一场思想决斗。但那场决斗从未真正发生，因为据我所知，帕森斯从未直接回应埃利亚斯的批评，至少不曾见诸公开发表的文字。但不管怎么说，挑战本身就意义重大。

结合这一特殊背景来谈挑战和决斗是比较合适的。对于帝制德国那种 <72>
学生格斗兄弟会，埃利亚斯始终不能忘怀。他在《德国人》一书中有详细探讨（Elias，1996）。在布雷斯劳，还是个小伙子的埃利亚斯甚至一度参加了一个“试图仿效这些兄弟会的犹太团体”。他成了该团体最初的负责人之一，穿着“怪异的制服”。然而，犹太团体的成员“并没有权利要求复仇”（Elias，1994b，p.35），也就是发起挑战并投入决斗。他们只是局外人。

半个世纪之后，埃利亚斯作为局外人的漫长时期即将告终。对于这一历史背景，斯蒂芬·门内尔有出色的描述。他写道：“战后十五年间，德国（就像欧洲其他地方乃至全世界大多数地方）的社会学家都倾向于美式社会学，搬弄数字的经验主义和帕森斯的概念图式大行其道。1968 年，学生革命运动风起云涌的一年，标志着一场思想的天翻地覆。《文明化过程》从天而降，如鱼得水，在德国和荷兰的社会学学生中得到广泛追捧，宛如圣书。”（Mennell，1989，p.24）

20 世纪 60 年代晚期，埃利亚斯可谓信心倍增。1969 年，《文明化过程》经过三十年几近湮没之后，德文版再版印行。同年，30 年代早期即已著成的《宫廷社会》（Elias，1983）首次刊行于世，同样是德文。次年，《何谓社会学？》（Elias，1978）德文初版上市销售。埃利亚斯终于得到了自己生长于斯的祖国的接受，赢得了此前拒绝他的那个社会的认可。有教养的德国社会中的一个重要部分开始张开双臂，欢迎他的加入。[6]

到了 1970 年，埃利亚斯开始被视为一位重要社会学家。在那一年，他和帕森斯同时参加了在黑海港口瓦尔纳[7]主办的第七届世界社会学大会。在

[6] 多年后，埃利亚斯述及往事：“被视为一位德国社会学家，这让我相当满意。”尽管他又加上一句：“当然，我还不仅限于此。”（Elias，1994b，p.75）

[7] 瓦尔纳（Verna），保加利亚港城。——中译注

大会讲演中，埃利亚斯的方式仿佛一个人在确认其“要求复仇”的权利，但不只是在德国，而是在更大的国际舞台上。埃利亚斯在诉求思想的领地，在告诉其首要对手，也就是现在占着这块地儿的主人，往边上挪挪。这一幕异乎寻常，意义重大，是埃利亚斯郑重其事地向帕森斯表达敬意，是挑战者当众自我确认的罕见之举。在瓦尔纳，埃利亚斯要求复仇的是一位他眼中旗鼓相当的对手，至少几乎与自己不相上下。

读着埃利亚斯当时言论的文字记录，我不禁想起埃利亚斯在《德国人》中引用过的一段话，取自1900年出版的一部有关德国学生生活的小说：“沃纳倨傲地高抬着头，踱过运动员兄弟会的桌子，踱过民族主义者兄弟会的桌子，脱帽致意，不失威严……（他）走过……黑森州那伙人，走过威斯特法伦州那伙人……脸带微笑，欠身如仪……走向(自己所属兄弟会的)桌子……在那里受到欢迎……带着精心摆出的微笑，学生会这帮学生只要知道有人瞧着他们，总会装腔作势一番。”(Elias，1996，p.102)

<73> 埃利亚斯在瓦尔纳大会上的出场，宛如沃纳做派的再现。他的讲话的主题就是需要“一种具备发展视角的社会学范式”，能使我们考察长时段的民族塑造与国家形成等长时段过程。他评论道，这类理论“并不符合某种理论的理念意象，我们时代最显赫的理论社会学家似乎想当然地接受了后者，那是从古典物理学的时代剩下来的哲学残余。”你几乎能够看见脱衣在地，挑衅欲击。

然后，埃利亚斯直接转向帕森斯：“我们时代基于静态本质的社会学理论一个最广为人知的实例，就是试图通过将社会说成是一个‘社会系统’，来探讨关于社会的诸多问题。我很高兴地发现，当代社会系统学说的领军人物，塔尔科特·帕森斯，今天也在座。对于他建立的思想体系我持批判态度。在我看来，世界社会学大会的圆桌讨论是我陈明自己批判立场的某些理由的合适场合，但只能是某些理由，因为我有严格的时间限制。我希望在谈我的批判观点时，至少能够简略谈谈一种具备发展视角的社会学理论的积极特性，单单这些特性就能支撑我的批判。”(Elias，1970，p.276)

埃利亚斯有礼有节，首先指出，“我对帕森斯思想体系的批判态度也是有所保留的，因为我很敬重他这个人本身……欣赏他在思想上的真诚与正直……佩服他的综合能力，这是配得上一位杰出理论创造者的才能。”(Elias，

1970, p.277）不过，虽说有这种优雅的姿态（好似脱帽致意），但埃利亚斯很快便倨傲地抨击帕森斯的“目的论视角”，换句话说，后者假设所有的制度之所以存在，都只是为了维持“系统”的功能运转良好。接下来，埃利亚斯又连番刺向帕森斯的身体（或者更准确地说是他的理论），招招见血，频频得分。

最后，埃利亚斯可以说以令人大为光火的言辞，把帕森斯推到一旁：“你不知道究竟该更加佩服什么，是显而易见的真诚和良善，还是毫无戒备的幼稚与茫然，这些都是你在这里看到的。”（Elias, 1970, p.281）在这里，再怎么宽宏仁慈，看到的都是前文所述的那种“倨傲地高抬着头”。这个例子显然属于埃利亚斯提到过的，在决斗的情境中，“仪式化的藐视行为”（Elias, 1996, p.102）。不过再说一遍，这是由埃利亚斯向帕森斯发出的罕有而可观的致敬。他是要在一个顶级公共论坛，“呼唤”一个有价值的对手“出来决斗”，这个论坛是他们两人都能利用的，就在他们共享的职业内部。[8]

三、埃利亚斯对辩帕森斯

埃利亚斯对帕森斯的主要攻击，就是认为，从根本上说他的概念工具会让人误入歧途。[9] 比如说，帕森斯在分析上将社会拆解为“基本要素”（Elias, 1968, p.185）。其中有两个基本要素，一是人的行动，一是引导那些行动的价值观念。帕森斯把“行动”处理成“组成人类社会的某种原子”（Elias, <74>
1970, p.277）。这些“原子”及其所属的社会就像是牌戏中的各路玩家。他们只能玩自己手中的牌。这些牌就是赋予行动以意义和方向的那些价值观

---

[8] 不仅如此，帕森斯显然是位“绅士”。希尔斯如此回忆自己在20世纪30年代中期初次结识帕森斯时的场景：“帕森斯让我感到吃惊的头一件事，就是他看起来很优雅，这在（美国）社会学家当中可不多见。他显得很有教养，让人感到心智平和，精神专注。绝大多数社会学家都显得很不协调……他们举止笨拙，不管实际年龄如何，活像粗鲁的乡间男孩。帕森斯有点像彬彬有礼的东部人，尽管他（其实）出生在俄亥俄。”（Shils, 1981, p.191，转引自 Smith, 1988, p.141）

[9] 本节我还将借鉴埃利亚斯在《文明化过程》第一卷《行为礼节史》1968年版序言中对帕森斯的批评，该序言在1994年版本［即两卷合印本——中译注］中作为附录重印。参看Elias, 1994a, pp.181—215。

念或“模式变项”。埃利亚斯评论道:“在帕森斯看来，每一种类型的社会都代表着不同的‘一手牌’。但是牌本身总是同一副牌。它们的具体面貌纵然变化多端，实际数目总归有限。”(Elias, 1970, p.185)

埃利亚斯另辟思路:“为什么要把‘行动’置于有关社会的理论的核心，而不是展开行动的人？细究起来，社会就是多人组成的全方位的网络，而不是非具身性的(disembodied)行动的杂烩。也不容易看出，这种社会学行动理论中的原子论如何能与显然并非原子论的理论并行不悖，仿佛出自同一个马厩里的两匹马，而根据后一类理论，一个社会里的每一样东西都是依赖于高度整合、功能通常运转顺利的整体的一部分。这同样……相当远离人的动荡混乱的社会生活，那才是你实际能够观察到的。”(Elias, 1970, p.277)

根据埃利亚斯的看法，帕森斯的理论抽象晦涩，观念为先，给人误导。它包含了一堆“空洞贫乏的概括，相当脱离研究任务，如果诉诸可观察的素材，既不能确认也不能否定这些概括。”同时，它的抽象概括也是“为了某个特别的理念”。这种理念就是“统合一体、均衡有致、功能良好的社会系统”，“往往像是所有局部事件一致指向的宗旨与目标”。帕森斯的理论以其“纯粹描述性的特征”和“强烈的目的论基调”，“无疑不自觉地……装扮成了以主体为中心的价值观念”(Elias, 1970, p.278)。

在埃利亚斯眼里，帕森斯的作品代表着“社会学感知并非必然地走向贫困”(Elias, 1968, p.186)。实际上，帕森斯没有能力以得当的方式看待世界。由于他感知现实的能力陷入贫困，也就无法认识到，诸如国家形成和民族塑造之类长时段的社会过程在过去数百年间发生着，现在依然在持续。帕森斯把这种运动化简为“庞大臃肿的静物”，分析的切入角度，就是“从当代‘发达’社会中选择一些方面进行法则式的抽象，仿佛发展的当前阶段就是‘一个没有未来的阶段……一个最终阶段/目的阶段(end-stage)。’”(Elias, 1970, p.275)

帕森斯和那些像他一样看待世界的人都不能理解，需要提出一些新的理论和概念，能够“包括长时段的空间型构和时间序列”(Elias,1970,p.276)。他们还囿于一个“短期、静态”的世界(Elias, 1970, p.274)。当他们讨论“社会系统”时，无论有意还是无意，诉诸的其实是对于统合一体、充满和谐的民族国家的观照。他们无视自有其“长时段动态机制”的“发展”的“结构化基础"（Elias，1970，p.276）。相反，在他们看来，"社会变迁这个概念指的是……两种无变迁的正常 / 规范（normal）状态之间的过渡状态，是由于功能失调而引发的。"（Elias，1968，p.188）而在这些"无变迁的正常 / 规范状态"之间，"历史"这一"无结构之流"横插了一杠（Elias，1970，p.276）。

四、知识 / 理解模型 <75>

面对这种思维倾向，埃利亚斯呼吁"重塑社会学想象力"（Elias，1970，p.274）。他的策略是分三步走：首先，获得**知识**；其次，改变**感知**；最后，挑战**说明**，以增进**理解**。下面这段阐述非常清楚地体现了这种策略：

> （有关长时段的整合过程发生的方式与原因的问题）……要凸显出来，就必须能够处置足够宽广和鲜活的长时段**知识**，从而能够通过社会发展的连续性来回溯既往，并**感知**社会发展的连续性，可以说，是从 11、12 世纪一大堆比较小型、整合松散的王室国家，经过诸多整合与去整合的骤变，逐渐趋向更加大型、人口更多、整合紧密的社会单元……只有能够领会这种长时段的过程，才会意识到这个问题。社会历经数百年如此发展，历经种种分裂与融合，历经诸般去整合与整合的骤变，不断趋向更大的、结合更加致密的社会形态，对此该做何**说明**？
>
> （Elias，1970，p.278，黑体格式系引者所加）

在 1968 年为《行为礼节史》所撰的序言中[10]，埃利亚斯反复强调，在《文明化过程》中，自己最关注的是搞清楚事实。比如说，在接连四小段中，埃利亚斯相继提到了"发现并阐明实际发生了什么"，"发现并界定事实性的关联"，"发现并阐明事实性的关联"，搜集"可信的经验证据"，"旨在获取事实性的关联"，"努力……分离出事实性的核心"（Elias，1968，pp.182—183）。这就是他决意要传递的讯息。

埃利亚斯力主科学研究者必须有能力获取有关古往今来世间"事情之

---

[10] 即《文明化过程》第一卷。

所是”的知识，由此也至少是间接地重新宣示了自己在这一点上一向坚持的对抗康德立场的态度。[11] 众所周知，康德提出，我们不能直接认知世间事情之（“实际”）所是。我们体验到的只是自己感觉内部记录下的印象。这些印象赋予我们有关世间事情的直觉。

这些直觉是靠想象力综合起来的，然后，我们的理解将概念秩序置于综合中。我们的理解又受到一切人共同的内在固有的概念与范畴“预先安排”。可以说，理解的这些特性使我们能够“确立一幅画面”，有其时空维度、固定模式、法则般的关系、因果序列等。我们的理解为我们提供了一种有关世界的说明，从而使这个世界对我们具有意义。

从康德的角度来看，有组织的社会生活之所以可能，就是因为人类基于普遍的概念秩序来感知世界，并在世间展开行动。而甚至在他们开始感知
<76> 和行动之前，这种普遍的概念秩序就已经存在，事实上，这种秩序就是人类能够行动和感知的条件。换句话说，我们的**理解**，赋予我们做出**说明**的能力，也使我们能够**感知**世界具备秩序，能够**认知**我们所感知的东西是如何结合在一起的。

显然，这些假设与埃利亚斯的立场截然相反，后者逆转了整个序列（参看图 4.1）。如前所述，埃利亚斯认定，**知识**塑造了我们的**感知**，并通过**说明**，对我们的**理解**提出挑战。在埃利亚斯看来，理解面临着感知的挑战，而感知则源于获取有关现实世界的知识。

---

[11]　埃利亚斯认为，感知之所以会不确切，很大程度上是因为感知者的“主体取向”，换言之，感知往往会体现出观察者的涉入、欲望和自我意象。根据埃利亚斯的思路，有两点间接相关的重要因素往往会使感知更加具有“客体充分性”，也就是说，使这些感知能在更大程度上体现客体的实际性质。这两点因素，一是拥有确切知识所导致的竞争优势（比如说在战争中，或抢夺有限的食物资源），一是发展出超脱，即有能力降低乃至消除主体取向的情感与驱力对感知过程的影响。他也认识到，超脱是不容易实现的，受制于“双重约束机制”，比如当难以在利害攸关的竞争性情境中实现或维持控制时，也就难以抵御充斥情感和幻念的感知占据上风。参看 Elias，1971；Elias，1987c；Fletcher，1997，p.58。——原注

本书中译对康德哲学中某些术语的译法，特别是“知性”（understanding）和“知觉”（perception），做了调整，以便与现代社会理论中一些关键术语的通行译法相对应，并照顾埃利亚斯的某些理念诉求。——中译注

埃利亚斯
知识 → 感知 → 说明 → 理解
(知识塑造感知，感知构筑说明，说明挑战理解)

康德
理解 → 说明 → 感知 → 知识
[理解提供说明框架或概念秩序，以塑造我们的感知，提供知识或“窍门”(know-how)，让社会能够顺利运转]

图 4.1　知识 / 理解模型

按照格拉特霍夫的说法，康德自问，“人的感知、认知构造和经验，究竟如何可能触及作为鲜活生命构成的经验世界这个世界？他认为，要实现这一点，可以应用他所称的理解‘图式’(即心智图式)…… [它] 意味着触及作为已知客体的客体世界……话说回来，(在康德看来) 这些图式的起源和构成尚待争论，康德称此为人类灵魂的奥秘。”(Grathoff, 1978, p.xiv) [12]

对于康德的思路，帕森斯比埃利亚斯要同情得多。帕森斯力求理解他眼中使社会得以可能的那种秩序的内在原则。他想要破解根植于并体现于人类行动和感知中的那些普遍概念和范畴。用罗伊·菲茨亨利的话来说，“帕森斯的全部工作就是基于高度抽象的理据，对付这个‘尚待争论的问题’”。在他看来，文化中的符号秩序就是可从经验角度发现的图式，主导着行动者对于自己所处的社会世界能够知道什么，又能有何行动。”(Fitzhenry, 1986, p.173)

五、异同之处

帕森斯和埃利亚斯都可归入知识 / 理解模型，只是两人恰好背道而驰。简而言之，对埃利亚斯来说，获取知识是推动我们努力去领会世界的首要“驱动因素”。原因就在于，它使我们有可能增进理解，尤其是理解非经计划但具备结构的社会发展过程。 <77>

[12]　转引自 Fitzhenry，1986，pp.172—173。

而在帕森斯看来，人的理解所内在固有的概念工具才是主要“驱动因素”。他认为，这是由于在任意时点上根植于我们心智中的图式确定了什么是有效而相关的知识。它们还引导着我们关于那种知识的解释，并使我们能够富有见识地行事，尤其是运用有关和谐整合的社会如何发挥功能的知识。

埃利亚斯和帕森斯在摆明自己的结论时，都感到相当自信。帕森斯非常乐观地觉得，自己有能力辨识出“能从经验中发现的图式”，而在他看来，社会秩序就是源于这些图式。埃利亚斯同样乐观地认为，自己有能力辨识出社会过程、机制和型构的“实际”内容、边界与相互关联。

这种自信与乐观或许富于魅惑。它能赢来追随者。但像福柯和阿伦特这样的论家则提出了相与竞争的“能从经验中发现的图式”，以及对于社会过程、机制和型构的可替代描述。后两人在向我们提出这些说法时同样充满自信。面对这些相互替代的说法，又该如何做出选择？

比如说，面对帕森斯在《社会行动的结构》中的说法，与福柯在《词与物》(Foucault, 1974) 中迥然不同的分析，该基于何种理据做出选择？又凭什么理由更相信埃利亚斯关于19世纪和20世纪早期欧洲民族国家发展的说法，而不是像阿伦特在《极权主义的起源》(Arendt, 1973) 中给出的说法，后者在一些重要方面与埃利亚斯的阐述相抵触？

我的答案是：你不能做出断然决然的选择。将不同的作品摆在一起，进行有理有据的争辩，谁也不太可能“大获全胜”，会有益得多。至于埃利亚斯与帕森斯的知识 / 理解模型观之间的对抗，我也持类似立场。根本没必要做出非此即彼的选择，因为我们的知识和我们的理解处在持续的对话中，彼此都会做出调整。

有一种“埃利亚斯式”回应，断言正确把握了概念，理由是帕森斯的思路是“哲学性的”(也是“形上性的”)，而埃利亚斯的思路则是“社会学性的”(也是“经验性的”)。但这种回应并不令人满意，原因有二。其一，埃利亚斯的思路就像帕森斯的思路，也是基于一些哲学预设。两者之间的差别只在于，诚如上文所示，埃利亚斯做出了对立的哲学预设。[13]

[13] 诚如帕森斯所言，“理智内在固有的倾向，就是对作为整体的经验做出理性的整合，由此可以推出，科学家和其他人一样，都势必具有某些哲学观念，而这些观念也势必与其科学理论之间有确定的交互关系。”(Parsons, 1968, pp.26—27)

还有一点原因让我们别急着因为说帕森斯是“形上性的”而摈弃他的思路。在确立其思路的经典之作，即《社会行动的结构》一书中，帕森斯明确 <78>
指出，自己所做的是“双重意义上的经验研究。其一，它非常关注西方社会中的宏观发展的相关问题，尤其是透过……本研究中探讨的那些作者……的眼光。其二，它（是）……有关社会思想的分析的经验研究。所讨论的作品就和中世纪庄园名册一样，属于真实确凿的文献。”(Parsons, 1968, p.vii)还不妨添上一句，就和埃利亚斯在《文明化过程》第一卷中考察的那些礼仪手册一样，属于真实确凿的文献。

上面引自《社会行动的结构》的这段话，见于1968年刊行的第二版的序言。也是在这一年，《行为礼节史》再次印行，埃利亚斯同样坚定地主张自己作品的“事实”关怀。其实，这部《文明化过程》第一卷与《社会行动的结构》的首次问世也都是在1937年。这种巧合更使我不敢贸然在两部文献之间做出断然选择，摒弃一个，把注意力完全放在另一个身上。将两者合而观之，很可能会更有收获。

有必要考虑一下：埃利亚斯看问题是否有可能过于简单，误认为自己和帕森斯属于两个完全不同的世界？事实上，我想提出，至少在20世纪30年代晚期，这两位学人都在很大程度上关注同样的问题，而他们所贯彻的分析策略，也在相当程度上具有互补性。

六、《社会行动的结构》与《文明化过程》

帕森斯撰写《社会行动的结构》时，是想理解自己眼中使社会成为可能的那种秩序的内在原则。他希望破解根植于并体现于人类行动与感知中的那些普遍概念与范畴。而要揭示那种抽象秩序，就得对一些有关社会的理论进行经验研究。

在1968年该书第二版序言中，帕森斯写道：“本书的一大偏颇之处，就是相对忽视了整体概念图式中的心理维度，如做彻底修订，势必要考虑这一平衡。在这一点上，……弗洛伊德……显然扮演了关键角色……在同一思想大势中举足轻重。”(Parsons, 1968, p.xvi) 当然，在埃利亚斯的作品中，弗洛伊德的观念也非常重要。[14]

帕森斯的研究理据在于，如果在彼此迥异的社会历史背景中产生了众多理论，并且其作者之间没有任何显著接触，却发现在特定观念丛上取得会
<79> 通，这或许是一个重要理由，可以认为，那些观念属于使社会成为可能的核心概念秩序。

帕森斯认为，“意愿论行动理论”源于共存一时的两股传统：一是实证论传统，包括马歇尔、帕累托和涂尔干等人的作品；一是观念论传统，其最重要的代表便是韦伯。他集中考察了这个过程的一个方面，即作为思想体系的这些理论的发展。他勾绘了实证论传统和观念论传统中的诸多张力与矛盾所导致的后果，以及这两股传统之间的会通过程如何在一定程度上缓解了这些张力。

帕森斯强调，自己勾绘的这个过程并非有人计划。不过，该过程会产生一种结局，让意愿论行动理论能为人所用，即被纳入科学知识的库存。这一事实也等于增加了人对社会生活的控制程度。按照帕森斯的说法，“在这些人的脑海里，并不是浮现出一大堆毫无组织的任意主观判断，而是属于一股科学思想运动的深层巨流…… 远远超出这里讨论的几个人的作品…… 这里勾绘的并不只是具有重要分量的思想的运动，而是科学进步，事实上，是令人瞩目的科学进步。其主要特征之一，就是更加清晰、更加明智地理解有关人类行动的广泛事实。”(Parsons，1968，p.775)

埃利亚斯在分析文明化过程时也提出了类似主张。在他看来，这个过程并非有人计划，但其结果之一，却是增加了人基于理性计划自己行动的能力。帕森斯强调了理论以中世纪基督教为源起的发展，尤其是 17 世纪以降的发展，勾绘了这种发展如何达到认知上的重新定向，他认为这是在 20 世纪早期发生的。而在埃利亚斯这边，他分析了文明化惯习的发展，视为中世纪以降人类思维、感觉和行事方式的重新形塑的一个方面。

这些分析与其说彼此竞争，不如说相互补充。比如说，《社会行动的结构》和《文明化过程》的动力都是来自德法两国社会政治、文化及思想传统与它们所根植的社会形态之间的张力。而在 20 世纪 30 年代晚期问世的作品中，

[14] 本章稍后将会讨论帕森斯此后对弗洛伊德观念的应用。

这一点或许并不值得大惊小怪。就埃利亚斯而言,《文明化过程》第一卷第一编就探讨了这种张力,关注德国的“文化”概念与法国的“文明”概念之间的区别。[15] 而在帕森斯的作品中,相应的区别在于韦伯所代表的观念论传统与涂尔干所代表的实证论传统。[16]

我待会儿还会回来比较帕森斯与埃利亚斯,但现在最好先简要分析一下帕森斯的观点。

七、秩序与自由

<80>

就像埃利亚斯在《文明化过程》里的路数,帕森斯在《社会行动的结构》里,也将自己的分析和周遭正在发生的深层社会变迁结合在一起。埃利亚斯说的是“西方文明的危机与转型”(Elias, 1994a, p.xvi),帕森斯说的是“对于……社会问题的经验解释上的根本革命”(Parsons, 1968, p.5),自从16世纪以来,还找不到任何类似的变化能与这场革命的“宏大”程度相当。

帕森斯此言说的是对个体主义、理性与科学的持续攻击,是反智主义的普遍蔓延,是包括社会主义和法西斯主义在内的“各种社会主义、集体主义和有机论学说”的甚嚣尘上。他和埃利亚斯一样,也是在回应诸多社会政治变迁,比如让国社党执掌德国大权的那些变迁。帕森斯相信,尽管他所描述的思想运动在一定程度上是“对某些基本社会变迁的意识形态反映”,但“社会理论体系和有关经验事实本身的知识的‘内在’发展”也发挥了很大作用(Parsons, 1968, p.5)。

帕森斯首先提出,自己的经验考察表明,正在发生的思想运动的一个重要方面,就是在其所称的“**意愿论行动理论**”(Parsons, 1968, p.11,黑体格式为原文所有)上取得会通的过程。换句话说,来自不同传统的理论家们逐渐

[15] Elias, 1994a, pp.3—41.

[16] 分别来自英国和意大利的马歇尔和帕累托是与涂尔干一派的,这群人体现的正是德国人传统上对拉丁人和盎格鲁-撒克逊人某些特点的蔑视:后两者执迷于物质、实业、礼仪和浮华社交,与歌德、席勒这等人发乎灵魂深处的关怀截然相反。——原注

拉丁人指讲拉丁系语言的民族,包括意大利人、法国人、西班牙人、罗马尼亚人等。——中译注

理解到，人们在行事的时候（如结婚、投票、驾车、购房或掀起一场革命），塑造和制约其行动的，并不只是其可处置的手段或资源（体貌出众、政界人脉、财力充裕、武器精良等），及其所具备的“科学”知识和推理能力。

这些行动还受到具体规定人们“应当”如何行事的社会规范的影响。这一点很重要，因为如果整个框架中没有任何规范，理论上的后果是很严重的。有可能出现两种结局。一种是承认人们可以自由选择，在道德上还不受约束，这样就会导致自由，其代价是失序。另一种是把自由排除出选项，将人变得无足轻重，只是演出预定的行为，表现为某个具备特定社会特性的人，这样就会导致秩序，其代价是不自由。

意愿论行动理论同时避免了这两种不能令人满意的选择。这种理论能使行动是“意愿性的”，因为它让行动受到规范的控制，或至少是规范的引导。而将规范纳入考虑框架，也就在模型中引入了某种可预测性，同时也允许人依然作为可以进行理智选择的生物。其结果，就是自由与秩序相融合。这正是帕森斯（碰巧也是埃利亚斯）希望看到的社会结局。[17]

八、实证论与观念论

帕森斯所分析的理论发展过程分为四个阶段，虽说他并没有明言这种
<81> 分界。我把这几个阶段分别命名为中世纪阶段、现代早期阶段、分野阶段与会通阶段。

中世纪阶段：帕森斯提出，从“行动图式”的角度来思考，换句话说，考察在特定情境中展开行动以实现特定目的或目标的个体，“深深根植于常识性的生命体验”（Parsons, 1968, p.51）。而有一桩事实会使这种体验更为可信，“从伦理和宗教的角度来说，基督教一向具有深切的个体主义性质”（Parsons, 1968, p.53）。这一特性承自古希腊罗马，经过新教改革更趋巩固。帕森斯又补充道，对于这些概化的结论，“德国是个重大例外”。

---

[17] 埃利亚斯在《文明化过程》一书中，以自己对未来的某种观照作结：“期待人具有的自控可能一般仅限于某些必需的约束，只为了人们在共处和自处的时候，能够有很大机会感到享受，而不太可能感到害怕。”（Elias, 1994a, p.524）

现代早期阶段：这个阶段始于17世纪，在此期间，个体主义在理性主义影响下进一步增强，产生了一种模型，其中的人类行动者“类似于科学家，后者的知识就是决定其行动的首要因素”（Parsons，1968，p.58）。这种实证论模型反映出自然科学的尊贵地位，尤其是在曾经主导中世纪的宗教世界观渐趋衰微之后，更是无上荣光。

分野阶段：在19世纪，欧洲文化中的实证论趋势与观念论趋势之间出现了“愈益明显的分化”，前者“逐渐占据上风”（Parsons，1968，p.62）。这些趋势各自也都有着深层的内在张力。比如说，实证论的主要形式之一功利主义认为，个体会采取他们相信能给自己带来收益、避免代价的行动。

然而，功利主义却必须认为，要把行动者看做自由而独立的能动者，有能力选择自己的目标，追求自己的利益。这就意味着科学探究绝对不能试图去预测或控制那些选择，比如基于遗传或环境之类的因素做出说明。而把这些特性放在边界之外，就会对科学造成很不受人欢迎的严重限制，因为科学本来就力求说明社会生活尽可能多的面向。

鉴于这种“功利主义两难”（utilitarian dilemma，Parsons，1968，p.64），上述图式注定是不稳定的。这又带来一个相关问题：一旦资源稀缺，期望人们和平共处，通力合作，仿佛具有“天然的利益一致”（Parsons，1968，p.97），确实是不现实的。当这些问题得到明确界认（比如霍布斯笔下），当马尔萨斯和达尔文之类思想家尝试给出替代性选择，都会出现一些意外曲折，帕森斯逐一进行了评述。马尔萨斯强调说，需要婚姻和私有产权之类调控性制度。达尔文则把霍布斯式的失序状态转变成“有序”的维存斗争，既能自信地期待最适者的成功，也能从科学角度理解这一点。

与此同时，观念论传统中的思想家在康德的影响下主张，运用实证主义和自然科学的思想工具，无法理解合目的的人类行动。人类心智的行动，比如做出蕴含意义的选择，就是人类精神的表达，不能“化约”到物理学或生物学研究的那类物质变化的层次。也不能对它们进行那些学科中探寻的那种法则式概括。相反，观念论学者关注的是确定特定文化或时代的独特“精神”这类因素。他们还像兰克一样，撰写细致的历史，但虽然积累了丰富的细节，却不打算做出经验的概括。 <82>

按照帕森斯的说法，“不存在什么一般性的分析理论，可以用来组织零散的观察，评估其科学意义。因此，有必要承认一种知识的源泉，这在通常理解的科学的宝库中还没有多少位置，那就是一种‘直觉’，因为一个整体的特定结构既不能在寻常操作的意义上被‘观察’，也不能经由普通的理论过程来建构。”(Parsons，1968，p.481)[18]

会通阶段：《社会行动的结构》主要关注这一阶段，它始于19世纪下半叶，等于也包括了帕森斯本人的著述。实证论和观念论内部也存在诸般张力和悖论，导致两股传统中产生的理论也都出现一些剩余范畴。这些范畴包含的事实和经验观察显然很重要，但却无法平顺地融入理论的核心命题。这方面的一个重要例证，就是帕累托的非逻辑行动概念，它无法顺利融入他从马歇尔那里借来的效用理论。[19]

在帕森斯看来，意愿论行动理论就成了两股发展趋势的聚合产物。一方面，涂尔干等实证论传统的核心论家借用了源自观念论传统的一些概念。另一方面，与此同时，韦伯等观念论传统的首要继承者也借鉴了实证论的某些方面。在这里，这种会通过程的细节并不直接相关。帕森斯的许多具体解释的确存有争议[20]，但这里的关键并不在于这些解释是否准确，是否具有说服力，而在于事实上，帕森斯是在描述自己眼中理论发展的一个长期过程的最后阶段。

下面这段话就体现出帕森斯的分析风格：“终极价值成分进入韦伯的著述，首先是与宗教观念相关联的价值立场体系。……它与内在固有的手段—目的链之间存在制度性关联，体现于合法秩序这个概念，而后者又直接对应于涂尔干所说的具备道德权威的准则。至于其非经验性的‘宗教’指涉，则是通过克里斯玛这个概念来阐述的，这又对应于涂尔干笔下的神圣范畴……

[18] 有观念认为，可能存在某种超越特殊性的直觉洞察，埃利亚斯对此颇有同情理解。如前所述，他相信，“当物质事实积累到某一特定程度，历史编纂就进入了一个新的阶段，再也不应满足于搜集更多的特殊事例，描述那些已经收集汇拢的事例，而应当致力于特定的问题，能有助于洞察一些根本规律，某一社会中的人们赖以持续维系于特定的行为模式，维系于特定的功能链条……而这些关系也依据这些根本规律以特定的方向变化。”到了这一研究阶段，目标即在于确定“其全部互赖关系中的结构”(Elias，1994a，p.488)。

[19] 参看 Parsons，1968，pp.454－460。

[20] 例参 Giddens，1971，p.106；Mestrovic，1993，p.46，p.60；Scaff，1989，p.x；Turner and Factor，1994，p.175；以及 Tenbruck，1987，pp.262－263。

在上述各个方面，韦伯和涂尔干之间都存在着显著的逐点对应。”(Parsons, 1968, p.717)

意愿论行动理论有一点特性有必要在这里提一下。帕森斯相当清楚，“用原子论学说来说明有机现象会遇到根本困难”(Parsons, 1968, p.740)，后者比如市场、科层体系或埃利亚斯所说的其他“型构”。有鉴于此，他借用“相 <83>
互交织的脉络‘网络’的比喻”，认为对于某一行动者所追求的特定“具体直接目的”，不妨视为“针对各种终极目的的手段，所以由此前顾，‘脉络’会向多个方向衍生发散”(Parsons, 1968, pp.740—741)。

帕森斯很清楚，相互关联的行动网络是经验（experience）中能够遇到的一种经验（empirical）现实。个体 / 个别行动只能在概念的角度加以分离，在现实生活中是不可能的。如其所言，“因此，对于一桩给定的具体行动，要看成是一个‘节点’，大量的…… 脉络暂时聚合在一起，只会又一次分离，可以说各自进入形形色色的其他节点，其中只有少数在进入时存在形式上的组合……必须把这种网络看成分析上的构成，而不是包含有任何具体意义上可分离的单元。”(Parsons, 1968, p.741)

这段写于 20 世纪 30 年代晚期的话表明，埃利亚斯和帕森斯原本可以进行一场富有裨益的交流，探究在前者笔下联系相互依赖的人、群体、制度和过程的动态型构，与后者笔下联系人的行动及其复杂交织的衍生结果的动态网络，两者之间有着怎样的关联。

九、智识发展的动力

从可谓其最重要作品的《社会行动的结构》的字里行间浮现出的那个帕森斯，并不像埃利亚斯在瓦尔纳发起攻击的那个靶子，是一个化简过程、搬弄模型的人，基本上满脑子都是短期的静态结构。[21] 相反，在 20 世纪 30 年代晚期，埃利亚斯和帕森斯两人之所作所为如出一辙。事实上，凡尔赛宫廷里的廷臣，作为现代早期方兴未艾的文明化惯习的代表，几乎可以说亲自读

[21]　有关帕森斯与“帕森斯主义”的讨论，亦参 Kilminster, 1998。

过《社会行动的结构》，因为他们的惯习就体现出意愿论行动理论的特性。[22]

埃利亚斯的《宫廷社会》一书的结论也融入了《文明化过程》。根据他在书中的说明，要想在宫廷中加官晋爵，就得以讲求理性、工于算计的方式追求自己的利益 / 兴趣（interest），调动手中可以处置的一切手段，同时尽可能多地搜集所处环境的相关信息，尤其是自己对手的活动和利益 / 兴趣。此外，宫中人士的选择和创议，还会受到宫廷中通行规范的引导与约束，后者会体现为严格的礼仪准则等。这正是意愿论行动理论的主要特征。

当然，这并不等于说，有关现代早期欧洲社会中的文明化宫廷行为所体现出的惯习何以兴起，帕森斯也提供了一种说明。不过，他的确在一定程度上解答了埃利亚斯和他本人捕捉到的那个问题。要讨论的话题在于，为什么到 20 世纪才得出关于文明化过程的客观理解或科学理解，以及意愿论行
<84> 动理论，虽说无论是（按照埃利亚斯理解的）这个进程，还是（按照帕森斯理解的）这种理论，据说都已经运行了好几百年。

帕森斯的回答是：19 世纪之前，人对世界的理解分裂为实证论学说和观念论学说（或先验论学说），两者都不完备，都受制于内在的张力。[23] 只有当这两股理论传统取得会通，重新构型，才会浮现出一种在他看来能够阐明人类行动的性质的统合思路。埃利亚斯也承认这两股传统的主导地位，但也认为两者都有致命的软肋，因为如其所言，它们都接受了原子论的“个体”模型，而非认为人“从一开始就是彼此相互依赖的”（Elias，1994a，p.203）。[24] 在他看来，两股传统之间无论达成什么样的会通，都无法克服这些根本的缺陷。

对于“作为彻底自由独立之存在的个体意象，一个‘内省的’、相当自足、与其他所有人相分离的‘封闭人格’”，埃利亚斯绝不沾边。他认为这会导致“认识论上的僵局。思想在实证论与先验论之间进退维谷，彷徨无助……我

[22] 人们培养起一种惯习，并不只是靠着读了一些书，虽说“礼仪手册”据称是要塑造行为与态度。这些书所表明的也是在刊行之时，社会上已经牢固确立的一些行为标准、感知和形式。

[23] 事实上，就像埃利亚斯承认的那样，这两股传统在 20 世纪 20 年代的海德堡都有很典型的代表，一个是阿尔弗雷德 · 韦伯，一个是曼海姆，前者倡导观念论的“文化”，后者则持强烈的左倾立场。埃利亚斯是曼海姆的助教，而阿尔弗雷德 · 韦伯又是埃利亚斯授课资格论文的第一个督导。后来，曼海姆接替了这一角色。参看 Elias，1994b，pp.102—120。

[24] 本则引语及下一段的其他引语皆摘自《行为礼节史》1968 年版的序言。

们在这里有了鲜活的例证，看到之所以不能领会长时段的社会进程（比如大规模人群组成的型构中发生的结构性变迁），或是无法理解组成这类型构的人，与某种特定的人的意象和自我感知之间，有着多么密切的关联。”(Elias, 1994a, p.203) 埃利亚斯进而认为，之所以会有这种错谬的个体意象，笛卡尔、韦伯和帕森斯都有责任。[25]

对于上一段中埃利亚斯界定的这类社会过程，帕森斯显然不曾做过考察。我们不一定非得接受帕森斯的结论，认为意愿论行动理论确实像他看到的那样，兴起于这个过程的后一阶段，可以“更加清晰、更加明智地理解有关人类行动的广泛事实”(Parsons, 1968, p.775)。话说回来，《社会行动的结构》的确研究了一个理论发展的过程，牵涉到或者从属于更加广泛的社会过程，就像帕森斯在其作品前文中承认的那样。[26]

帕森斯把自己的研究描述为呈现“科学进步；事实上，是令人瞩目的科学进步”。他这样说没错，错的是理由。在书的最后几页，帕森斯让人觉得就像是一个人历经旷日持久、磨炼耐心的系统探寻，终于找到了宝藏。这个宝藏就是意愿论行动理论，“发现”它之后，可以说帕森斯后来的著述就是在进一步发挥、打磨这个观念。然而，帕森斯在取走他的“宝藏”后，却丢下了自己实际成就的内容，即以某种方式回溯一股重大的观念运动，能够说明是哪些张力和矛盾，历经数代人，通过几位论家的著述，不断推进这场运动。

完全有可能既拒绝认为，意愿论行动理论为我们提供了一种经过科学验证的有关人类行动的阐述，又接受说，帕森斯推进了我们对于作为长期过程的理论发展的理解。帕森斯从理论著述的发展脉络中，尤其是霍布斯以 <85>
降的发展脉络中，挑选了一些来分析；埃利亚斯从中世纪与现代早期的一系列礼仪手册中挑选了一些来分析，两者完全可堪比照。

这便可能提出一种挑战，就是回溯两种子过程之间的相互作用：一方面

[25] 参看 Elias, 1994a, p.204。

[26] 帕森斯讨论了“某些极为重要的社会问题的相关经验解释已经发生的根本革命”，明确指出，“诚然，这场变迁很可能在相当程度上只是某些基本社会变迁的意识形态反映……但同样可能的是，社会理论体系和有关经验事实本身的知识的‘内在’发展也发挥了很大作用。”(Parsons, 1968, p.5) 帕森斯还假定，一个社会中占据支配地位的理论理解，会深刻影响那个社会中的人们如何界定并使用“知识”。

是某种“文明化”惯习的发展与实施，这是将人们根植于愈益致密、互赖的型构中的诸般长时段转型的非计划后果；另一方面是某些特定话语的发展与实施，它们排斥了某些形式的行为，同时约束人们以某些规定的模式行事。为后者举例，不妨想想在19世纪的英国（更不用说爱尔兰），马尔萨斯思想对于如何处置穷人的影响；更晚近的例子是世界银行在发展中国家扮演的角色，或者新自由主义教条在东欧产生的后果。政治经济学家们的那些“汝不可”，和礼仪手册里的那些“汝不可”同样重要。

帕森斯的作品提醒我们注意到，埃利亚斯所称的“文明化过程”中捕捉到的长期发展序列，有可能与智识理解方面的长期运动相互交织。而如果把相关的理论家贬低为一种被标定为“封闭的人”的黑箱，视之为对于社会其他方面的意识形态反映，是无法充分把握后面这些运动的。

帕森斯所探讨的那些学说之所以有必要讨论，是因为霍布斯、洛克、李嘉图、马克思、马歇尔、涂尔干、韦伯等人的著述大大促进了政界、专业界和工商界的权势者所采用的那些策略，并为其使用的观念提供了合法性。[27]如果权势者相信“意愿论行动理论”，那么，那些希望维持生存并成功发达的“低位者”在行事时，就很可能像是信以为真，事实上，最终也真的信以为真。关于基督教的“灵魂”概念，资本主义的“自由市场”概念、“国族”(nation)概念，也都适用同理。而对于这种观念的表述，在福柯的作品中要远远强于帕森斯或埃利亚斯笔下的程度。然而，帕森斯有理有据地阐述了智识发展的长期过程的“内在”动力，无论在福柯还是埃利亚斯那里，这方面都是付之阙如的。[28]

十、帕森斯与福柯

事实上，帕森斯在20世纪40年代早期写作的时候，就已经表现得像个知情人/局内人(insider)，通晓通过话语实践进行控制的某些形式的许多方

[27] 究竟产生了多么大的影响，通过什么途径，时间跨度有多大，限于篇幅，这些问题在此无法讨论。

[28] 比如说，在《词与物》中，福柯并没有说明为何会从一种认知型转换到另一种认知型，参看Foucault，1974。

面，那正是日后自居局外人的福柯所攻击的对象。这两个男人之间的差异在于，诚如下一章要讨论的那样，福柯希望抵抗这些实践，帕森斯则希望代表局内体制的社会秩序，更加有效地利用这些实践。

这样来比较帕森斯与福柯，还值得略加深化。帕森斯在二战前发表过一篇题为“宣传与社会控制”的文章，提出要在美国社会中提倡一套宣传方 <86>
案，目标就定在“增强对社会的基本制度模式和文化传统的依恋”（Parsons, 1942a, p.569）。这套方案会成为“某种‘社会心理治疗’”，旨在培育整体人口的“成熟度”。

帕森斯提出，“西方社会的结构就其与社会控制的功能之间的关系而言，可以非常好地接受有条不紊的巩固型宣传，成为控制的代理机构。”这类宣传“不过就是扩展了许多制度模式中自发然而潜在的功能”（Parsons, 1942a, p.570）。如今看来，这些模式也类似于福柯在数十年后识别出的那些。

帕森斯首先提出，在“人与人之间最为寻常的互动模式”中，都存在着“控制功能”，通常是为了克服“‘抵制’履行规范性期待和义务的基本因素”（Parsons, 1942a, p.556）。然后，他转向治疗情境，认为诊疗师的权威是基于患者的信任或信心。诊疗师全盘质疑或拒绝接受任何在现实中似乎未臻成熟或付之阙如的文饰和动机，从而“允许”患者与自己的个人处境取得调适。

诊疗师利用了医疗专业的一般化权威，该专业是“社会中相对不自觉的自动控制机制特别显著的例证”（Parsons, 1942a, p.561）。反过来，医疗又从科学那里汲取权威。提供或批评“情境界定”的权威并不只属于科学。回顾历史，宗教界、司法界和学术界也都产生过类似的影响。

帕森斯有一段议论表现出明显的福柯色彩：“医疗界、学术界和宗教界对受制于己的人们施加稳定规训的方式颇为类似。教堂圣事……以此施加了重要影响。布道与读经的教义内容有助于稳定情境界定，与此同时，通过吟唱圣歌、进行祈祷等方式的集体仪礼，也对态度产生了重要影响。”（Parsons, 1942a, pp.566—567）

僧侣、医生、教授，以及出于同样原因的政府官员，他们的权威和影响更因各自占据的“职事”所享有的非人格性而大大增强。他们所实施的权威都不是人身性的。用更具福柯色彩的话来说，权威就在于带有“官”腔的话语。帕森斯指出，“控制机制的运作并不是什么群体特意的‘政策’使然，甚至不

是显功能的运作，而是渗透到整个结构，在社会系统的功能运作中扮演了基本角色。”（Parsons，1942a，p.568）

要想让宣传方案发挥作用，“就必须”基于“技术能力与道德正直”，“确立具备非人身化权威的位置”。不过，帕森斯又补充道，没有任何专业群体
<87> 会被公众承认具备“‘社会心理治疗’”方面的技术能力，“或许有朝一日，有些社会科学将能实现这一目标……即使退而求其次，似乎也要精心培育一种声名，能够小心谨慎，恪守真实，报道公众无法直接接触其源头的信息。”

帕森斯总结道，宣传机构的主要任务就是“‘驳斥’不可取的意见和情境界定”，让更为可取的意见和界定“在公众面前维持下去，但也别太咄咄逼人。至于究竟应当如何展开，就是一项非常复杂的技术性话题了。”（Parsons，1942a，p.571）

十一、帕森斯与德国

帕森斯提议设立输送“巩固型宣传”的机构，其部分理据就在于能对抗纳粹的“破坏型”宣传。[29] 后面这种宣传旨在颠覆民主体制。不管怎么说，巩固型宣传意在鼓励人们“成熟”，培养“现实原则”，而法西斯分子的破坏性宣传“恰恰是要利用性格结构中的对立成分，它们与抗拒模式、意识形态扭曲和情感过激反应等‘神经质’类型之间有着极为密切的关联。”（Parsons，1942a，p.570）

从这类行文中可以明显看出，从20世纪40年代早期开始，帕森斯就已接触到弗洛伊德的著述。他尝试领会德国社会在20世纪早期发展成了什么样子，为此和埃利亚斯相仿，也在社会学分析中融入了某种弗洛伊德的维度。

帕森斯在说明法西斯主义因何兴起时，强调了理性化过程所导致的心理维度和社会维度上的不安定。他所说的理性化过程，指的是与科学技术进展相伴而来的“累积性社会变迁”，也指逐渐转向旨在“相对具体和有限的目标”的契约条款中规定的一整套“行动模式和人际关系背景”。理性化的其他维

---

[29] 帕森斯还提到了第三类宣传，他称之为“革命型”（Parsons，1942a，p.568）。这种宣传旨在劝服人们皈依与现存制度有冲突的价值观念和情境界定。

度还包括个体权利的法典化，摆脱封建或其他类型传统义务的现代私有产权形式的发展，以及针对文化方方面面的“批判理性”(Parsons,1942b,p.141)精神的兴起。

这种“非常核心的动态过程”(Parsons, 1942b, p.140)导致失范和心理不安定感的普遍蔓延：“人格并不是围绕一整套统合协调的价值、目标和期待稳定组织起来的。态度也往往左右摇摆，一方面是使行动陷于麻木的犹疑不决，以及各式各样的谨小慎微、束手束脚；另一方面则是出自内心冲动的‘武断’反应，在特定的目标和符号上灌注了过多的憎恨、虔诚或热情，压倒了给定情境中的适宜反应。”(Parsons, 1942b, p.139)

帕森斯主张，社会思想中的功利主义传统的发展，就是这一理性化过程的一个方面。古典经济学是它的早期表现之一。后来，它采取了社会主义 <88>
和马克思主义的形式。[30]不幸的是，这股思想传统渐趋“左翼”和“实证主义”倾向，从而不“足以阐述我们社会的所有重要价值观念，也不足以阐述这个社会对于世界的认知取向”。它忽视或者说贬斥人类行为的“非逻辑”面向，包括宗教、友谊，以及家庭、阶级、族裔、地区乃至国族等方面的传统，甚至对理性主义本身也横加指责。

功利主义的缺陷促成了与之对立的“反智主义”思潮，尤其是法西斯主义，生根发芽，茁壮成长。失衡的理性化过程对特定的群体造成了严重压力，包括女性、年轻人、中低阶层和尤其是集中于农村地区的“传统分子”。他们成为这些思潮诉求的对象。帕森斯概括道，“在西方社会里，整合欠佳的制度结构、意识形态性质的情境界定、失范状况下典型的心理反应模式，在这些因素之间复杂的互动过程中，在其动态发展过程的某个特定阶段，这股新近结构化的大众运动登上了舞台，并在某些时点上甚嚣尘上。”

在帕森斯看来，法西斯主义之所以可能，原因“深植于我们社会的社会结构与动力机制，犹如前一个阶段的社会主义”(Parsons, 1942b, p.145)。帕森斯在分析法西斯主义时强调，这种政治趋势出现在西方众多社会，而不单是德国。

战争行将结束之时，如何处置战败之敌的问题被提上议程。1944年，

[30]　比较埃利亚斯提到的“功利主义、理性主义的左翼人文主义者”(Elias,1994b,p.103)。

一群精神病学家、人类学家和社会学家在纽约开会，帕森斯在会上提出了自己的观点（Parsons，1945）。会议一致认为，战争的起因并非只是纳粹政权，也不单是20世纪30年代德国的特定情境。相反，是“一种德国人典型的性格结构使人们倾向于从支配、服从和浪漫反叛的角度界定一切人际关系”，造成了战争。而这种性格结构又“得到德国社会的制度结构的支撑，与之密切互赖”（Parsons，1942b，p.78）。

对于这种整体结论，帕森斯还有自己具体的说法。他强调，要理解德国社会，关键在于理解德国人的性格结构的历史根源，理解这种性格结构是如何影响了作为整个国族的德国人界定自身的境况。他提出，德国人的性格结构具有某种“显著的双元性”。其中一类成分是“情绪性、理想性、主动性、浪漫性”的，另一类成分是“守秩序、勤工作、尊等级、循条理、能顺从、喜合群、重实利”（Parsons，1942b，p.85）。[31] 这里的第二类成分“尤其推重”（Parsons，1942b，p.86）权威关系。

普鲁士国家有效利用了德国人性格中的守秩序、能顺从，尤其是其公务员队伍和军事组织中的这种性格。这两种建制中倡导的文化都非常强调“声望地位”和“尚武观念”，注重等级秩序，恪守规矩形式。然而，“所有的复杂社会都包含着非常重要的内部冲突与张力的成分”（Parsons，1942b，p.84），
<89> 德国也不例外。比如说，当“家中具有威权主义性格的父亲（也是）个臣属下级，而这种臣属地位还在家庭外面不断遭到强调”（Parsons，1942b，p.87），传统的父权制家庭模式就会面临很大压力。

另一个严重困难在于，普鲁士国家的文化“几乎不怎么考虑”德国人性格中的情绪性、浪漫性和理想性成分。于是这类成分就转入宗教，转入“各式各样与政治无涉的浪漫主义，如艺术和哲学。德国，这片盛产诗人和梦想家的土地，正好适合这种情形。”（Parsons，1942b，p.97）在这一点上，帕森斯指的是德国社会中政治—军事集团与学术—专业集团之间的分裂。埃利

[31]　此处作者似有误。有关双元性性格结构及上述具体表述，实际出自玛格丽特·米德、露丝·本尼迪克特等五人合署的一份备忘录，帕森斯本人认为出自米德一人之手。作者则径直归于帕森斯本人。——中译注

亚斯也讨论过这种区分，只是切入方式不同。[32]

帕森斯提出，德国人性格结构中的双元性，不仅体现于尚武文化与学术文化之间的分化，而且体现于每个个体身上。比如说，尽管他们“守秩序、勤工作、循条理……但要在德国**赢得成功**，却无甚浪漫可言。”（Parsons，1942b，p.86，黑体格式为原文所有）与德国科层官吏的效率相维系的那种文化，对个体主义的挣钱行为不抱同情，很容易被调动来对抗资本主义。行文至此，帕森斯转而分析起埃利亚斯在《文明化过程》开篇讨论过的那种张力：德国人的“拘谨”与法国人、英国人、美国人的“轻浮”、“实利”和“腐化”之间的格格不入。

埃利亚斯特别集中讨论了围绕“文化”与文明各自据说具备的美德与罪恶的争论，这些争论可以回溯到18世纪。帕森斯也指出，直到20世纪40年代，这依然是个聚讼不已的话题。比如，他提出，战胜的同盟国应当鼓励德国人采纳以下价值观念：“科学与自由探究，人的尊严与自由……以及机会平等”。不过，他又补充道，应当注意避免将这些价值观念维系于“‘西方’社会中那些在德国充当着普遍否定的象征的面向。因此，在表述有关自由的价值观念时，就不应当强调挣钱的自由，甚至在许多场合下，不应当强调做生意的自由。”（Parsons，1942b，p.100）

纳粹党利用了德国人对秩序与安定的渴望，但也为德国人性格的双元成分都提供了表达渠道。他们利用了对等级、服从和条理的渴望，也“把……这种浪漫主义的动力引向一种侵略性的、扩张主义、国族主义的政治目标。”（Parsons，1942b，p.85）纳粹为德国人提供了一种“意识形态性质的情境界定”（Parsons，1942b，p.96），将德国人说成是主人种族，在这个腐化的世界上负有特殊的使命。这就传递出一种启示，要“广泛融合各类符号诉求，以期把握德国人情感中几乎每一点主要张力，让英美人难以应对”（Parsons，1942b，p.98）。

但实际上，纳粹政权并没有提供秩序与安定，而是恰恰相反。“社会旧

---

[32] 埃利亚斯注重德国社会中地方各级官廷的特定模式产生的效应。生意人、工厂主、小店主不管多么有钱，都不得其门而入。许多这类家庭于是鼓励后代谋取专业生涯，包括在大学教书。埃利亚斯本人就陷入这种套路。参看 Elias，1996。

有的群集在哪里与纳粹党发生冲突，纳粹政权就会使之‘原子化’，而这样的区域还非常广泛。”(Parsons，1942b，p.91) 尽管帕森斯提笔之时，战争已近终局，但他也承认，纳粹的综合努力在意识形态层面依然强大。该怎样摧毁它呢？

<90> 帕森斯提出了六点具体建议。一是为德国人对浪漫主义和理想主义的渴望找到与政治无涉的宣泄渠道，如把他们的专业阶层整合进更广泛的国际网络。二是推动妇女解放。三是破坏旧容克阶层。[33] 四是促进工业生产，培育具有高度社会流动性的都市人口。五是在高层公务员队伍中引入更大的机会平等。

最后，帕森斯提出了一点非常有意思的建议："要想从根本上治愈……德国人迷恋权力的倾向"，就得摧毁"政治—军事领域竞争性权力关系体系"，"从而做出新的情境界定：国际秩序是一种合作秩序……德国主要不是一个竞争性的单元。这样一种界定的道德基础倒是存在，只是已被竞争性的权力模式所遮蔽，必须让它们重归前台。"(Parsons，1942b，p.88)

透过最后这点建议，帕森斯也参与巩固了一种特别的政治气氛，有助于奠定从联合国到欧盟等一系列新的制度，这个话题后面还有一章会回过头来谈。

但在讨论这个话题之前，我们还将把埃利亚斯与两位来自 20 世纪 20 年代一辈的论家相比较。首先就是福柯。

---

[33] "情况很可能是(容克阶层) 剩下的大部分……将会在俄国占领东北德后受到充分关注。因为苏联并没有像美国人那样尊重既有产权的传统，如果直接剥夺容克地产，俄国人将会面临的道德困境不会那么严重。"(Parsons，1945，p.88)

第五章

福柯与埃利亚斯

一、大逃逸

1970年12月2日，法国防暴警察被派往巴黎左岸。福柯将在索邦发表他就任思想系统史（History of Systems of Thought）教授的就任演讲。前来听讲的人们个个都得穿过身着统一制服的警察与警车的层层封堵。

突然之间，福柯现身讲台。他四十来岁，神情严肃，是个大光头。《世界报》记者描述他是“秃顶男人，象牙色装束，佛教徒做派…… 目光中…… 透着梅菲斯特般的狡黠。”他的讲演“技巧高超娴熟”（Miller, 1993, p.183），令人目眩神摇。

演讲之时，适逢巴黎闹“学潮”。警方到场并非冲着福柯。但人人都想必将讲堂内的讲演者和外面的嘈杂场景联系在一起。福柯见识过警方的催泪弹。大约一年前，他就曾和其他一些人一起，占领了巴黎郊区万塞讷大学校园中的一些主要建筑。[1] 当警方试图驱散他们时，福柯和几个坚守到最

[1] 万塞讷（Vincennes）是巴黎东郊小城，万塞讷大学即创校未久的巴黎八大。——中译注

后的人撤退到行政办公楼顶，然后朝楼下的警察扔砖头。

福柯是活动家，是理论家，也是表演家。无论担当什么角色，他都乐于挑战，勇于颠覆，善于制造意外。他曾将自己的讲演比作舞台表演："我和听众之间的关系，就像戏剧舞蹈演员或体操杂技选手与观众之间的关系。"其实，他本可以再加上一种，像个逃逸术表演者（escapologist）。福柯身上颇有些类似于霍迪尼的地方[2]，而且还不止一个方面。福柯和霍迪尼都是高度职业化的表演者，吸引大批观众。两人都很有紧迫感，都渴望赢得称赞。两人都在五十来岁去世，并且都是在自己声名的巅峰之时。

两人还都对逃逸技术极感兴趣，只是就霍迪尼而言，指的是身体的逃逸；而就福柯来说，则是心智或精神的逃逸。就在离福柯发表就任演讲的地方区区数百米之遥，六十年前，霍迪尼跳入塞纳河，身上仅着泳衣，脖子上套着绳索，上面还连着一副手铐，紧拷双手。令人惊叹的是，他成功逃逸，至少看起来是这样。[3]霍迪尼向全世界展示，自己能从手铐中逃逸。福柯则希望告诉自己的听众，他们能从囚禁性的社会中逃逸。

福柯的观照的核心，正是我们需要摆脱这种"大囚禁"，完成"大逃逸"。
<94> 这种囚禁和18世纪的疯人院不同，并不是身体性的囚禁，而是心智上的囚禁，是裹在自我的囚衣中的限制。我们被教导在餐桌上、在运动场上、在教室里、在工作台上"如何得体"，历经不可胜数的细微时刻，慢慢织就起这件囚衣，并且穿得越来越合体。

规训塑造着我们：作为孩子，作为学生，作为病人，作为新兵，作为福利救济申领者，如此等等。我们在习得这些角色的时候，被教导要去接受某些特定的话语实践，特定的惯例，通过言说与思想来解释和应对世界。一旦社会赋予我们一种自我（也就是一种认同，一种有关我们是谁的感受），要有所不同就比较困难了。根植于言说和思想中的那些预设与习惯，会自动渗透到我们的感觉、感知和对实在的感受中。

---

[2] 霍迪尼（Harry Houdini, 1874—1926），原名埃里克·魏斯，生于匈牙利，美国魔术师，以耸人听闻的遁身术或逃逸术著称，能从手铐、脚镣、捆绑和各种封闭容器里解脱出来。——中译注

[3] 这桩事件发生在4月7日，霍迪尼从巴黎大主教桥（pont de l'Archevèche）旁边一间停尸所的楼顶跳入塞纳河。

福柯本能地想要挑战这一过程。在他想来，否定社会强加的自我，脱掉那件囚衣，释放出难以预测的爆炸性能量，让我们自己真实的存在开口言说，该是多么令人兴奋，也该是多么充满危险。那种言说形式会乐于挑战，勇于创造，不乏暴烈，难以预测，富于波动；换句话说，对既定秩序构成了威胁。福柯认为，所有的人和制度 / 机构，只要是在既定秩序中具有某种利益，都会对那种威胁感到担忧。因此，话语受到严格的约束。

我们不得不遵循专门的语法规则，遵从特定的推理风格，遵照特定的研究话题，避免其他的可能选择。在这样的管制下，每一篇刊行的文本都必须有其明确界认的“作者”，直接为其负责，如有必要，可以归咎到他头上。福柯的使命就在于与这些约束作战，打破文化的囚笼，恢复真实话语那未经驯服的危险力量。而那也正是他的就任演讲中传递的启示。

二、温室里

对于埃利亚斯的文明化过程理论，福柯就是一个有趣的检验案例。产生他的这个社会，也为埃利亚斯提供了那种过程在实际运作中的首要例证。福柯来自一个严守传统的家庭，属于一个严守传统的阶层，住在法国一个严守传统的地区：普瓦捷（Poitiers），总之，生长在“一个小资产阶级的外省环境下”(Foucault，1996，p.371)，位于巴黎西南方向三百公里。福柯的父亲在当地行医，素负名望：他的父亲也是一名医生，娶的还是医生的女儿。自然，他希望福柯也能从医。

1939 年，《文明化过程》刊行，此时福柯年方十三。虽说几乎可以肯定他当时不可能读到此书，但如果真能读到，或许会发现下面这段话与自己个人的处境息息相关：

> 正是对失去不同凡响的家传声望的这种担忧……今天在塑造通行的行为准则方面发挥了决定性作用。也正是那些担忧……尤其注定会被内化；它们远不仅限于担心贫穷、饥饿或直接的身体危险，更会在这类阶层的个体成员身上牢固扎根，通过教养其成人，成为内在的焦虑，几乎自动地将他维系于一套习得准则上，面临一个强大的超

> <95> 我的压力，甚至独立于他人的任何控制。父母一刻不停地操心自己的孩子是否会达到自己所属阶层甚或某个更高阶层的行为标准，而这又是否会维持乃至增加家庭的声望…… 自从呱呱落地开始，孩子就被笼罩在这样的担忧中。……它们一刻不停地为这个充满内在焦虑的暴烈之环增添燃料，将成长中的孩子的行为与感情始终维持在确定的界限内，将他维系于某种有关羞耻与窘迫的特定标准，某种特别的口音，某些特定的做派，而不管他是否乐意。
>
> (Elias, 1994a, pp.521—522)

孩提时代，福柯就发现自己遭受着来自两个方向的重重压力和诸多要求：一个是外部世界，一个是自己的心理驱力。他日后回忆道："说话的义务，和拜访者交谈的义务…… 都让人觉得很奇怪，很乏味。我常常好奇，人为什么非得说话。"他在学校里也是独来独往，总是埋头看书。

普瓦捷的气氛很是压抑。宗教上顽固偏执，阶层间相互嫉恨，战事来袭，(1940 年后的) 外敌占据，凡此种种，加剧了社会和心理角度上的张力。福柯还喜欢上了别的男孩子。整个这种氛围教会了他，"言说的方式多种多样，沉默的形式也是五花八门。"比如说，他发现，"某些类型的沉默…… 意味着极其厌恶"，"另一些类型的沉默…… 却意味着深情厚谊，热情仰慕，乃至浓情蜜意"(Foucault, 1996, p.371)。

在福柯的"体面"出身和几十年前埃利亚斯在布雷斯劳的出身之间，有些耐人寻味的类似之处。[4] 不过，埃利亚斯的家庭为他提供了比较愉快的安全壳，而福柯则发现自己置身温室却倍感窒息。

早年岁月赋予福柯巨大的自我规训 / 纪律。他的著述就是在无畏地回击社会和文化对我们的身心所施加的形塑压力。他立意要遏制这些压力，揭示其实质。这个过程帮助他领会了自己内在的驱力，尤其是自己的同性恋倾向和对自杀的迷恋。

实际上，有必要强调，人们既需要秩序，又有颠覆秩序的欲望，这两者之间存在蕴涵创造性的张力，这是理解福柯的核心要义。一方面，他希望完

---

[4]　参看 Elias，1994b，pp.6—8。

成“大逃逸”，摆脱压力和约束。另一方面，对于规训/纪律和艰辛劳作，他又有一种强有力的“资产阶级”冲动。这就使他有能力经年累月埋首档案，能够思索庞大的研究规划，比如其多卷本的性史研究。

福柯与埃利亚斯都具有资产阶级工作伦理，但在其他方面，他的处境却非常不同。实际上，福柯的问题与埃利亚斯的问题恰成对比。埃利亚斯很早开始就知道自己想要成为什么样的人：在德国大学里当名教授。对他来说，要实现打造这种未来身份的规划，就要求德国社会保持相对稳定和开放。然而事实上，这个社会却变得越来越不稳定，对于像他这样的犹太人，变得更加封闭。埃利亚斯希望说明，德国社会为何具有这种暴烈和压迫的性质。

埃利亚斯相信，德国的政治统一姗姗来迟，有欠稳定，这深切影响了德 <96>
国人的自我意识。不幸的是，“‘什么是真正的德国人？’这个问题，数百年来一直聚讼不已”(Elias, 1995a, p.5)。在埃利亚斯眼里，法国人的情况似乎不一样。他们并不操心自己的身份/认同。社会一片祥和。很大程度上可以说，《文明化过程》试图揭示，什么样的社会长期过程，将国族认同的问题移出了法国的议程。

与此相反，福柯希望将身份/认同问题放回议程中。他给自己定下的任务是揭露并抨击某些话语实践，在他看来，这些话语实践扼杀了对人类经验的性质与界限的探究。令人啼笑皆非的是，礼仪习惯在埃利亚斯笔下是法国社会文明化过程的核心表现形式，而对于童年的福柯，却是一种折磨。

埃利亚斯很早就知道自己希望成为什么样的人，相反，福柯很早就知道自己**不**希望成为什么样的人。他不希望“接受”社会硬塞给他的那种身份/认同，这个社会一切都是那么坚固牢靠，安定无虞，但从惯常的角度来看，也为他提供了通向世俗成功的方便之门。

三、三种抵抗策略

如果福柯想要摆脱社会提供给他的那种身份/认同，有三种策略可以用。一种是自己离开这种令人感到痛苦和压迫的环境。他年轻时不止一次尝试自杀。这种策略有一种变形不那么戏剧性，就是流亡。去世前不久福柯曾提到：“法国社会文化生活中的许多东西都曾给我带来痛苦，如今还是这样。所以我在 1955 年才会离开法国。"(Foucault, 1988b, pp.4—5; Eribon, 1991, p.74) 从 1955 年到 1970 年，福柯待在法国国内的时间只有八年。

另外有五年(1955—1960)，福柯在乌普萨拉、华沙和汉堡教授法国文化。这些年使福柯有机会完成"大逃逸"，摆脱他觉得十分压抑的那个社会。作为法国之家(Maison de France，乌普萨拉)、法国中心(French Centre，华沙)和法国研究所(French Institute，汉堡)中的风头人物，福柯拥有了新的自由：以自己的方式来诠释法国文化。这就彻底扭转了局面：在这些年里，是福柯在界定法国社会，而不是法国社会在界定福柯。

第二种策略是抵抗和逾越。乍看起来，这像是把福柯推到和萨特一样的阵营里，后者教导世人，即便是在压迫最严重的环境下，人也有能力做出生存选择。不过，对于话语实践这种"看不见的手"，也就是根植于言说和思想中的种种预设与习惯，福柯要比萨特敏感得多。这些话语实践指导着我们的行为，哪怕是在我们认为自己正做着自由选择时。萨特曾主张，人的自由是不可剥夺的，无论我们可能显得多么遭到压迫。福柯则针锋相对地指出，
<97> 话语实践始终会塑造并规训我们的情感、感知及对实在的感受，无论我们可能显得多么自由。[5]

在福柯看来，硬性禁止也好，软性约束也好，通过针对自我、社会或两者兼有的蓄意暴力或颠覆，都会使这些束缚彻底松动。比如说，对于身体的有些约束或虐待形式，就像施虐—受虐的性表现，有可能使意识越出边界，导致精神上的释放，逃逸出有关正常性的压迫性规制(oppressive regime of normality)。

实际上，任何极限体验，无论是实在的还是想象的，都可能导向解放。政治抵抗是殊途同归。[6] 荒诞派戏剧之类的"另类"艺术形式亦是如此。目标就是要颠覆塑造了"正常/规范"的身份/认同的那些话语实践和非话语实践，激发正常/规范情况下被阻挠的那些情感和见解。如果能实现这样的

[5] 福柯对萨特的抨击，让人想起埃利亚斯对胡塞尔的间接批评。后者认为，尽管胡塞尔希望"悬置"一切，只留下有关纯粹存在的自觉意识，但他并没有能力"否思"根植于文化中的那些范畴，后者"扭曲了"对这个世界上人与人之间真正关系的感知。

[6] 20 世纪 70 年代，福柯积极呼吁并参与了监狱改革运动，以及他眼中其他一些能够揭露国家压迫性做法的事业。

目标，就为参与者提供了新的见解，可以洞悉人类文化和语言背后或之外的那种“未经处理的”存在状态。[7]

福柯眼中的第三种策略，就是实现世俗成功，在社会中飞黄腾达，以保护自己免受社会中最糟糕的那些压迫。本章开头提到的他在索邦的就任演讲，就标志着实现了某种地位，能为他提供其所需的保护，免遭法国社会的压迫。此后，他开始更公开地进行抵抗。1971 年，福柯创建了监狱信息小组（Groupe d'Information sur les Prisons），呼吁对抗不人道的监狱待遇。1972 年，他在一次抗议警察暴行的示威后被捕。1975 年，他出版了《规训与惩罚》(Foucault，1977a)。

完成《规训与惩罚》后不久，福柯就开始撰写其多卷本的《性史》(Foucault，1978；Foucault，1987；Foucault，1988a)。这使他撤离街头，走入档案馆，离开现代社会，回到古希腊罗马的屋宅中。这是又一次逃逸。

四、大漩涡与全景敞视监狱

埃利亚斯与福柯之间的歧异可以概括成一些格言：对于这个世界，埃利亚斯试图一口吃尽，福柯则总想一吐为快。他们都煞费苦心，想尽可能界认出，人类发现自身所处的境况，究竟是哪些过程和机制制造的。但他们的立意不同。福柯的目标是要颠覆那些过程与机制，或逸出它们的控制范围。

埃利亚斯则不认为这是个有竞争力的选择。相反，他力求理解或“知晓”推动世界运转的那些力量，让自己和他人能基于这种知识调整自己的行为。埃利亚斯的目标在于提出有关社会过程和型构的科学知识，以求通过理性行动，避免其中对于人类来说最糟糕的一些后果。

我已另文指出[8]，福柯和埃利亚斯彼此对立的思路不妨概括成两种意 <98>

[7] 福柯发自内心地认同乔治·巴塔耶、莫里斯·布朗肖、让·巴拉凯、安托南·阿尔托、雷蒙·鲁塞尔和萨德侯爵等作家，他们都相信，那些令人震惊、充满风险的行为，能使我们遭遇到超越语言与文化及隐藏在我们清醒的自觉意识背后的强大力量。在他们看来，我们应当努力找寻逾越性的极限体验，可以充满暴力，挑战死亡，蕴含色情，或带有施虐受虐的意味；也可以让人心智恍惚，情绪崩溃，就像鲁塞尔的诗歌或阿尔托的戏剧。

[8] 参看 Smith forthcoming，b。

象。一种来自边沁的全景敞视监狱（Panopticon）计划，这种建筑物的设计宗旨，就是要让人站在中央，能够看见住在里面的所有人。福柯在其《规训与惩罚》中借鉴了这一观念（Foucault，1977a）。另一种意象来自埃德加·爱伦·坡讲述的一则故事。这个故事说的是陷于漩涡中的两个渔夫，埃利亚斯在其《涉入与超脱》中重提了这一意象（Elias，1987c）。

全景敞视监狱的设计宗旨在于监视并控制住在里面的人，其实就是里面的囚犯。每个囚犯都彻底暴露，全面受控，剥夺了一切自由或践行主动性的机会。不妨把这些囚犯与爱伦·坡笔下的那些渔夫作对比。他们兄弟俩身处非常危险的不确定情境中。他们的小船在湍流中被拖下深水，死亡似乎迫在眉睫。

然而，埃利亚斯的要点在于，即便像这种严峻的情境，如果自己保持冷静，也不是不可挽回的。不幸的是，两兄弟中的一个没能做到这一点。他惊恐万分，结果被波涛吞噬。另一个则控制住了自己的情绪，保持超脱。他眼观六路，头脑冷静，权衡自己能得到的证据（小物件漂浮在水表，大物件沉入水底），凭此以理性方式行事（把自己绑在一只小桶上），最终活了下来。如果我们希望理解福柯，就必须认识到，他强调的是困在全景敞视监狱中的囚犯；如果我们想要理解埃利亚斯，则最好能想想求生的渔夫。

福柯，或者全景敞视监狱中的囚犯，会发现漩涡这地方待起来更舒服，但他更感兴趣的或许是溺亡的那位兄弟的体验，这位算是摆脱了社会的压迫。与此类似，埃利亚斯，或者身陷危险的渔夫，会羡慕更有秩序、更能控制的全景敞视监狱中的生存。但他会渴望分享瞭望塔上的守卫所享有的视角，据说，对于周遭世界，守卫能获得某种近似于具备对象/客体充分性的知识。

埃利亚斯是在此世寻求世间秩序的原则，福柯也关注这一点（尽管他的分析有所不同），但他同样感兴趣或更感兴趣的是，他认为存在于压迫性话语实践的世界之外、背后或深处，那些创造性的混乱之处。这就使他进入了埃利亚斯不予考虑的一些区域和假设。

五、尼采、胡塞尔与巴什拉尔

比如说，福柯转向尼采，对于任何人（尼采脑子里想的就是黑格尔）提出说人类的历史记录就是一个理性渐增、进步持续的故事，后者都表示强烈反对。在尼采看来，历史事件是由诸多作用力与反作用力之间偶然的遭遇形成的，有能力影响道德和知识形貌的少数几个高贵的人，也在一定程度上 <99> 影响了这些事件。自然科学和社会科学不懈耕耘，埋头前行，却没有远景观照，不考虑人的利益/兴趣。基督教也无非是向奴隶和小人提供些枯燥乏味的教条。

尼采指出：不要接受这些虚设思想体系中有关秩序和安适的承诺，而是要直接面对生存状态中令人不快的混乱。虽说不是每个人都有勇气这样，但至少有些人能够获得有关原初存在的知识。有一种途径就是通过陶醉、涉入和忘我。这种"狄奥尼索斯"路数会导致某种激情宣泄的状态。我们看到了事物真实的样子，带来狂喜与欢悦，也夹着恐怖和痛苦。

要孕育出这种可怖、危险的知识，唯一的途径就是将径直涉入的狄奥尼索斯精神与梦想般超脱的阿波罗精神相结合。如果我们能成功地找到狄奥尼索斯式涉入与阿波罗式超脱之间的平衡，不息的生命之流就能基于审美秩序的原则，通过音乐、雕刻、戏剧之类形式，至少在一定程度上表现出来。挑战在于如何找到狄奥尼索斯精神与阿波罗精神之间的这种平衡，设法传递它们揭示的知识。两种精神都有其超出正常清醒状态的源泉，最好的体验方法就是借助一种既激动又放松的意识，做梦即是如此。

梦作为超越囚禁性的现代性结构和实践的一种可能途径，引起了福柯的极大关注。在"梦、想象与存在"一文中（Foucault, 1993），福柯直截了当地站在胡塞尔的立场上抨击弗洛伊德，这与埃利亚斯的选择恰好相悖。[9] 胡塞尔主义者把每个梦都视作蕴含意义的整体经验，专属于某个特定的人，必须就其自身来理解，看成是某种特别的自觉意识的投射。[10] 福柯还希望

[9]　参看前文边码 34—35。

[10]　简言之，弗洛伊德主义者是通过解读梦里包含的具有显著意义的语词和意象来释梦的。诊疗师手里有一份"具有显著意义"的标示，被教导说要在所有病例中寻找这些标示。据说，以这些标示为线索，就能看出在幻想领域中实现了什么具体欲望。

更进一步。他提出，所谓做梦，就是沉入某种隐藏的或被遗忘的现实。弗洛伊德主义者错误地将梦解释为表现了一些恐惧和愿望，并且是在一个不现实的世界里，发生的都是不可能的事情。与其相反，做梦所孕育的自觉意识状态，会促使我们趋向现实，趋向存在。

做梦者通过想象，回到自己的意向和行动发挥效果**之前**，回到它们促成一个让此人产生实现感或异化感的世界**之前**。梦“揭示了自由赖以打造自己世界的那个源点”(Foucault，1993，p.51)。换句话说，在梦里，人及其栖居的世界都还原到其所源出的流动、开放状况，回到“成为”的状况，尚未冻结成固定的“存在”形式。

在福柯眼里，做梦让我们更容易看清话语实践的偶然效果与生存的“根本坐标”(Foucault，1993，p.60)之间的差异，前者随时代和文化的不同而各不相同，后者则是人类不能改变的。有关存在、空间和时间的这些基本参数，
<100> 也体现在传统艺术形式中，做梦与后者有密切关联。[11]做梦让想象更有力量，使我们亲近生存的核心，也令我们有可能想象自我与世界的彻底融合。[12]

福柯原本就关注胡塞尔和尼采，接触到加斯东·巴什拉尔之类法国科学史家的作品后，兴趣愈发浓厚。[13]巴什拉尔并不接受约定俗成的科学理念。他和尼采一样，都认为根本不存在什么“普遍真理”，可以通过累积性的发现逐步得到揭示，放诸四海皆准，历经万世俱宜。他的思路更具有“地质学”色彩：在他眼里，不同的世界观，不同的知识形态，不同的“科学”，诸如此类，都会在生命的汹涌奔流中，在接二连三的喷发中，被推向表层。无论是哪一个时代的科学，都根植于文化、哲学、宗教、意识形态和人的想象力共同构

[11] 例如，梦的体验有其史诗、抒情、悲剧等维度。它再现了有关出发与归来的史诗剧，邻近与遥远的相互作用。做梦就像抒情诗，带我们经历光明与黑暗的自然循环：昼夜往来，寒暑更替，如此等等。梦又像悲剧中的情形，也经历着兴盛衰亡的根本节律。

[12] 自我沉溺(self-submergence)的观念让福柯兴奋不已，更加增强了他的自杀倾向：“每一种自杀欲望都是由一个特殊的世界填塞的。在那个世界中，我不再于某一处在场，而是处处在场。这个世界对我透明，并且标示出它受惠于我的绝对在场。自杀这种方式不是要勾除这个世界或我自己，不是要与世界同归于尽，而是要重新发现我为自己塑造世界的那个原初时刻。”(Foucault，1993，p.69)幸运的是，在福柯后来的生涯里，他对个人影响和承认的欲望战胜了对个人灭绝的欲望。

[13] 另一位极具影响的人是康吉翰。巴什拉尔和康吉翰继承的是让·卡瓦耶和亚历山大·柯瓦雷的衣钵(20世纪30年代，埃利亚斯与后者在巴黎有所接触)。参看Elias，1994b，p.50。

成的更大聚合中。

巴什拉尔及其同事认为，不应只是从消极负面来看待诗人和其他艺术家的创造性想象力，认为它妨碍了学科化 / 规训化(disciplined) 的科学思维，而是应从积极正面的角度，把它看成是理解现实的替代途径。他们还认为，思想生活与文化生活也受制于组织知识、领会现实的方式上的大规模突发分裂、“认识论”断裂、剧烈转型。

他们还认定，在这些根本的断裂之间出现的每个自成一体的历史时期内部，都能在不同科学的内部结构中找到相似性：概念上的相似，方法上的相似，话语上的相似。每个时代可以说都对世界有自己的“看法”，这会渗透到其知识与思想的方方面面。

不过，只有具体的经验研究，才能了解各个时代的科学和其他知识形态的相关信息。这就意味着要进行细致的挖掘，深入各个沉积层，汇聚一切证据。通过这个过程，历史学家可以发现使各个时代别具特色的那些结构原则，并考察这些结构是如何生产出来，又是如何转化的。

这些观念中有一些影响了结构主义者[14]，比如路易·阿尔都塞(巴什拉尔的门生，福柯的朋友)。话说回来，尽管福柯曾一度听任世人将自己视为结构主义者的某种“同路人”，但实际上，他却想方设法地远离这场运动。

福柯在自己的作品中置于核心的并不是“结构”，而是“实践”，即人们在一系列特定情境中具体的思考、感受和行事方式。这里的实践既有社会实践，也包括心智实践。它们既涉及物质资源，也涉及情绪和感知。福柯感兴趣的是怎样的结构化过程积极塑造出具体实践，比如我们怎样处置精神病人，如何对待罪犯，怎样打理我们的性生活。

福柯间接区分了两种结构化。一方面是普遍的“根本坐标”对人的生存

[14] 所谓结构主义者，包括社会语言学、心理学、社会人类学和哲学等领域的思想家，比如雅克·拉康、克劳德·列维－斯特劳斯、罗兰·巴尔特、吉尔·德勒兹等人。概而言之，结构主义者主张，在表层外观之下，还存在隐藏的结构。这些结构作为创造性的源泉，产生了我们视为言说行为、心智意象、社会神话 / 迷思(myth)、文化符号等的现象。这类现象充满活力，随时而变，就像红绿灯的色彩变化模式，或是电视广告变幻闪烁的影像。不过，这些转型还是有秩序、可理解的，其运作有一定的界限和路径，受结构的基本特性和法则式规律所确定。这样来谈结构主义，显然会引发许多问题。比如说：结构位于何处？在心智中，文化里，还是“存在”的性质上？在什么意义上可以说这些结构“存在”？

<101> 进行的结构化，如远近、明暗、兴衰之间的相互作用。[15] 另一方面是在特定的历史时代中，渗透并控制精神的特定制度话语（如在学校里、法庭上、诊所中）对社会实践与心智实践进行的结构化。

这两种结构化的后果是不一样的。史诗、抒情和悲剧的艺术形式，拓展了我们对人类境况的感受。与此相反，福柯指出，现代性的制度话语封闭了生存选择，化约了人类体验的可能性范围。

不过，这种立场是间接的，而不是直接的。福柯并未致力于就存在的性质（结构和实践"是"什么？），或知识的性质（我们如何"知晓"它们之所是？）提出属于自己的详尽或统合的哲学立场。对于搞出一套"宏大理论"，他也不感兴趣。他的理论概念就是解剖自己体验的切割工具、实用手段。这些工具是在工作台上创造出来的，散落各处。它们并不构成一个"系统"。福柯是一个研究系统的历史学家，而不是缔造系统的人。[16]

让福柯兴奋的是两套相互关联的研究规划。在这里，我们重新确立了与埃利亚斯之间的关联。这两套规划，一个是通过细致的历史研究，揭示实践的结构化在不同的时代中都是如何发生的（容待后叙）；另一个是针对最基本的人生利害，提出并阐明自己的根本观照。

埃利亚斯和福柯贯彻了不同的观照，对世界如何运作、如何契合各自都有敏锐的洞察。前者非常关注互联与分离，强烈地感受到塑造生活潮流与漩涡的往来起伏。后者则关注压迫性的约束与爆发性的宣泄这两种形态之间的辩证关系。

无论如何，两位思想家可以说都受观照引导。埃利亚斯曾指出，"我的体验就是：慢慢看到了一些新的东西，一些以往不知道的东西，我就是在示范：这个能做，这个值得费点工夫……对于一名科学家来说，这是正常的工作方式。你先有了个问题，有一天恍然大悟，就有了解答。你不是拼命去想

[15] 如前所示，福柯相信，这种结构化过程体现在某些梦幻般的意识状态，创造性地体现于某些艺术形式，狄奥尼索斯式和阿波罗式这两种冲动，就融合在这些意识状态和艺术形式中。

[16] 他在索邦的教席头衔不可忽视：思想系统史教授。

想出来的，而是突然就有了。”(Elias，1994b，pp.75—76) [17]

六、一些共同点

福柯和埃利亚斯解读现代性景观的方式纵然不同，但对其中三处最重要的场所，他们却达成了共识。比如说，福柯和埃利亚斯都像阿伦特一样，很推崇比较安定的境况，这能使人们自主做出理性决定，践行高度自治。这是一种共同的理想。两人之间的分歧在于，埃利亚斯相信，这种境况未来可能更加普遍；而福柯则认为，这是在遥远往昔某些群体享有的境况，在现代社会中毫无可能。

福柯和埃利亚斯都认为，在这种理性自控的情形之外，还有两种替代选择。一种是异治的情形，受制于某个威权主义的中央统治者。埃利亚斯发现，德国人的惯习和社会人格很容易受到这种外部中心控制的影响，这在一定程度上能够说明德国的政治发展态势。不过，如前所述，他认为德国的个案属于特殊情势的产物，并非典型。在他看来，德国的个案实属例外。 *<102>*

与此相反，福柯相信，通过话语实践和非话语实践的运作，对身体和精神实施异治性的控制，属于“正常的”现代境况。这里就包括了法国，文明化过程的心脏。福柯称，法国大革命后，警方试图打造“一套机器……与整个社会体范围相当……不仅其所蕴含的极限边界相当，而且关注的细节的程度也是完全一致。”(Foucault，1977a，p.213) 更一般的说，他认为现代性创造出了“驯顺的身体”(Foucault，1977a，p.135)。这些身体受制于“持续不停的强制”(Foucault，1977a，p.137)，成为“新型权力‘微观物理学’的对象”(Foucault，1977a，p.139)。

埃利亚斯与福柯都认识到还有另一种替代情形，就是将社会失序与人格层面上的不安定融合在一起。同样，有关背景的问题造成两人的分歧。埃利亚斯认为，失序和不安定是文明化过程早期盛行的境况，但不幸的是，在像德国的现状这样的去文明化过程中，这类境况很容易卷土重来。他希望

[17] “我们要搞清楚，我们缺的是一些概念模型，以及更进一步的一种总体观照，凭此可以更好地协调我们对于作为个体的人和作为社会的人群的想法。”(Elias，1991c，p.75)

可以避免这类体验。

福柯的立场又一次有所不同。如果说，唯一切实可行的替代选择就是压迫性的现代性体验，那么福柯宁愿选择扰乱，最终便是一片混沌。他严肃地认为，流经我们的那些强大驱力，正是宇宙力量的震荡余波。我们应当接受，自己就生活在一个令人不快的混乱世界中，应当根据那些塑造我们生命的强大力量做出“调适”，领受我们遇上的苦难，把握我们能够享有的快乐。

至于在理性自控、威权异治和失序这三种选择中，哪一种较为可取，而在现代性下，促成它们或压制它们的那些境况又有多强，福柯和埃利亚斯并没有什么共识。不过，他们的确都认为，不管那些境况是什么，主要影响它们的那些过程都超出了人类的计划范围。换句话说，社会变迁的方式在很大程度上超出了人的控制。

来看社会变迁的问题，埃利亚斯和福柯在这一点上的会通程度令人惊讶。先来谈福柯，他的研究基于他作为一名历史学家的实践，而不是任何概而论之的方法论。至于他真正有关方法论的论述，福柯采取了尼采式的立场，肯定了谱系学思路的重要性。

换句话说，他认为，历史学家应当把我们当下的境况看做形形色色权力
<103> 斗争和偶然事态的结果。应当把当下看成从一个复杂的“世系传承”中“涌现”出来，必须借助艰辛的研究，拼装出其细节。[18] 在这里，福柯是要避免某些“形上”史学家所固有的目的论：“形而上学者将当下的需要置于起源，说服我们相信一个含糊不清的宗旨，从其兴起那一刻，就在力求实现自身。谱系学则努力重新确立多种臣服系统：不是可以预见的意义的力量，而是属于偶然的支配的游戏。”（Foucault，1984，p.83）

不过，当福柯着手撰写《性史》第二卷时，他开始在“属于偶然的支配的游戏”中看到了一些节律与模式，与埃利亚斯认识到的非常相似。之所以如此，原因之一可能是在这部作品的第二卷和第三卷，福柯走出了压迫性的现代性诸领域，走进了希腊罗马的古典世界。研究至此，他提出的分析与

---

[18]　比如说，如果我们想理解我们的视觉的历史，或是惩罚制度的历史，那就应当认识到，“眼睛并不总是用来沉思，惩罚也不单单旨在以儆效尤。这些发展……无非是一系列征服的当下情节：眼睛最初是要回应狩猎的要求；纵观其历史，惩罚也受制于各式各样的需要，从复仇、除掉挑衅者、补偿受害者到制造恐惧。”（Foucault，1984，p.83）

埃利亚斯的《文明化过程》及其他一些著述，尤其是《宫廷社会》，以及一篇题为“变动不居的两性权力均势——过程社会学研究一探”的文章（Elias, 1987a），有着惊人的相似之处。本章接下来两节，我将探讨这些相似之处。[19]

七、夫妻之间

乍看之下，会通的迹象似乎并非一目了然。《规训与惩罚》问世两年之后，即1976年，《性史》第一卷初版刊行。初读起来，你很快就会产生这样的印象：对于《文明化过程》中深层蕴含的有关精神范畴的弗洛伊德式分析，福柯非常不赞成。

诚然，福柯的靶子或许是马尔库塞，而不是埃利亚斯。但不管怎么说，对于同时读福柯和埃利亚斯书的人来说，效果会是非常负面的。福柯抨击弗洛伊德的“压抑假设”，对于有人提出不妨从对于力比多冲动的表达的心理控制角度切入来说明现代社会的运作，福柯嗤之以鼻。[20]

尽管在背景上如此水火不容，埃利亚斯的著述与福柯《性史》的第二、三卷之间还是存在相当的会通之处。这两卷分别题为《快乐的享用》和《自我的照看》，福柯在书中考察的问题是：在古典时期的希腊和罗马，哲学家和医生把性活动的哪些方面看做是值得追问的。

透过这几卷著作，福柯发现，存在一种不具压迫性的理性形式，不同于垄断性的“求知意志”。后者是在现代规训社会中，通过职业等级秩序和国家，强加在各种客户、犯人、新兵、学生和病人身上。早在《癫狂与文明》中（Foucault, 1967），福柯已经在文艺复兴时期的习俗中，发现这种有着严重缺陷的现代理性之外的替代选择。那时的众生男女对于非理性的（irrational）感情和与理性无涉的（non-rational）心智状态，会认真对待，视为潜在的真理之源，是以不同的视角来看待世界。它们并非会对人产生威胁，而是使人更加丰富。 <104>

[19] 本章余下部分将在一定程度上借鉴笔者最初在Smith, 1999a以及Smith, forthcoming, a中提出的观点。

[20] 参看Foucault, 1978, pp.10－13。

然而，古希腊罗马树立了另一种样板。福柯发现，那些社会里的许多公民能在其权力处境和知识施加的界限内，贯彻一种基于理性自持和追求快乐的精神（ethos），这种对快乐的追求并不会导致健康不佳。福柯的关键结论之一是，从公元前4世纪以降，在六百多年的时间里，罗马人的妻子变得越来越有权力，性关系则越来越拘谨苦行，严守约束。

如其所言，"对于性活动及其带来的快乐，出现了一整套道德反思，似乎标志着在我们时代的头几百年里，出现了苦行主题愈益增强的趋势。医生们担心性活动的后果，絮絮叨叨地建议禁欲，并且明言崇守贞，抑享乐。哲学家则谴责任何婚外性关系，规定配偶之间严格效忠，不容任何例外。"（Foucault，1988a，p.235）[21]

在福柯看来，这些变化是婚姻内部变化和罗马帝国结构变化造成的结果。比如说，婚姻越来越成为公法关注的问题。与此同时，政府事务也逐渐落入少数公民手中。上等阶层的丈夫绝大多数并不直接参与公共事务。

或许是凑巧，1985年，埃利亚斯曾有过一次讲演，并在此基础上撰写了有关变动不居的两性权力均势的文章。而就在前一年，福柯《性史》的第二、三卷出版。

埃利亚斯的观点与福柯的颇有不谋而合之处。他注意到，当罗马人还处在部落社会时，往往要诉诸强力把妻子从娘家抢出来，许多情况下还给回某种赔付作为交换，以此赋予这个过程合法性。由于女人就此成为丈夫的财产[22]，他"可以随心所欲地处置她"（Elias，1987a，p.293）。"罗马共和国并不具备相应的制度手段，将民众的性生活乃至婚姻置于国家控制之下。"（Elias，1987a，p.295）

所有的婚姻法都离不开家长和部落长老的决策。当共和国变成帝国，事情也就起了变化。最成功的部落武士会获得大量地产，变成贵族。在这些新的情势下，女儿们就成了世家游戏中的工具[23]，联姻被用作政治交易的誓约。

---

[21] 他又补充道："不仅如此，学说原则上的某种否定似乎也孕育了对男孩的爱。"（Foucault，1988a，p.235）

[22] "chattel"，指动产，也引申为奴隶。——中译注

[23] "pawn"，兼有"小兵小卒"、"典当抵押"等多义，在此皆适用。——中译注

与此同时，罗马的国家的影响越来越大，并越来越有效。婚姻被纳入公法和民政的范围。如此一来，公共官员就能提供某种保护，基于妻子的利益，对抗她们的丈夫。埃利亚斯提出，到公元前1世纪，“夫妻之间几近平等”(Elias，1987a，p.300)，女性成为“能在婚姻中自我管理的人”(Elias，1987a，p.304)。她们受到的教育有所提高，离婚也更加方便，并有能力“发展成为我们今天所称的个体”(Elias，1987a，p.310)。

由于妻子与娘家亲戚保持着密切关系，营造自己的社会网络，发展集体 <105>
行动的技能，“已婚男女彼此的交往上”就会形成更高程度的“自我规训”，甚至是“一种奇特的冷漠”(Elias，1987a，pp.301—302)。其实，女人不被允许参与政治和公共事务，也增强了夫妻之间的社会距离。埃利亚斯提出，婚姻平等这一“罗马遗产……一定程度上是由罗马化的教会所推动”(Elias，1987a，p.313)。他发现，“它的势力……可以被感觉到……影响了罗马法和教会法，中世纪开始后很久依然如此。”(Elias，1987a，p.304)这便反映出，事实上，婚内平等持续的时间“长得惊人”，甚至“当国家组织开始衰微，西罗马帝国尤甚，因此也是业已达到的文明水平的条件开始衰微”(Elias，1987a，p.309)，这种情形依然在延续。

根据埃利亚斯的说法，平等化进程也带来了“女性社会惯习或人格结构的变化……并延续了整个罗马时期，一直到进入基督教时代之后许久”(Elias，1987a，p.301)。福柯进一步推进了埃利亚斯的观点，提请人们注意，这个局面中有一个维度是埃利亚斯未曾关注的：在罗马帝国时期，有关公民权的观念发生了变化。具体来讲，投入公共生活不再被视作全体公民的职责，而开始被认为是一种特别的活动，是否参与，属于“个人选择”(Foucault，1988a，p.87)。这种变化的后果之一，就是成年男子不得不反思，自己在公共生活和私人生活中应当扮演什么样的角色。

自我的这种问题化逐渐蔓延到好几个领域，包括性行为和夫妻关系。不仅如此，福柯还提出，随着帝国时代的推进，婚姻变得越来越远离政治。如其所言，“在特权阶层，地位和财产开始取决于是否亲近王室，依赖于民事或戎马‘生涯’，仰仗于‘生意’上的成功，而不仅仅是家族之间的联盟。”(Foucault，1988a，p.74)福柯的这一分析与埃利亚斯并无不同，后者讨论了现代早期法国安定化的宫廷贵族的处境。他指出：“国王凭其个人喜好，即可缓解甚或防止一个贵族家庭沦人贫困。他要想帮助这家贵族，可以颁授宫廷职位，也可以在军中或外交上给其安排个差事。”(Elias，1983，p.71)

福柯对罗马人婚姻的讨论具有过程性，并补充以另一些型构性的段落，其中他指出，到公元前2世纪，罗马帝国已经变得幅员辽阔，不相连续，富有弹性，高度分化：“在这个空间里，权力核心是多重的，其中的活动、张力和冲突难以胜数，趋向各异；经历各式各样的往来交换，达致某种均衡。”(Elias，1987a，pp.82—83)

罗马已不再是一个由持有土地、自我管理的公民—战士组成的小社会。在罗马帝国中，“要想通过对抗性游戏，展示并确保相对于别人的优
<106> 势……就必须整合到一个宽广和复杂得多的权力关系场域中去。”(Foucault，1988a，p.95)诸如此类的行文表明，在《规训与惩罚》出版后那一段时期，福柯趋向了埃利亚斯的路数(Foucault，1977a)。

在其最著名的书中，福柯描述了一个规训社会，并致力于揭露和颠覆这个社会。他自称已经能够听见“远处的战火震天”(Foucault，1977a，p.308)。到20世纪80年代早期，他可以采取一种更为超脱的取向，展现出更多的敏感，捕捉人际关系中复杂的互赖性，更加关注在人类互赖的复杂链条或网络中历史变迁的细微之处。

八、性与文明

行文至此，在埃利亚斯与福柯用来说明他们都觉得十分复杂的社会发展序列的观点中，我们已经点明了一些重要的交叠之处。现在该来看看，他们在考察两个不同历史时代中管理自我的相关实践时，方式上有哪些颇有意思的类似之处。一个时期是《快乐的享用》和《自我的照看》中分析的从公元前4世纪到公元2世纪，另一个时期是埃利亚斯在《文明化过程》中关注的从12世纪到18世纪。

福柯和埃利亚斯都利用了各种指南(advice books)，以了解这些历史时期中的行为标准与精神运作方式。这些出自当时人之手的指南主题广泛，包括如何掌控你的身体和感觉、如何与他人共处、如何应付棘手情境等。这些指南告诉其读者“应当”做什么，因此是关于当时标准的有用导引。“应当”

的意思并不一定是“哲学的”或“道德的”。相反，它说的是什么最有效，或是能给别人留下最好的印象。同理，在法国宫廷里活动的人们想当然地认为，做一名廷臣，如果能够表现出合桌共餐时举止得体，对待异性时行事妥当，无论何时都能风度合宜，谈吐自如，那他的政治生涯就会节节攀升。

在这一点上，有一个共同的问题将福柯与埃利亚斯维系在了一起。他们都非常关注，我们如何“掌控”或“应付”我们的身体冲动，我们如何理解“自我”及其内涵、能力和义务，这两方面之间有何关联。他们也都力图揭示人类行为的某些领域的复杂性，在这些领域中，人们掌控饮食男女、吃喝拉撒之类自然机能的方式，与他们如何通过掌控自己的健康、婚姻、交友模式与政治手腕来维持生存或提升地位，两者之间有密切关联。

就埃利亚斯而言，他首先注意到，在德国中产阶级中，当时有一整套看 *<107>*
待“得体的”社会行为的态度。然后，他着手揭示并说明，这个阶级是如何逐步接受那些态度中表现出的，至少是间接表现出的特定的本体论和伦理准则。福柯也采取了类似的思路，分析希腊罗马人在看待性关系这一具体领域中的“得体”行为时的态度。他首先提出一个实际问题：“**应当**如何行事？”然后揭示道，在这个问题之下，是有关伦理行为的目标的本体论议题和追问。

早前，在《快乐的享用》中，福柯曾引述苏格拉底的意见，后者谴责老年男人对“温雅少年”的爱，这些少年一个个“都涂脂抹粉，锦衣华饰”(Foucault, 1987, p.19)。他指出，苏格拉底的议论表现出，“在古代的道德思想中很早”就能发现“有关性苦行的……一个主题丛”(Foucault, 1987, p.21)，并在六百年间愈来愈强。换言之，福柯并没有简单接受苏格拉底议论的表面意思，而是深入探究，其中表现出的道德态度，如何维系着以某种方向历时而变的特定“经验轴”和“具体关系丛”(Foucault, 1987, p.23)。

无独有偶，埃利亚斯也深入挖掘 18 世纪晚期，“德国中产阶级知识分子”对法国“文明”的道德批判。根据康德的讲法，他和他的同时代人都“得到高度的教化，承载了各式各样如何保持体面的社交礼节，不堪其重……道德这个观念就是文化的题中应有之义。但实际应用这个观念，就只是貌似道德，其实是图慕荣誉及其外在的体面，无非趋向文明化。”(Elias, 1994a, p.7)

同样，埃利亚斯并不只是简单接受这种讲法的表面意思，而是进一步探究，在文明化过程的具体型构中的具体体验，如何导致法国宫廷贵族中出现

“礼貌”，而在德国资产阶级中却导致“文化”(Elias，1994a，p.7)。他认为，德国资产阶级成员在很大程度上被排斥出“名流”，培养出“一种非常特别的资产阶级自我意象，(蕴含着)…… 远离任何涉及权力垄断管理的事情……培养内省，是在各种价值观念的列表中，将精神和文化方面的成就提升到一个特殊位置。”(Elias，1994a，p.512)

埃利亚斯和福柯各自如何理解在相比较的两个历史时期内发生的行为标准上的变化？他们都提到了政治结构变化，它们的性质大体相仿，但绝非雷同。结合福柯的观点来看，关键在于，随着罗马帝国越来越集权化、官僚化，罗马公民的处境也发生了转变。而对于埃利亚斯的观点来说，同样重要的是，随着封建社会趋于安定，更加强大的王室权威逐渐形成，欧洲的世俗上层阶级也发现面临新的处境。

<108> 这种类似并非准确对应。罗马帝国实现的集权化权力垄断，其稳定程度并不如绝对主义时期的法国王室。不过，在两个案例中，集权化的程度和互赖网络的复杂性都大大增加。在几代人的时间里，罗马的公民和中世纪的骑士都变得越来越不自主，生活也变得越来越麻烦。在两个案例中，他们都失去了许多此前伴随地位提升而来的社会功能。比如说，他们不再能自由地为自己而管理、为自己而战斗。

无论是公民还是骑士，其反应都是双重的。他们满脑子想着把自己社会地位的外部标示搞得更精致，并深深执迷于自我的性质。比如说，法国的廷臣被剥夺了自己作为封建武士的旧有功能，转而寻求社会声望。他开始变得极具自我意识。用拉布吕耶尔的话来说，廷臣是“自己姿势、眼神和表情的主子；他深藏不露，难以揣测。”(Elias，1994a，p.473，p.476)

而在公元头两个世纪的罗马有产权势集团中，这种行为模式、这些感觉、这种自觉意识都能找到：“一方面，任何事情，只要能使个体根据自己的地位，根据以最明显可见的方式展示自身的那些要素，来界定其身份 / 认同，都会趋于增强。人要借助一套记号和标志，事关举手投足、衣装面容、如何慷慨宽宏、如何花钱消费等，以尽可能符合自己的地位。…… 但在相反方面，人又会发现一种新的态度，在于将自己塑造为、认识为自身行动的主体……通过一种关系……落实于对自身实施的主权。”(Foucault，1988a，p.85) 追求地位与关注自我密切关联。

在罗马帝国时期，政治活动是少数人审慎思考后选择的一种职业，参政需要某些特定技能，包括有能力做出理性判断，有能力为这些判断承担责任，有能力安全通过复杂的社会行政阶序。同样重要的是，让公开形象与内在自我保持分离，必须维持适当控制，避免树敌，因为盟友并不长久。福柯常常引用塞涅卡。而在埃利亚斯这边，则善加利用圣西门公爵的回忆录，这部文献刻画了法国宫廷的生活，洞见迭出，颇具价值。塞涅卡和圣西门公爵都强调，需要保持理性，展现出对于他人的敏锐体察，并保持切合实际的目标。

埃利亚斯和福柯在分析行为标准的长时段变迁时，都结合了当时一些相关观念：自我的性质为何，避免特定身体机能或活动的欲望有多强[24]，焦虑或恐惧有多厉害，政治集权到什么程度，以及互赖链条的密度与复杂性。比如这些因素当中的头一个，即有关自我的观念，福柯的观点就与埃利亚斯有显著差异。

九、自我作为问题 <109>

在《文明化过程》一书中，埃利亚斯提出，在相当长一段时间里，随着人们培养起越来越强的自觉意识和自我控制，人们考虑与身体机能直接相关的任何东西，都开始带有愈益增强的窘迫感和羞耻感。人们面临越来越大的压力，要将诸如此类的机能和活动隐藏在后台，避免谈及，觉得要有所抑制。随着人们变得越来越文明，也越来越容易感到羞耻和厌恶，对于与性有关的感觉和活动尤其如此。

福柯同样认为，自觉意识的程度与对自我控制的关注同时增强。不过，他的观点与埃利亚斯颇有差异。按照福柯的讲法，希腊人预设，"在一个人对自身实施的掌控、在家庭里实施的权威和置身对抗性社会中实施的权力之间，存在密切关联。"(Foucault, 1988a, p.94) 当社会不那么复杂时，这些预设效果不错，成年男性公民占据支配位置。

然而，六百年后，当家庭内部的互惠和平等程度大大提高，这些预设就不再那么适用，地方城市政治归入"广泛得多、复杂得多的权力关系领域"

[24]　换言之，即（埃利亚斯分析中）"厌恶的阈限"或（福柯分析中）"苦行"的程度。

(Foucault, 1988a, p.95)。社会政治复杂性不断加剧，导致人类日益焦虑，他们置身一个被视为愈益复杂、暧昧和难测的世界，担心遭受伤害。成年男子不再能够感到，自己对家庭的掌控，以及作为积极活跃的公民在公共舞台上的合格表现，有助于巩固对自身的掌控感。

传统期待如此受到破坏，使自我这一问题意识成为一项伦理规划。行事举止该当如何？对自身该做何期待？注意力集中于自我，但在福柯眼中，这并不会导致对人的性的态度发生根本变化。性并不会在自觉意识中被放大，成为比从前更加邪恶或本质上更加危险的东西。

事实上，根据福柯的结论，在他所考察的六百年里，性观念并未发生巨变。人们认为性会产生糟糕的副作用：耗人精神，扰人平衡。在整个这段时期，人们都把性看做一种自然力，认识到它有能力扰乱理性，并小心谨慎地处置性。这种态度并没有发生显著改变。这段时间里真正发生改变的，是看待主导人在公私事务中举止行事的规则的大众态度。

人们开始愈益自觉意识到，个人需要为选择承担责任。他们逐渐意识到，生活中各式各样的个人安排都很容易在不经意间发生骤变。人们认识到，
<110> 社会网络是动态的，人在里面的处境始终只是暂时的。对于性的看法并没有什么变化。关键在于，在一个更加复杂的世界里，如果没能处置好性，后果会更加严重。因此，必须更加小心谨慎地对待性。

诚如福柯所言，“性快乐作为伦理实体仍然受着力的关系的主宰，人必须与这种力斗争，主体被期待确立自己对它的支配。但在这一暴力、冗余、反抗和战斗的游戏中，愈来愈转而强调个体的虚弱、脆弱，强调个体需要逃避、逃逸、自我保护、自我庇护。”(Foucault, 1988a, p.67)

福柯提出，在基督教传播的同时，还有一场重大转变，把性看做令人厌恶的、邪恶的。基督徒非常关注罪的问题，并逐渐学会担心自己的肉体成为诱惑之源，导致邪恶，招来惩罚。基督徒要服从“一条普遍律法，而这同时也是位格上帝的意志。”根据这种法，要想实现这种伦理成就，就必须舍弃此世快乐，使自己的欲望变得纯净。生命的任务就在于解读自己的灵魂，服从规制：忏悔、苦修和憎恨肉体。通过这类方式，基督教鼓励更进一步、更加彻底地将自我重新界定为一套伦理规划。

根据福柯的讲法，忏悔规制的问世，揭启了一个可以回溯好几百年的长

期社会过程。在《性史》中，福柯回溯了西方社会里一场分阶段的过渡，从"伦理取向"的道德转向"准则取向"的道德。[25] 他的分析区分出四个阶段。在第一个阶段，占据主导地位的是伦理取向的道德，以理性的自我主宰为基础，其焦点是修炼（askesis），换句话说，就是训练养成自我主宰。在第二个阶段，这些伦理取向的道德变得越发严苛。性开始被视为需要保持距离、小心对待的东西。他细致考察了希腊罗马社会的这几个阶段。

到了中世纪期间的第三阶段，在基督教的影响下，"准司法"（Foucault, 1987, p.29）的准则取向道德变得更具影响。它们强加了严格的戒律，最初是在修道院，最终推广到一切平信徒。核心的修炼就是忏悔和苦修，这就在思想、感觉和行为等方面激发起对性的广泛关注。而在第四阶段，教会的角色被科层国家、现代科学和世俗职业所接管。教师、医生、人口计划制定者及其他方面的"专家"，以有关性的话语作为首要中介，贯彻求知意志和权力意志。

十、小结

对于法国大革命以降的现代社会，埃利亚斯和福柯有不同的分析。但
对于罗马帝国，他们的讨论却有显著的会通之处。比如说，他们不约而同地 <111>
提出，随着帝国变得越来越大，越来越复杂，建立起可观的国家官僚体系，
妻子在罗马家庭中的位置也就趋于增强。当然，两人论述的细节还是有些
不同的。

埃利亚斯和福柯所遵循的经历欧洲中世纪的道路彼此互补。概而言之，埃利亚斯集中考察了将封建武士转化为守礼廷臣的那些社会过程，而福柯关注的则是，修道院环境下发展出的那些修炼活动，经由哪些相关的社会过程，转化成神父对教友实施控制所使用的技术。至于两人之间的共同点，按照埃利亚斯的认识，就是在前现代时期实施社会均衡的两种主要手段。

埃利亚斯指出，在罗马早期和欧洲中世纪早期之类的社会里，"除了拼

[25] 在其学术生涯的这一刻，福柯悄悄放弃了此前的历史分析模式（例见《词与物》），不再在时代之间强加截然、绝对的断裂。

杀打斗的潜力，构成社会权力同样重要的源泉的，就只是占有魔力，因此，神父职责就与武士职责并肩而立。”(Elias，1987a，p.294）在罗马的部落氏族时代，武士头领和氏族统领也充当着神父的角色。

埃利亚斯并没有忽视基督教在塑造文明化惯习方面发挥的作用。比如说，他提到，“传统教士行为中的特定趋势”，导致“有节制地约束情感，规训化地塑造行为”(Elias，1994a，p.83)。他还承认，“在中世纪社会的某些部分，我们发现有极端形式的苦行禁欲、自我约束和否弃。”然而，尽管埃利亚斯主张，这些行为模式有别于“安定化的社会空间”中能看到的“更加摆脱激情的自我控制”(Elias，1994a，p.451)，福柯感兴趣的却是宗教仪轨对那些循例“摆脱激情”的社会行为形式所发挥的影响。

埃利亚斯和福柯在研究议程上有所交叠。他们都希望考察，塑造自我的那些社会压力和约束，在结构上是怎样变化的。就理解社会的过程性、型构性而言，后期的福柯与埃利亚斯取得了会通。话说回来，即便是早期的福柯和埃利亚斯，即便是在两人意见分歧之处，分歧也往往只是机制或过程的**具体意涵**，至于这些机制或过程的重要性和整体性质，两人的意见还是一致的。

比如说，两位论家都对下面这种状态非常感兴趣，即相对不受控制的感觉所驱动的不受抑制的行为。福柯和埃利亚斯都相信，前现代的众生男女相比于他们在现代的传人，要更容易接触到这种体验。按照埃利亚斯的说法，“在武士社会，个体要是足够强壮有力，就能使用身体暴力；就能在后来被社会禁令封闭的许多方面不加掩饰地放纵自己。但这样扩大直接享乐的机会，他也会为此付出代价，即更有可能面临直接的恐惧。中世纪的地狱观念让我们看到，人与人之间的这种恐惧有多强烈。喜乐哀痛都可以更加自由
<112> 地释放。但个体却沦为自己的**囚犯**；他被自己的感觉来回驱使，就像被自然力左右摆布。他对自己激情的控制力下降了，激情对他的控制力则加强了。”(Elias，1994a，p.452；黑体格式为引者所加）

福柯想来也会接受这种描述，但会有一个更改：在埃利亚斯看来就像是激情对自我的囚禁，在福柯看来则像是同样这些激情对自我的宣泄。[26]

另举一例。两位学者都做出了一个至关重要的区分：一边是那些扶持各

[26]　有关福柯对地狱、天启及相关景象的前现代观照的讨论，参看 Foucault，1967，pp.15—22。

类理性的社会过程或社会力量，另一边是那些助长各类非理性的社会过程或社会力量。埃利亚斯写道："人们不管在什么地方彼此相遇，都不能直面处在原初状态下的心理功能，也就是尚未受到社会习得模式安排的自然状态。或许只有疯子才是例外。"(Elias，1994a，p.487) 同样，福柯也赞同这种立场，但更进一步得出的结论却与埃利亚斯迥然不同。在埃利亚斯看来，理性和控制的增长促成了更具人性的生存状态。福柯则认为，压制非理性，意味着丧失了与人的创造性的一个重要源泉之间的接触。[27]

上文曾经指出，埃利亚斯就像是在激流漩涡中生存下来的渔夫，福柯则自比全景敞视监狱中遭受监视的囚犯。但是现代性则将这两种境况都包含在内。既有激流漩涡，也有瞭望塔楼。两者的运转轨迹都很可能将人类拖陷其中。要想理解现代性，我们需要兼采福柯与埃利亚斯之长。不过我们还需要借鉴鲍曼的洞识，这是下一章的主题。

---

[27] 参看 Foucault，1967。

第六章 <114>

鲍曼与埃利亚斯

一、后现代性：福兮祸兮？

鲍曼和埃利亚斯都出身犹太人家庭。他们都出生在城市里，两座城市相距只有一百五十公里。不过，他们来自不同的社会阶层，不同的民族，不同的辈分。[1] 这些差异有助于说明，年轻的时候，为什么埃利亚斯希望成为一名德国大学哲学教授，致力于赓续德国“文化”的传统，而鲍曼则想当一名马克思主义革命分子，为社会主义而战斗。

两人的早期生涯都遭到反犹主义的破坏。不过，他们在作出反应时，主要都不是作为一名犹太人。埃利亚斯是作为一名德国知识分子，鲍曼则是作为一名马克思主义知识分子。两人都试图对让自己失望的思想传统进行重构。埃利亚斯是要用埃利亚斯式的社会学来取代康德哲学。而鲍曼最初是企望提出一种更具现代意味的马克思主义，后来又探求一种后现代伦理的可能性。在细致比较鲍曼与埃利亚斯之前，最好能先多谈谈鲍曼的“后现

[1] 重申一遍，鲍曼出生于 1925 年。

代转向”。

鲍曼在20世纪80年代中期做出了他的“后现代转向”[2]。自那以后，十多年来，他一直在探讨后现代居所的性质，他认为我们注定要生存在这样的环境中。在鲍曼眼中，占据这个居所的是无根的陌生人，因为承载了过多的暧昧而迷失了方向。

这些漫游者试图尽可能找到舒适、安全和秩序。方式之一就是从商城中购买所需道具，以装扮值得想望的生活方式。另一种方式是从健康、美容、择业、社交等方面的“专家”那里购买服务以找回自信。有些人为了找到自己的位置，从众多彼此竞争的新部落中挑选些来参加，从黑天会（Hari Krishna）式的教派到球迷俱乐部，它们都有自己的符号崇拜，或是宣称有其别具风味的“真理”。

鲍曼提醒自己的读者，无论如今是否已是后现代，世界依然保持着富人和穷人之间、幸运儿和贫困者之间的分化。他向后现代的众生男女传递的启示是：承担起责任，在生命中做出自己的选择，唯一的导引就是你自己的判断，就是自己对于何为“正确”的感受。这又伴随着一种挑战：敢于面对你的内心，意识到自己为他人[3]存在的固有倾向，对他人希望得到照看的沉默要求做出回应。

<115> 鲍曼提出，我们拥有某种内在固有的倾向，想要表达我们的道德关怀，表达对于他人要求的认同。但在现代性下，实证主义的科学和教条主义的科层机构窒息了它。如果它者并不“契合”现代性下得到赞同的分类体系，就很可能归于灭绝。当人们不再执信于那些分类体系，以及使它们获得正当性的教义，就会出现后现代性这样一种心智状态。此时人们会发现三样事情：他们具备自由来做出自己的生命选择，不受外在意识形态权威的约束；他们不能回避那些选择；选择本身充满痛苦，十分艰难。

鲍曼在做出其“后现代转向”之前，在超过四分之一世纪的时间里，主要致力于“改善”现代性的前景。他提出了一种策略，要使现代性具备民主

[2] 详见Smith，1999b的相关讨论。

[3] 这里原文虽然是大写的“Other”，但我们并没有译作“它者”，而是恰恰要找回其与他人共在的意涵。后面科学和科层机构下的他人，则被化约为分类体系之外（实则促成分类体系）的“它者”。——中译注

和社会主义的性质：更加自由，更加平等，更加公正。这种策略汲取了马克思、葛兰西和哈贝马斯的看法，赋予了知识分子尤其是社会学家以领导角色。在鲍曼看来，他们的任务就在于鼓励社会群体之间展开开明、开放的对话，由此促成对共享利益/关注的认同。在通向社会主义乌托邦的创造性实践中，对话将会是一个重要方面。

换句话说，对于现代性究竟有多少潜力产生好的后果，鲍曼并不总是抱持他晚近提出的那种极度悲观的观点。不仅如此，鲍曼在其早期学术生涯中进行的研究中，已经体现出他有关后现代性的社会学中的好多要素。但那时他的目光尚未超出现代性，而是在现代性的界限内寻求自己的乌托邦。[4]

二、希望与失望

鲍曼的有些生平信息与我们的主题相关。他出身贫寒，生于波兹南(Poznan)，二战期间作为一名波兰军官，随红军作战。20 世纪 40 年代后期到 50 年代早期，他是波兰军队中的一名高级政工干部。在 1953 年的一次反犹清洗中，他的这一职务被罢免。随后，在 50 年代后期和 60 年代，他成了一位修正主义知识分子。1968 年，当局导演了另一场反犹浪潮，鲍曼被指斥为人民公敌。他决定流亡到西方。[5]

在 60 年代的波兰，鲍曼探索了国家科层机构、民众与知识分子之间的三角关系。他希望，在像他本人这样的知识分子的影响下，科层规划者会变成启蒙后的教师，进而提升民众的教育水平和理解层次。

然而，农民和科层机构之间的社会契约牢不可摧，是波兰社会的核心基础，鲍曼和那些抱持同样渴望的人们，没有能量作为有效的第三力量展开行动。对于这些成天谈论自由、似乎蛮享受不确定性的进步派知识分子，无论 <116>
是农民还是科层官僚都是冷眼相看。

---

[4]　鲍曼在其思想策略中融入了预见一个可能未来的过程。有关他对社会主义乌托邦的讨论，参看 Bauman，1976a。后来，他又将自己的直觉或“蕴示”系统化，以此建构自己关于后现代性的描绘。参看 Bauman，1992a。

[5]　生平细节取自 J. Bauman，1988 和 Morawski，1998。

鲍曼在流亡到西方世界后，依然恪守社会主义目标。与这种立场相伴随的是一种策略和一套批判，这两者都是最初在波兰时发展起来的。所谓策略，就是继续探索有多少"'客观角度'相关的机会"，来揭示东西方的历史处境，希望进步性分析能够切合时宜，为人倾听。这种分析将会包括社会主义提供的一种有关更好社会的积极观照，一种激发实践的观照。

而所谓批判，最初针对的是在20世纪60年代的波兰，由未经启蒙的科层官僚和高度遵从的人口创造出的那套社会政治秩序。鲍曼指出，国家社会主义未能面对三种挑战。其一，需要在公民和官员中培养强烈的个人道德责任感。其二，是让民众尤其是年轻人做好准备，承担任务，在复杂的城市—工业环境中，应对将会遇到的有关生活方式和价值观念的驳杂讯息。把上述两项挑战联在一起，就需要避免一个简而化之的解决办法：对于顶头上司发下的指令，照直服从，从不质疑。

在鲍曼抱守的关于社会生存状况的理想中，理性的、被解放的人以创造性方式践行其自由。他希望促进公民社会中的一种对话机制，这既是实现上述目标的一种手段，也是理想本身的一部分。知识分子的任务就在于鼓励普通民众承担起开明、理性和积极的角色，让社会变得更加自由、平等、公正。

到了20世纪80年代早期，无论东方还是西方，都发生了重大社会变迁。波兰团结工会在1980年取得了一些成功，鲍曼认为这似乎证明，工人阶级能在"集体行动"过程中经历"真正的集体习得"(Bauman, 1981, p.50)。与此同时，由于撒切尔夫人的保守党政府实施的激进改革方案，英国的政治体制也面临高度张力。1981年，英国许多城市爆发了骚乱。

80年代早期，鲍曼相信，在资本主义社会内部，"转型时期"已经到来："整个社会生产体系和需要满足体系似乎都处在尖锐危机中"。在他眼中，要解决这一危机，取决于"有关不自由和解放的问题的重新协商"(Bauman, 1981, p.198)。看起来，时机已经成熟，能够揭启一个彻底民主的社会，其中的公民在应对自己的事务时，所扮演的角色要积极得多。

鲍曼这一时期的著述都比较乐观。话说回来，这里有一个关键。他希望促进创造性对话和行动，但这取决于重新构建政治领域。如果民众更加认真地对待公民权，就会更加积极关注为本地做出更多的集体决策。他们的日常生活将会更加具有"政治性"。随着社会变得愈发民主，中央政府也减轻了调控社会生活细节的责任。

然而，这种寄望中的重构过程只发生了一部分。80 年代固然是一个“转 <117>
型时期”，但受惠方却并非地方民主体制，而是全球资本主义。国民政府固然变得不那么野心勃勃，放弃了更具雄心的策略：凯恩斯主义福利国家下的法团主义管理。民族国家也行将退出历史舞台，对公民日常生活的干预日趋减少。

不过，填补“保姆式国家”退场后留出的空间的，并不是公民，而是消费者。消费主义和全球资本主义的力量，轻而易举地涤荡了积极公民权和参与式民主。政府对于自己的国民经济的控制程度不如从前，其结果，控制失业水平、价格水平等的能力也有所下降。

到了 80 年代后期，情况已经十分明朗，民主社会主义并不是一种有竞争力的选择，至少并非指日可期。面临这样的情势，鲍曼重新思考他对现代性的批判，并修订了自己的结论。在 60 年代，鲍曼曾经主张，国家社会主义缺乏效率，尤其是未能应对道德责任和社会复杂性的挑战，这些都是实际的问题，只要领导人富有能力，眼光清明，策略正确，就能应对。

然而，到了 80 年代后期和 90 年代早期，鲍曼采取了更加绝对的思路。他修订后的观点主张，道德麻木盛行一时，使得现代性无法为人接受。不仅如此，亚文化的异质性也助长了一种暧昧氛围，彻底破坏了对现代性的信念。最后，对于现代众生男女来说，承担个人道德责任这一挑战也显得令人生畏，无法作为不言而喻的事情而直面。这些都不是能在社会主义现代性的背景下处理的实际问题。相反，它们是使现代性无法为人接受的根本缺陷。

三、到后现代性之旅

从追寻现代性中的进步要素，到探求后现代性中的人道维存，鲍曼完成了思想上的远航。他有关后现代性的分析所采用的思想工具，早在他奉行“现代马克思主义”的方法与目标之时就已成型。不过，鲍曼也承认，客观条件已经变得非常不利于他早前的策略，即通过对话和集体实践来实现社会进步。

如鲍曼所见，客观条件的这种变化，已经产生了后现代居所，无论是他，还是我们其他人，都不得不居处其间。我的解释是：既然鲍曼不得不生活在这一居所中，他也乐意加入后现代的游戏，实验新的形式与意义，尤其是在艺术和文学领域中。[6] 不过，这并不意味着他全盘放弃了自己此前的评判标
<118> 准，或改善人类处境的希望。事实上，他最近的作品可以部分解释为表达了一种信念：要改善我们的处境，首先就得尽可能清晰诚实地理解这种处境。

鲍曼只是缩小了自己的雄心，并没有放弃。他的武器还是旧有的，但目标的边界更加明确。鼓励社会群体彼此开放沟通，导向创造性行动，趋近“好”社会，这样的策略已经不复存在。之所以如此，原因之一在于，如鲍曼所见，后现代的公共领域绝非支持这类事业的合适状态。另一个原因是，鲍曼开始深切怀疑“制造出来的”群体团结形式。

相反，鲍曼转而关注新兴的但却是在迅速壮大中的后现代群体，即孤零的陌生人。在这一点上鲍曼延续了他的旧有策略，即鼓励开放的沟通和创造性行动。不同之处在于，现在被大力提倡的是个体之间的互动，而不是群体之间的互动。之所以说个体行动具有创造性，是因为当“我”实施对“他人”的关照时，也就加固了人际连带 / 团结（solidarity）的构造，而伦理行为就寓于此。尽管鲍曼并没有直言，但看到这一点的一种方式，就是如果人际连带得到重建，最终就有可能在重构的公共领域中促成积极的公民权。

从共产党政权下的波兰，即作为他的祖国的“现代居所”，到越来越“后现代的居所”，最初是在西方社会，但逐渐蔓延到全球，鲍曼已经走过了漫长而艰辛的旅程。这是鲍曼的生命体验与其理论思路发展之间的关联所在。

诚如我在别处所言，鲍曼和托克维尔之间有某种类似之处：他们做了类似的旅行。就后者而言，是从自己生长于斯的贵族传统，去往更具民主性质的社会秩序，那是他长大成人后不得不面对的。托克维尔在 19 世纪 30 年代造访美国，想要看看，自己视作未来模式的民主究竟是如何运作的。类似于鲍曼对后现代性的探讨，托克维尔认为与其说是要欢迎民主的到来，不如说是民主势所难免。他考察了民主的文化、价值、道德、政治与心理，鲍曼在研究后现代性时分析的也正是这些维度。

鲍曼已经跻身后现代性的先驱之列。然而，他的思考、感觉和行为方

---

[6] 例参其在《后现代性及其不满》中讨论后现代艺术、小说和“消费者合作社”的章节（Bauman，1997，pp.95—140）。

式，却是在现代性的“旧世界”中形成的。比如说，鲍曼从“旧世界”中承继了对贫困的深恶痛绝，对自由的坚定信念。他还坚持认为，文化是决定社会结构的核心领域。同样牢不可摧的是，他坚信，知识分子，尤其是社会学家，应当贴近芸芸众生，对那些骨子里保守并具有潜在压迫性的“常识”惯例，抱持一种批判眼光。

不仅如此，对于立法性知识分子协助下中央政治权威强加的威权主义规则，鲍曼深表蔑视，这一点也完全体现在他对社群主义事业的敌意上，在他看来，后者很可能遵循着与威权主义类似的策略，同样受到委曲顺从的知识分子的支撑。 <119>

鲍曼依然奉行着“西方的、启蒙的价值观念”(Bauman, 1992a, p.225)。这些观念体现于个体责任、平等和公正，这些都是现代性规定的准则。然而，鲍曼还提出，将那些价值观念付诸实施的切实努力，却受到了现代性本身的阻挠和粉碎。在鲍曼眼里，在实现一个公正、自由和平等社会的道路上，现代性设下了重重障碍，而事实上，后现代性的到来清除了这些障碍，但这一点并不能确保落实那些价值观念。恰恰相反，任务变得更加艰巨，这主要是因为全球资本主义似乎不可能被影响或控制。

四、例外与典型

在埃利亚斯笔下，从思想上也从其他角度挑战他的关键历史体验，就是体现为“帝国”(Kaiserreich) 形式的德意志帝国主义的覆亡，“帝国”在 1918 年土崩瓦解，随后便是希特勒的第三帝国充满灾难的历程，它誓言要重新缔造乃至超越德意志第一帝国和第二帝国的往日荣光。而在鲍曼这里，核心事件是苏联和东欧的苏维埃帝国的兴衰盛亡，它所承继的那个沙皇帝国，是在 1917 年的布列斯特 – 立陶夫斯克解体的。[7]

埃利亚斯把德国的案例视为**例外**，与欧洲其他地方分开来看，体现出不

---

[7]　1917—1918 年间，经历漫长的多回合谈判，德奥等同盟国与乌克兰共和国和苏维埃俄罗斯在布列斯特 – 立陶夫斯克(位于白俄罗斯) 签订和约，结束第一次世界大战期间上述国家之间的战争，俄国失去其在乌克兰、芬兰及其在波兰、波罗的海沿岸的领土。——中译注

同的趋势。至于鲍曼，则是把苏联的例子作为**典型**，例证了注定会在欧洲各地发生的那些过程。两人都做出了有力的论证，但我打算提出另一种观点。我认为，在某些重要方面，**德国的案例属于典型**，与此类似，在某些重要方面，**苏联的案例也属于例外**。

提出这个观点，属于本章更大的一个目标，即力图搞清楚，鲍曼研究现代性与后现代性的思路，与埃利亚斯处理文明化过程与去文明化过程的思路，两者之间有哪些会通之处，又有哪些歧异之处。

本章下一节将再次考察埃利亚斯在《文明化过程》中有关欧洲社会发展的分析，尤其要提请读者注意，事实上，它写于20世纪30年代晚期。具体来说，我们将点明他有关殖民主义所扮演角色的预设。这将引出再下一节的相关讨论：欧洲各大帝国的衰亡对于我们理解去文明化过程有什么意义。随后，讨论将回到与鲍曼的比较上。

<120> 五、作为20世纪30年代后期之观照的《文明化过程》

《文明化过程》行将终卷之际有这么一段话，埃利亚斯提出，思想和行为的理性化属于“影响”包括我们“驱力和性情”在内的“**整个**人格的转型”的一部分。他又补充道，理性化取决于“生活水平和安定程度的提升”。这会使人们免遭“不可控制的恐惧，如果社会中对于强力的垄断较不稳定，功能分割程度较低，这种恐惧就会更加猛烈、更加频繁地迸发，侵入这些社会中的人的生活”。

然后，埃利亚斯又有如下补充，那是他最早间接提到去文明化过程的行文。[8] 他写道：

> 目前，我们如此习惯于看到，对于强力的垄断更加稳定，也更能预测其所导致的暴力，乃至于我们很难看出，它们对于我们行为和人格的结构有多重要。我们很难认识到，如果我们身上以及周遭那些引发焦虑的张力发生改变，如果影响我们生活的那些恐惧骤增或陡降，我们称为自己的“理性”的东西，即比较具有远见和有所取舍地驾驭

---

[8] 但在《文明化过程》一书中，埃利亚斯并没有直接使用“去文明化”这个词。

我们的行为，及其高度的情感控制，将很快就会萎缩乃至崩溃。

(Elias, 1994a, p.519) [9]

考虑到《文明化过程》初版于1939年，不难想见，这种对于非理性可能卷土重来的警示，或许关联着20年代晚期和30年代早期埃利亚斯在德国的经历。不过，《文明化过程》的整体基调并不悲观。我们固然可以把它说成是现实主义的，但我更愿说，它还属于现实主义中乐观的那一端。[10] 有证据表明，在30年代，埃利亚斯的思维框架大体上是乐观主义的。[11]

有必要回想一下《文明化过程》写作的更广阔的背景，或者更准确地说，埃利亚斯所看到的更广阔的背景。在埃利亚斯的青年时代及其早期职业生涯中，有三个国家对他特别重要：德国、法国和姗姗来迟的英国（尽管他在年轻时对法国而不是英国情有独钟）。[12] 根据《文明化过程》的索引，有七十页提到法国，三十六页提到德国，提到英国的有三十三页。俄国不在其列。美国只有两次。别的所有国家被提到的次数都不超过五页。

《文明化过程》是一本紧扣时代之作。当时埃利亚斯显然认为，德国所经历的去文明化和分裂，并非整体趋势和方向的典型体现。他相信，20世纪早期的动荡，属于"愈益增强的互赖状态的动力机制"，趋向于形成"在更大范围的地域内实施对于强力的垄断"，并最终生成"一个单一的中央政治

---

[9] 引文接下去是："或者，就像在许多较为简单的社会中那样，两种趋势兼而有之，这些恐惧有时候更强，有时候更弱。"埃利亚斯屡次提及，事实上，在他看来，去文明化倾向是可能被逆转的。比如说，有可能出现"返潮"或"倒退"阶段。不过，从中世纪早期以来的整个欧洲历史来看，他相信呈现出一种总体倾向：政治愈益集权化，个人的自我控制也日渐加强。例参 Elias, 1994a, p.153, pp.459—460。

[10] 埃利亚斯写此书时非常愉快。他日后评论道，30年代晚期，自己待在大英博物馆里写作此书时，感到"自在如家"。在此之后，埃利亚斯才遭到40年代早期那一连串悲剧事件的打击，其中既有公共事件也有私人事件，包括父母双亡。埃利亚斯的母亲被害于奥斯维辛集中营。她在给埃利亚斯的一份信中告诉他，父亲已在布雷斯劳家中去世。参看 Elias, 1994b, p.53, p.55。

[11] 只有乐观主义者才会在20世纪30年代中期的巴黎开办一家玩具厂，而掌管这家厂子的是一名雕刻家、一位小说家和一个从哲学家转来的社会学家。作家就是路德维希·图雷克，雕刻家是一位和图雷克一样的共产党人，但埃利亚斯没有提及他的名字。参看 Elias, 1994b, p.46, pp.49—50。

[12] 参看 Elias, 1994b, p.19。

机构”，促成“全球安定”。在这一结构中，规模较小的单元或“国家”，将有
<121> 能力“逐渐结合成均衡的统一体”。人类面临着挑战，要主宰并节制人自身内部及人与人之间的张力，以此让这个安定化的世界社会及其前例更加文明（更有能力带来“幸福”和“自由”）（Elias, 1994a, pp.523－524）。

埃利亚斯写道：“唯一能够确定的事情是：现代世界的整合趋势正去向何方。”他相信，自己能够看到“各式各样同盟和超国家单元所组成的全球性张力体系的最初轮廓”，而这是通向自己期望的更为“文明”的世界的必要前导。埃利亚斯开列了这些超国家的单元，包括“合众国、帝国、国联”（Elias, 1994a, p.515）。令人瞩目的是，这里还包括帝国。20 世纪 30 年代，英帝国和法帝国依然存在，维持着那些社会作为数一数二的世界强权的自我意象。不仅如此，文明化过程在这些社会尤其是法国社会中逐步展开的具体方式，也给埃利亚斯留下了深刻印象。[13] 在埃利亚斯眼里，英国和法国就是重量级玩家。

如埃利亚斯所见，众所周知，在凡尔赛宫，伴随着那种独具一格的宫廷理性，同时发展出一种体现出约束、预见和计算的文明化人格。随后，宫廷中的标准、行为准则、心理趋向和惯习，经过精妙的调整，转移到法国资产阶级身上，并进而转移到人口中其他部分身上。

埃利亚斯把殖民社会与被殖民社会之间的关系处理成局内人与局外人之间关系的某种后果[14]，追随了贵族与资产阶级之间关系、资产阶级与劳工阶级之间关系背后的分析理路。埃利亚斯明言，在上述所有关系中，“我们都看到了明确的倾向，生活起居和行为举止的标准都趋于平等、夷平。在所发生的每一波扩张浪潮中，即小圈子里的行为模式传播到地位攀升中的更大的阶级，都能明确区分出两个阶段。一是殖民化阶段或同化阶段，地位较低、规模较大的局外阶级依然明显处于劣势，受制于作为楷模的局内上层群体，后者有意无意地将自己的行为模式向下渗透。第二个阶段是排斥、分化或解放，上升的群体获得了一定限度上的社会权力和自信。”（Elias, 1994a,

[13] 埃利亚斯曾被问及自己年轻时对俄国的感觉，他答道：“没感觉，啥感觉都没有。沙皇，哥萨克，野蛮。野蛮的东方。这些都不在考虑范围内。”（Elias, 1994b, p.20）

[14] 《文明化过程》一书完成后，埃利亚斯才提出了这对术语。参看 Elias, 1994a, p.510。

p.507）[15]

在埃利亚斯看来，殖民化属于“西方文明扩张”的一部分。随着西方风格的行为和制度传播到各殖民地，“殖民者与被殖民者之间社会权力和行为举止上的差异将会减小”（Elias，1994a，p.463）。埃利亚斯显然认为，这是促成未来状况的一条重要途径，他所说的未来状况，即安定化世界中各独立国家之间（即前殖民地与前殖民者之间）的“均衡统一体”。

不过，德国的道路有所不同。它没有类似于凡尔赛宫一样的对应物，没有自信满满的资产阶级，没有要为殖民地担负的责任。在埃利亚斯看来，它属于例外。

六、帝国之失落与去文明化过程 *<122>*

《文明化过程》初版半个世纪之后，我们看到了另一幅画面。通过殖民化实现文明化已然不在行动议程之中。1945 年后，由于第三方即美国的横空介入，欧洲海外帝国及其殖民地之间那种局内人 / 局外人关系的动力机制戛然而止。美国的霸权是导致去殖民化进程迅猛发展的一个主要因素。到了 20 世纪 60 年代早期，这一进程基本上结束，只剩下英国、法国及其欧洲邻国们面对帝国之失落。

帝国之失落可不是小事。在五百年来欧洲的自我理解中，与“帝国”观念有关的修辞和制度属于核心要义。“帝国”这个词的意思之一就是大型、复杂、集权化的政治结构，其中心实施强有力的支配，从族裔特征和文化特征纷繁各异的人口中征收赋税。不过，“帝国”这个词还有一个更加广义的用法，指实施总体掌控，实施至高无上、辐射广阔的支配。[16]

就此广义用法而言，帝国与主权观念有密切关系。后者是一种绝对控制，世俗君主有权对其臣民实施，后来则是国家在政体内有权实施。“帝国”这

---

[15] 引文接下来是：“在此阶段，上层群体被迫增强了约束和隔离，社会中的各种对立和张力也加剧了。”

[16] 正如文中所示，“empire”这个词具有“帝国”、“最高统治权 / 君权”、“活动领域”、“绝对主宰”等意涵，本书统一采用“帝国”译法，也是要凸显其密切关联。——中译注

个词也指自弗朗西斯·培根以降欧洲科学哲人所设想的对自然的总体掌控。培根写下了《新大西岛》，为建立一所科学学院拟定了计划，其中指出："我们的机构的宗旨，就是认识万物的起因和隐秘运动，拓展人类帝国的边界，尽可能实现一切。"

人类帝国的观念，是现代欧洲的一个主要理想，一个奠定合法性的观念。当宗教权威衰落，对于神圣导引的信仰开始消退，情况就尤其如此。科学探求，为国奉献，征服外族，这些活动相辅相成，都表现出对于"帝国"的信念。因此，在20世纪最后二十五年，即便是最不情愿的观察者，也不得不看到，欧洲各大帝国事实上已经分崩瓦解，并且还自然伴随着其他两桩现象：科学知识的可信性和界面友好性遭到的质疑暴增，而对于国家为其公民提供一个文明化社会的能力的信任则骤减。概而言之，在欧洲，对于帝国、科学和国家的信心是共涨共落的。[17]

如果这种分析无误，那就意味着，埃利亚斯在《文明化过程》最后几页简略设想了一些去文明化趋势，并在《德国人》(Elias, 1996) 中以大大扩充的篇幅和大大丰富的细节加以后续讨论，而这些趋势在欧洲的扩散范围，其实远远超过埃利亚斯的预见。他在《德国人》中提出，1918年，德意志帝国的前进道路受到阻遏，一朝倾覆，"就像全速前进的赛跑选手迎头撞上一堵墙"(Elias, 1996, p.183)。这种挫败的震荡，加剧了蔓延在德国人当中的感受：
<123> 他们正生活在"自己伟大往昔的阴影中"(Elias, 1996, p.4)。普遍弥漫的痛苦、自怜，以及克敌复仇的愿望，都体现出这种感受。

在这部著作里，埃利亚斯明确指出，"当前，作为整体的欧洲已经丧失了大约17世纪以来其成员国所宣称的那种对于世界领导地位的垄断"，并补充道，"欧洲人将如何应对这种局面，尚有待观察"(Elias, 1996, p.4)。他并没有对这一点做进一步发挥，但这确实是一个重要的提法。欧洲丧失了世界领导地位，这和帝国之失落有密切关联，无论是盘踞东欧、中欧和东南欧的那些内陆帝国，还是占据亚洲、非洲和中东的那些海外帝国。德意志帝国的例子并非**例外**，相反，它是**典型**。

这就意味着，德意志帝国的瓦解，就发生在整个帝国解体过程的早期，

---

[17]　有关讨论参看 Bauman, 1987。

而这个过程正是20世纪的一个核心特征。在世界各大帝国中，甚至在欧洲各大帝国中，德意志帝国显然都算不上头一个经历深刻衰退的帝国。[18] 比如说，早在19世纪早期，西班牙帝国就丧失了在欧洲和美洲的绝大多数领地。

然而，从西班牙统治权中"解脱"出来的那些国家，要么自己确立为殖民强权（比利时、荷兰），要么深陷欧洲主要强权的殖民体系。[19] 在18世纪晚期和19世纪早期，英国和法国都丧失了海外领地，但随着19世纪的推移，它们又重建了自己的殖民帝国。一战结束之际，大英帝国的规模不减反增。

20世纪之前，欧洲各大帝国经历的这些风水轮转，许多情况下是从一个侧面体现了帝国框架内部权力均势的变动，而并不标明作为一系列政治经济安排的帝国统治的显著削弱。不过说起这一点，也有一个重大且影响深远的例外，那就是北美拓殖者在1776年坚定宣示独立于英国政府。

众所周知，到19世纪末，美国已经确立为一个迅猛扩张的资本主义社会，在意识形态上坚定奉行市场自由和私有产权。美国绝大多数人口最初都来自欧洲一些社会，因此与它们之间保持着一些基本的相似之处。比如说，无论在大西洋哪一边，作为白人或男人都享有巨大的特权。

不过，站在21世纪初，人们很容易忘记，在19世纪末的时候，美国与包括欧洲在内的世界上其他地方何其不同。美国表现出积极进取的民主性质[20]，而在欧洲各大国中，只有法国有一位民选总统，而不是什么国王、女王、沙皇或皇帝。欧洲的政治、文化与经济秩序，全面深入地根植于帝国主义的实践与预设中。与此相反，美国则四处大声宣称自己是帝国之敌。但它也不是都捡硬柿子捏。1898年，美国舰队将西班牙海军彻底打回原形，使美 <124>
国政府有可能宣布，对一个欧洲帝国强权赢得了决定性胜利。

在20世纪，资本主义，尤其是美国资本主义，发现了如何将公民中的一大部分转变成心满意足的消费者。大众生产使大众消费成为可能，并且要求有大众消费。凯恩斯主义经济学和福利国家也帮助老百姓腰包渐鼓，安

---

[18] 有关帝国解体及其相关主题，例参 Tainter, 1988; Thompson, 1998。

[19] 比如1914年时的阿根廷，不妨称之为"名誉治权"(honorary dominion)。参看 Cain and Hopkins, 1993, p.315。

[20] 不过与此同时，在这个社会里，那些似乎会损害私有产权利益的不同意见，比如工会骚动，也会遭到警方严厉惩治。

定感也越来越强。这些变化的效果之一，就是人口中绝大多数都作为业主，无论大小，在资本主义体制中有了利害关系。在这些情形下，公民权成为一种商品，相比于放在心怀不满的穷人手中，危险减弱。投票亭酿发革命的可能性也降低了。

简而言之，历经20世纪，资本主义逐渐与欧洲帝国主义撇清了干系，增强了它与民主体制的联盟。诚然，到了世纪之末，巩固资本主义与民主体制之间关联的有些制度安排和文化理解面临重重张力。比如说，法团主义和凯恩斯主义的福利国家已在一定程度上解体，资本主义的运作越来越摆脱国家政府的控制。[21] 不管怎么说，至此，欧洲各大帝国已告寿终正寝。

德意志帝国是在1918年的第一波浪潮中，与奥匈帝国、奥斯曼帝国和俄罗斯帝国一起消亡。而大英帝国和法兰西帝国，以及荷兰和比利时所属各殖民地，还有西班牙帝国和葡萄牙帝国最后残存的一些痕迹，也都在1945年后的第二波浪潮中土崩瓦解。到了20世纪60年代早期，它们要么失去了殖民地，要么面临起义。在三四十年代期间，德意志帝国和俄罗斯帝国在希特勒和斯大林各自领导下有所回潮。[22] 不过，这种回潮也是好景不长。1989年后，苏维埃帝国崩溃，就是这个世纪去殖民化运动最后的重大一幕。

欧洲各大帝国的崩溃，是此前稳定的权力垄断遭到破坏的重要例证。1918年后的德国个案，以及1945年再现的德国个案，就是这一过程中的两个极端实例。这里所谓极端，既指其速度之迅疾，亦指其程度之深广。1917年的俄国个案，以及1989年后再现的俄国个案，就其后果的严重性而言可堪比拟，只是在结构上产生的具体影响并不相同。

而在欧洲其他地方，帝国衰亡对相关人口造成的后果就不那么极端，但与埃利亚斯就德国个案指明的某些特征还是一致的。比如说，在1945年后的英法两国，当然有可能看到一些迹象，透射出伴随此前帝国强盛之失落而来的那些悲伤与怨恨。有两种方式表现这一点，一是反美立场，一是对于来自第三世界的移民的种族主义敌意。

在英国，帝国之失落破坏了政治局内集团的权威，削弱了它对社会实施

[21] 参看 Bauman, 1998b。

[22] 两者骨子里都是反资本主义的。

控制的意志。这或许有助于说明，自20世纪70年代中期以来，凯恩斯主义 <125>
福利国家为何日趋松散，也能解释，在苏格兰、北爱尔兰和威尔士，中央政府也越来越不能强硬抵抗分权趋势。诚然，在法国，巴黎的统治、中央国家机器的固有力量尚未遭到严重挑战。埃利亚斯的《文明化过程》一书为我们提供了有关说明的重要部分。在法国，国家形成的过程，以及一种独特的文明化惯习的形成，都是纵贯好几百年而缓慢发生，一以贯之，日积月累，终成显著。

乍看起来，法国个案似乎挑战了所谓去文明化过程具有全欧性的观点。然而，还有一种可能性：法国，作为埃利亚斯使用的主要例证，其实是一个例外，或许比德国还要例外。所谓例外，在于那个社会中发生的“文明化过程”如此强大、持韧，或许因此还有去文明化倾向的相对弱势。如果说分权趋势是去文明化过程的一个迹象，那么法国的邻国意大利、西班牙和比利时，都比法国本身更容易受到那些过程的影响。

去文明化过程的另一个维度也有必要提提。埃利亚斯说起两次世界大战期间的德国，如此概括主导价值准则：“成年人的生活就是一切人对一切人的持续战争。要想挺过并赢得这场争战，你就得成为一个强硬的家伙。在这里，桀骜难驯的武士精神以资产阶级化的形式再次复活……人际关系的严酷性体现为直接使用粗暴武力，体现为伤害别人，有必要的话杀戮别人，就像一场感染，甚至传染到那些根本不曾发生过武斗的地方。”(Elias, 1996, pp.108－109) 稍后他更补充道：“无论是学生格斗兄弟会里提供的训练，还是作为其目标的帝国上流阶层成员的生活，根本上都是把人的社会生活刻画成一切人对一切人的战争，与霍布斯几乎完全类似。”(Elias, 1996, p.112)

有某种证据表明，到了20世纪70年代后期，这种资产阶级化武士精神稍加变形，又兴起于西欧，在80年代取得主导地位，赢得敬重，并在90年代扩散到中欧、东欧和东南欧。它最著名的代表就是撒切尔夫人，她强调自己眼中的需要：赋予“市场力量”尽可能多的自由。这样说的理由就是，市场中释放的竞争性斗争，将会摧毁浪费的、低效的做法、制度和群体，激励强大、健康的成分变得更加强势。如果换个角度来看，这正是一个“去文明化”社会的精神。

在西欧，靠着让市场在社会中承担更重要的结构性作用，已经在相当程度上“容纳”了去文明化过程。仿佛有一套结构，即集中化的国家机器，已经被削弱，而交易纽带网络和买卖各方活动形成的密切交织的构架却依然
<126> 牢固。结构均势就这样偏离了中央政府，并且伴随着一场宣传攻势，要赋予市场过分的合法性。亚当·斯密由人变神，哈耶克金光闪闪，撒切尔夫人宛若圣徒。

事实上，在撒切尔主义中，尼采的成分和亚当·斯密的成分不相上下。[23]它好勇斗狠的那一面，展现在了福克兰群岛，海湾战争，或许还回荡在托尼·布莱尔最近对于介入科索沃地面战的热情中。在1981年英国的城市骚乱中，也体现出转向管控程度不那么良好的暴力的危险。撒切尔主义由于混合了亚当·斯密和尼采的成分，对于1989年以后的东欧和中欧，也就成了一样进口价值很高的商品，因为这些地区的国家结构都遭到广泛破坏，丧失了声望和信誉。在继旧苏维埃帝国而起的这些国家中，市场已经存在，但其运作在很大程度上处在法律边缘，甚至逾越了法律，与强盗流氓沆瀣一气。

悖谬的是，撒切尔主义比英国此前的凯恩斯式政制“文明化”程度更低，但却又比中东欧社会主义政制崩溃后出现的普遍混乱更加“文明化”。撒切尔主义的经济政策和社会哲学提供了一种战略，要将前苏联集团中的地下交易体系加以改造，提升为值得敬重的体系，增强其制度基础。换句话说，它提供了一种手段，容纳了去文明化过程和转向暴力的趋势。当然这并不总能起效，阿尔巴尼亚之类的案例就表明了这一点。

伴随欧洲各大帝国衰落而来的去文明化过程还有一个特点，就是市场作为跨国社会过程的调节器，作用越来越重要。19世纪后期，巴黎、伦敦、莫斯科、柏林、维也纳、布鲁塞尔、马德里、里斯本等地的帝国管理者，都提供了一种粗陋但还可用的框架，对全球大部分地区实施法律与秩序，以实用主义态度，容忍资本主义投资者和冒险家在帝国各处做生意。随着帝国逐渐解体，资本主义上下其手的自由余地也增加了，尽管同样可以肯定，两

---

[23] 有关德国文化中的尼采式维度，参看Elias，1996，pp.115—119。

次世界大战及四十年冷战岁月使这一过程更趋复杂。[24]

到了20世纪90年代，“去文明化”的后帝国主义全球社会的动力机制愈益暴露无遗。相比于早前的凯恩斯主义福利体制和法团主义资本主义下的情形，大型工商企业根植于国家经济体系中的程度减弱了许多。它们的运作是跨国层面的，受益于相对弱势的政府越来越多及缺乏其他稳定的跨国权力垄断形式。[25] 当然，就这一概括而言，欧盟属于例外，这一点我们稍后就来讨论。

七、欧洲的去文明化过程与后现代性

行文至此，鲍曼重新进入了论证视野，尤其是他的近著《全球化：人的后果》(Bauman，1998b)。[26] 在这本书里，鲍曼阐述了自己眼中的后现代世界。<127> 在这个世界中，政府已经进入半退休状态，放弃了管理国民经济或塑造国民文化的责任。市场接管一切。资本在全球范围内轻松自如地流转。强大的企业在全球网络空间中的某个地方作出决策。全球企业在每一块大陆上彼此竞争，混战一团。政府也无法遏制，只能放任自流。

在鲍曼看来，市场在地方层面和全球层面都占据了统治地位。这就造成一种准失序状况，其中“**似乎没人有能力控制**”，这个世界“不再像是一个总体，而像是各种零散力量组成的场域，在难以预估的地方集聚起来，对于其所汇聚的动量，没有人真的知道如何遏制。”(Bauman，1998b，p.58；黑体格式为原文所有)

在地方层面上，这世界满是卖家和买家，律师与委托人，推销员和用户。如前所示，后现代的居所充斥着彼此竞争的“专家”、先知和新部落，竞相鼓

---

[24] 冷战意味着有一批市场拒绝向西方资本家开放，至少只允许他们基于严格控制的条件而有限进入。话说回来，庞大的美国市场和海外“自由世界”中不断扩张的诸般机会，依然激励着公司企业，尤其是美国的公司企业，发展大众生产、广告营销和战略控制体系等种种技术。大型跨国公司愈益篡夺小国的许多功能与能力，从而能在弱政府的环境下维持生存并繁荣发展。

[25] 这种情形与商人在现代早期欧洲的处境有几分类似。

[26] 亦参 Bauman，1988；Bauman，1992a。

吹各自的意识形态、族群特性、救世良方、衣着风格、快餐门店或上佳饮品。在这种后现代居所中，市场兜售各种生活方式，威逼利诱，软硬兼施。各个部落混战一团，咄咄逼人，竞争空间，谋取关注，对于处在控制之下却又不符自己观念的任何人都会加以伤害。

这是一个似是而非的样板，适用于多种多样的情境，从伯明翰的购物商城，到波斯尼亚的囚禁营，当然也适用于 20 世纪 30 年代早期的柏林大街。它在某些方面与埃利亚斯的思路取得了会通。鲍曼眼中的这种后现代世界，也是文明化过程出现反复的阶段。

回顾一下，根据埃利亚斯在其经典作品中的描述，文明化过程中有一个核心机制，就是在一个稳定的权力垄断的庇护下，在相互依赖的密网中，局内人与局外人之间充满张力的相互关联。在这个动态的型构中，局外人获得了局内人的文明化惯习，并且一般在形式上会略有改变。也就是在这一过程中，局外人在同样程度上不再是“局外”[27]的。

而在鲍曼描述的那个世界中，互赖网络已经分崩离析，旧有的权力垄断已经失去稳定，趋于消解，没有了安定的局内集团，充斥着陌生人和局外人。由此观之，**后现代性就是去文明化的现代性**。

鲍曼与埃利亚斯分享了足够多的共同预设，从而有可能对他们的某些洞见进行综合。可以肯定，鲍曼经常运用一些颇有埃利亚斯意味的语言，比如在其《社会学之思》中，他把社会学说成是“习惯于将人的行动视作**更广泛的一些型构的要素**。所谓型构，即行动者在一个**相互依赖**的网络中关联起来的非随机组合。”(Bauman，1990，p.7)[28]

---

[27] 这里明显可以看出，埃利亚斯笔下的“outside”和“outsider”其实最好译作“外局”和“外局群体”，而不是常见的“局外”和“局外人”，因为它们也和“established”(内局群体而非“局内人”)一样参与了这场权力游戏，认同这场博弈之局的规则。不过本书依然保留原译，以照顾中文学界习惯及全书中与其他学者之间的照应。——中译注

[28] 引文接续如下：“社会学家们问的是，对于人类行动者可能的行为和实际的行为，这种相互连结的状况会产生什么后果。这种关注又塑造了社会学研究的对象：种种型构，互赖网络，对于行动的交互调节，行动者自由的扩展或限制，就都成了社会学的首要关注。像你我这样的个体行动者进入社会学研究的视野，乃是作为互赖网络中的单元、成员或伙伴。我们可以说，社会学的核心问题就在于：人们之所为或之所可能为皆有赖于其他人，这一点在什么意义上很重要。”(Bauman，1990，pp.7—8)

这两位社会学家之间也有一些差别。比如说，他们看待欧洲历史的方式不同。鲍曼讲述欧洲的发展，起点是中世纪“严格封闭”(Bauman，1973，p.134)的社区。当这些社区开始瓦解，人口混融，社会精英中就牢固确立了一种迫切要求：对大众进行分类和控制。 <128>

与此相反，埃利亚斯把自己的叙述安放在更具霍布斯色彩的中世纪世界，其中的权力均势完全是不稳定的，同盟关系变动不居，人们始终面临暴力威胁，领主的领地边界永无定论。这种生存状况充满暧昧流变，威胁着生命，却毫不威胁人们的现实感。参与这种生命形式的人的心智特征和情感特征，已经做出了很好的调适。只是到了后来，当宫廷等处确立起稳定的权力垄断，廷臣们才逐渐受到约束，放弃旧有的惯习，以适应新的控制形式。

其次，这两位论家考虑人的社会化的路数大相径庭。埃利亚斯提出，我们是通过自己生长于斯的一些型构（家庭、社会阶级、族群、国族等）中的早期体验，获得了对我们是谁的感知，以及作为社会存在行事的得体方式。

埃利亚斯间接假定，维持生存是一种内在固有的欲望，新人只是要向自己所属的群体学习如何去维持生存，更一般的说，如何“应付下去”。人经由自己的群体成员资格，经由自己对型构的参与，获得了得体的性情倾向，一种独特的惯习。不同的型构塑造其成员的方式也是大不相同。法国人、德国人、荷兰人、意大利人都有各自的国民惯习，这些差异是由其各自历史塑造的，并又有助于塑造各自的历史。

鲍曼的关注则有所不同。对他来说，核心过程并不在于从呱呱落地开始，通过参与型构，塑造每个人的惯习与人格。相反，在鲍曼看来，核心过程在于科层人员、专家及压迫性现代性中的其他代理人“自上而下”强加行为规则。

鲍曼提出，我们都生而具备合乎道德的性情倾向，包括不愿让别人受苦，希望施予关爱。他认为，社会化与其说是“充实”或缔造一个人，不如说是“扼杀”他们的本质人性。鲍曼相信，在现代性下，人们被系统地剥夺了以合乎道德的方式贯彻自己能力的机会，做出讲求伦理的选择的机会。他们被迫遵从由科层人员“自上而下”强加的有关如何行事的规则。[29] 在他看来，驱动科层机构的是一种强烈的冲动，要对世界进行分类、确证、梳理。不仅如此，它们还限定人们遵从自己的规则，接受那些规则作为行为指引。科层机构使众生男女内在固有的关爱他人的性情倾向陷于麻木，从而使他们准备好接受这种生活方式。

<129> 这就关系到第三点。在《现代性与大屠杀》中，鲍曼提出了有关文明化过程的一种解释，他从埃利亚斯那里借用了这个词，但与后者的路数很不一样。[30] 不同于埃利亚斯，鲍曼认为，在宫廷中践行的礼仪、礼貌的惯例，其实与“文明化过程”并没什么关系。在他看来，这个过程是启蒙哲人及其后继者发起的一场运动，要教化大众，要带给他们文明。换言之，这是“一场有意识劝人皈依的十字军东征，由有知识的人发动，旨在铲除未经驯服的文化的残迹——受传统束缚的地方性生活方式和共居模式。”整体趋势就是功能集中化，由专家们来负责。这将是“一种由知识来引导的管理…… 首要宗旨就是管理个体的心智和身体。”（Bauman，1989，p.93）

尽管有这些强调重点上的差异，还是有可能做出一定程度的综合。就拿所提到的第一点差异来说，即他们眼里中世纪社会的图景的差别。实际上，高度流动的封建武士就需要高度**不**流动的农奴，以便在自己出外打仗时，让后者待在原处替自己耕作。这些顺从接受奴役的村民很可能终其一生，活动范围不超过一个社区的方圆左近数里，即便不说是“严格封闭”，与别人的

---

[29] 鲍曼并不太关注各社会之间在科层规则内涵上的变异，也不探求这类变异的社会生成。他相信，就其最关注的那些方面而言，德国、波兰、俄国、英国和美国的科层机构本质上都是相同的。事实上，有可能设想存在这样一些文化，它们的社会化模式非常不同，但对于人“应当”如何行事，却有着某些共同的预设。这个命题很有必要认真探讨一番。巴林顿·摩尔就为此写过一本书，题为《不公平》（Moore，1978）。他提出，人的本性赋予道德准则一种特定的“导向和动力”。他的基本观点如下：“作为操作假设，我提出一种内在固有的人性观，所谓内在固有，意思是**先在于**任何社会影响，但不一定免于其影响。……如果这类概念能够成立，就意味着存在一种‘自然道德’，因为**有些**道德偏好，尤其是消极负面的道德偏好，并不纯粹是社会训练和调节的后果。”（Moore，1978，p.7，黑体格式为原文所有）

[30] 鲍曼提出，埃利亚斯有关文明化过程的观点，巩固了一种“我们西方社会的自我意识中根深蒂固的起源神话”，换言之，“从前社会的野蛮状态发展出人性这一具有道德提升意味的故事”（Bauman，1989，p.12）。

接触也是少之又少。其次，埃利亚斯和鲍曼提出的两种社会化模式并非格格不入。几乎可以肯定,两位论家描述的过程属于同时发生,共存一时,当然,是在张力之中共存。考察这种说法，需要做实际研究。[31]

再次，宫廷和科层专家的世界不仅共存于18世纪后期的法国，**也都**影响了社会的其他部分。哲人化的廷臣和廷臣化的哲人所从属的社会圈子相互交叠。[32] 他们互相取笑，彼此奉承，相互攻击。基本可以肯定，后革命时代的法国,和别处一样,也在多方尝试要强加全景敞视监狱般的规训。然而,在做出这些尝试的同时，礼貌也先后为资产阶级及其雇员所吸收。毫无疑问，众多监狱长回到家中，也会坐在精心铺就的餐桌旁，行礼如仪地喝他的汤。就像鲍曼有次说的那样,“贵族社会难免会鼓励模仿”(Bauman, 1978, p.200) [33]。即便断头台已经开铡，这一点依然成立。

八、时代中的人

两位论家都提出了重要洞见，抑此扬彼或崇此贬彼都属短视。不管怎么说，他们都是在一定的社会文化背景中成为一名思想家，更具体地说，成为一名社会学家，他们看待世界的方式都在一定程度上受到这种背景的影响。如前所述，鲍曼和埃利亚斯来自不同的阶级、辈分和国族，源于不同的教育传统，早期生涯的追求也不一样。但两人的早期生涯，都被造成了灾难性后果的反犹主义打断。

尽管埃利亚斯和鲍曼在日后的著述中都讨论了犹太特性和反犹主义，但两人都没有以此作为毕生研究的核心问题。就埃利亚斯而言，纳粹造成 *<130>*

[31] 哈贝马斯在讨论“系统”与“生活世界”之间的关系时,提出了与此话题相关的问题。参看 Habermas, 1987。

[32] 具有讽刺意味的是,鲍曼是从职业军人开始步入学术生涯的,原本应当强调哲人转为科层人员的处境;而埃利亚斯一开始就是学哲学的,原本应当关注武士转为廷臣的状况。

[33] 不仅如此,鲍曼还明确承认,在其早期著述中,理性自控的习性占有重要地位。他认识到,当工人阶级养成这些习性,也是一股潜在的解放力量。这些习性有助于让权力均势朝着对自己有利的方向转化,至少是间接有助于如此。鲍曼在其所著《阶级与精英之间》(Bauman, 1972) 一书中就看到了这一因素,因此称赞英国劳工领袖先驱的苦行式的自我规训。

的问题并非为何犹太人会沦为牺牲品，而是纳粹如何**能在德国，在自己所属阶级即德国资产阶级的共谋之下**，站稳脚跟，攫取权力，并以如此野蛮的方式行事。与此相仿，在鲍曼这边，自己早年生平所造成的问题并非为何会存在反犹主义，而是反犹主义为何会**在一个国家社会主义社会，在自己所属的共产党的领导成员共谋之下**，得到利用。

如前所述，埃利亚斯或许夸大了德国个案的例外程度。他之所以得出这个结论，似乎主要是因为受到 20 世纪 30 年代特定情势的严重影响，当时大英帝国和法兰西帝国让人强烈地感到保持完好，而德国则在经历一段剧烈的社会政治解体时期。这里不妨可以说，事实上，德国人并没有遵循一条不同于其欧洲邻国的独特道路。相反，帝国霸权失落后造成了蔓延全欧的不安情绪，他们就是这种情绪的典型牺牲品。

至于鲍曼，他也受到了 20 世纪 40 年代和 50 年代早期特定情势的严重影响。在那些年月，他非常积极地参与军事斗争和政治斗争，保卫苏联、抗击希特勒军队，随后又在东欧，包括自己的祖国波兰，创建国家社会主义政权。鲍曼相信，欧洲的社会主义共和国，将会率先迈向现代性。换句话说，在他看来，这些国家代表了最坚决、最系统的尝试，想要通过科学理性协助下的国家科层机构的技能，打造一个更加完美的社会。

到了 70 年代，鲍曼对共产政权的科层体制已经有了许多根本性的批评，但他还是认为，东欧的国家社会主义社会提供了一个重要例证，展示出何等程度上能在公共领域倡导平等与社会正义。如前所述，迟至 80 年代早期，尤其是波兰团结工会成立的最初几个月，鲍曼依然抱持希望，觉得如果得到启蒙知识分子的培养，在公共领域中进行创造性对话，有可能朝着社会主义乌托邦的方向做出重大进步。

1989 年柏林墙被推翻，国家社会主义政权被取而代之，鲍曼得出结论：如果说苏联的实验即便已经容纳了最发达的现代性形式也不能成功实现其诺言，那么现代性本身就是注定要失败的。当然，这个结论并不正确，至少为时过早。最重要的反证就是欧盟，一项沿循启蒙运动传统的现代规划。

实际上，正如我在下一章指出的那样，欧盟正是文明化过程运作良好的

佳例。[34]就其社会生成而言，它在相当高的社会层面上再生产出了埃利亚 <131>
斯笔下的一些机制，后者认为这些机制在17世纪的法国发挥了重要作用。比如说，二战结束之时，美国政府利用其具有压倒性优势的权力和权威位置，主张以法国和德国为主，但也包括意大利、荷兰和比利时，都应当彼此合作，尤其在经济政策上需要如此。美国“君王”让欧洲各国安定了下来，就像法国的国王安定了自己手下彼此争战的贵族。

自20世纪60年代以降，现在世人所称欧盟的那个政体，对越来越多的区域施加了新的体面标准，从污染排放水平，到工商贸易行为。民族国家已经受制于自上而下的新的规训，就像此前数百年，贵族世家不得不养成自我约束，遵从君主强加的规则。

关于欧盟，有一桩事实值得注意，它的核心成员国就是过去欧洲各大帝国组成的“中枢社会”，只是而今几乎完全丧失了殖民地。如前所述，对巴黎、伦敦、波恩（更晚近则是柏林）、维也纳、布鲁塞尔、海牙、马德里、里斯本等地的政治局内集团来说，欧盟提供了一个新的家园，新的政治中心。除了莫斯科，这里包括了欧洲所有老帝国的首都。俄国在欧洲各大国中最后一个认识到，帝国大博弈已经玩完了。德国在1918年经历的那种震荡，俄国直到1989年才尝到滋味。俄国远非充任先锋，而是落在最后。德国处在欧盟的核心。俄国反倒是例外，面临着被甩出去的危险。

这就引出了本书第三编，其中的理论关怀与经验关怀更加贴近。下一章将借鉴帕森斯、阿伦特和埃利亚斯的观念，更加详细地讨论欧盟的发展。

---

[34]　亦参 Smith，1999c。

第三编 <134>

趋向全球现代性

第七章

欧　洲

一、巴黎的美国人

埃利亚斯并没有直接撰述欧洲运动的社会生成。[1] 不过,《宫廷社会》还是为我们理解这一过程提供了一些重要线索。埃利亚斯在《宫廷社会》中提出，核心的政治制度的结构与组织，是由促成这些制度的那些斗争塑造而成的。胜利者利用这些制度来试验、巩固和维持自己的优势地位。如埃利亚斯所言,“每种统治形式都是一场社会冲突的结果，将符合其结局的权力分

[1] 尽管他在《个体的社会》中有如下评论:“如果欧洲各民族国家联合组成欧罗巴合众国(United States of Europe),完全合乎情理,或许也大有裨益。”但他跟着便补充道:“困难在于,事实上,思想上意识到了一体化/整合(integration,前者是国际政治经济特别是欧洲一体化进程中的通称,后者是社会学里的定译。——中译注)的逻辑,但却遇到了情感上的顽强抵制,让一体化披上了毁灭的意味,会带来巨大失落,让人哀悼不已。”(Elias,1991a, p.225) 埃利亚斯这里说的是人们觉得,打造整体欧洲的过程,势必带来国族身份/认同的丧失。埃利亚斯对自己的德国性有强烈感受,但与此同时,他也能坚定认同欧洲这个更广泛的实体。到了八九十岁,他还被问到自己认同什么国族身份。他回答道:“从根本上来说,我是个欧洲人。”(Elias,1994b, p.74) 他还在另一处场合描述自己是“一个自感深陷于欧洲传统的人”(Elias,1996, p.428)。

配巩固下来。"(Elias, 1983, p.146) 如前所示，埃利亚斯以 17、18 世纪的法国为分析个案，论证了这一观点。

在 16 世纪漫无宁日的宗教战争中，法国社会陷入深重的分裂。君主软弱失势。对当时人来说，最重要的维存单元就是家庭。在战争中，士兵效忠于各自的世家，基于吉斯(Guise)、孔代(Condé)、蒙莫朗西(Montmorency)、科利尼 (Coligny) 等世家某个首领的标准作战。争论焦点在于宗教这一根本性话题，但大致说来，出自法国名门望族的那些最重要的武士才是"存废系于其手"。各个世家的荣誉才是利害关键。

但到战争结束，法国王室成功地将其权威施加于派系分立的各大贵族世家。在长达几十年的时间里，这一胜利并不安定。比如说，在法国宗教战争结束时颁行的《南特敕令》(Edict of Nantes, 1598) [2] 五十年后，爆发了投石党叛乱 (Fronde rebellion)，有些法国贵族依然准备挑战王室。但在 17 世纪早期，王室逐步解除了贵族阶层的武装。为首的贵族们被迫把家安在国王近边，随时去王宫觐见。国王在那里可以密切观察贵族们。

<135> 到最后，国王赢得胜利，将自己的规则强加给失败者。法国社会普遍弥漫着厌战情绪，也有助于王室实现这一目标。正如一位历史学家所言："法国的乡村人口被旷日持久的战争拖得精疲力竭。饥荒横行，瘟疫蔓延，布列塔尼地区十室九空，大批狼群出没，寻觅猎食。……一个符合理想的形象，即一位大家长般的国王，维护正义，倡导秩序……现在成了（农民）发乎本能地转而求诸的对象……这是一场完全出于自发的运动，对无政府状态和社会压迫的憎恨起到推波助澜的作用，法国的民众大批大批聚集在他们受过涂油礼的国王的麾下。……仿佛整个国家正在逐步将半个世纪以来的宗教憎恨清除出自身。'我们都在上帝面前立下盟誓，彼此珍爱。''他们当中将不再有任何战争，不再谴责宗教的多样性，人人都能如己所愿地自由生活。'"

---

[2] 众所周知，《南特敕令》赋予新教徒和天主教徒平等的政治权利，也允许新教徒享有一定程度的宗教自由。亨利四世还与其大臣苏利公爵共同筹划了一项"宏大计划"，要在欧洲建立一个普世的基督教政体，包括六个世袭制王室（法兰西、英格兰、西班牙、丹麦、瑞典、伦巴第），五个选举制君王（神圣罗马帝国、教皇、匈牙利、波兰和波西米亚）和四个共和国（瑞士、意大利、威尼斯和比利时）。但在实践当中，这项方案尽管有其泛欧主义的论调，其实是要提议建立同盟对抗哈布斯堡王朝。

(Elliott, 1968, p.356)

有一点耐人寻味:《利维坦》的作者霍布斯 (Hobbes, 1962), 曾在 17 世纪早期数次去法国旅行, 当时王室正在逐步赢得强加其权威的战争。他遇到的社会氛围和思想气候, 想必显著地塑造了他的想法。在适才引述的有关人类宽容的表达背后, 似乎很可能是乐于接受自上而下的强硬管控, 这几乎就是霍布斯笔下的乐于接受统治。诚然, 如前所示, 这个顺从的时刻也有其抵抗的对抗时刻作为平衡, 比如投石党叛乱。但不管怎么说, 投石党人彻底被击败了。

17 世纪早期, 权力均势和权威中心发生了决定性的"上向"转移。到 17 世纪中叶, 欧洲最显要的维存单元不再是家庭, 而是国家。换句话说, 在每个政体中, 首要的世家 (王室) 要借助"驾驭"国家来追求自身利益, 仿佛骑士需要驾驭一匹马。然而, 在这个过程中, 国家的各项制度、实践与话语逐渐形成。这匹马最终甩掉了骑在上面的人。

历经 18 世纪, 在法国、奥地利、俄国乃至别处, 国家的各项资源常被调动来服务于王室的野心。然而, 从法国大革命到俄国革命, 欧洲各地的王室成员纷纷掉了脑袋。在绝大多数欧洲政权下, 有产阶级的成员还是不情愿抛弃王权观念, 这或许是因为它有助于让农民继续忠心耿耿, 勤苦劳作。

不管怎么说, 到 19 世纪早期, 欧洲的国王和女王大多还通过民意投票保住了他们的位置, 前提是他们服务于社会主要利益集团的利益。到 20 世纪早期, 这些利益集团中就包括庞大的城市—工业人口, 他们逐渐获得投票权, 要求国家关注自己的需要。

一战后, 王室遭到大清洗。在德意志帝国、俄罗斯帝国、奥匈帝国和奥斯曼帝国的废墟上, 新的国家相继缔造出来, 更倾向于总统, 而不是君主。 *<136>*
到 20 世纪早期, 塑造欧洲政治的暴力斗争, 已经不再发生于王室世家之间, 而是发生于国家军队之间。

历经 20 世纪, 欧洲各"层面"之间的权力均势又一次发生了决定性的"上向"转移。在两次世界大战期间, 国与国之间的竞争不再仅限于欧洲, 而是开始具备全球性 (事实上, 就像现在给这两场战争取的名字所意味的那样, 它们成了"世界"大战)。二战结束, 美国确凿无疑地成为这场全球竞争的胜利者。

从20世纪40年代后期到50年代，美国的领袖地位几乎没有遭到任何挑战，虽说在1956年，围绕着苏伊士运河，英法两国对美国的权威展开了一场投石党式的叛乱。40年代晚期，美国政府就是一个傲然得胜的超级大国，行事做派宛如君主，对不服管教的贵族实施镇压。

二、马歇尔援助

美国政府就像17世纪早期的法国国王，着手强制推行某些规则和礼仪，以促进和平协作，限制某些具有破坏性的竞争与冲突。创建联合国是这种思路的首要表现，它成立于1945年。事实上，联合国就选址于纽约，这反映了美国的全球主宰地位没有敌手。[3] 1946年，美国政府自认要捍卫《联合国宪章》的原则，"以利世界和平"。实际上，这里面还包含着一套"遏制"苏联的战略。[4]

美国对欧洲的担忧，主要集中于它面临潜在可能的苏联侵略，在经济上和军事上都处在劣势。美国还担心在西欧，尤其是在意大利和法国，左翼组织的实力甚嚣尘上。从美国人的观点来看，1949年成立北大西洋公约组织，在布鲁塞尔设立总部，改善了防御态势。[5] 1950年，在欧洲盟军最高司令

---

[3] 另一个例证是关贸总协定(1947年签订)，这其实是经过温和处理后的一项美国计划，要建立一个国际贸易组织，协调不同国家的反周期政策。

[4] 1946年2月28日，在纽约的海外传媒俱乐部(Overseas Press Club)，国务卿贝尔纳斯明确表达了这个意图(van der Beugel, 1966, p.20)。这种思路被尊奉为杜鲁门主义(Truman Doctrine)。它背后的思维体现在乔治·F.凯南发表于《外交事务》(*Foreign Affairs*)上的文章中，该文阐述了美国当局的意图：积极参与"坚定而警惕地遏制俄国的扩张倾向"(Kennan, 1947, p.581)。——原注

贝尔纳斯(Byrnes, James F.，原文误作Byrne, 1879—1972)，民主党政治家，二战期间任战争动员署署长，1945—1947年任美国国务卿，在与苏联打交道和参与德国重新统一问题谈判的过程中逐渐变为冷战中的强硬派。呼吁美国在西欧保留军事设施，防止苏联扩张。后因与杜鲁门意见分歧而辞职。——中译注

杜鲁门主义：1947年3月12日，美国总统杜鲁门发表声明，宣布立即对受共产党威胁的希腊政府和处于苏联在地中海地区扩张势力压力下的土耳其政府提供经济和军事援助。国会迅速为两国政府拨款四亿美元。——中译注

[5] 最初的缔约国是比利时、加拿大、丹麦、法国、冰岛、意大利、卢森堡、荷兰、挪威、葡萄牙、英国和美国。希腊和土耳其于1951年加入，德意志联邦共和国于1955年加入。

部（Supreme Headquarters Allied Powers Europe，SHAPE）之名下，建立了一支统一的武装，作为西欧的防御力量。它的第一任司令长官就是艾森豪威尔将军，后来他担任了美国总统。数年前，艾森豪威尔曾指挥过盟军赢得对德最后胜利。

20 世纪 40 年代晚期，欧洲的经济状况十分糟糕。农场遭到毁坏，工业被炸得七零八落。贸易跌至低谷，人口趋于下降，通胀普遍蔓延。战争耗尽了巨额资本，其结果，欧洲许多政府资金短缺，债台高筑。[6] 美国对此的反应则是，1947 年，在哈佛大学，国务卿乔治·马歇尔发表演讲，讨论到“欧洲经济结构的重建”，他明确宣示：“欧洲对于接下来三、四年的要求……——主要是对于美国的要求——远远超出她目前的偿付能力，必须得到大量额 <137>
外帮助，以应对非常严重的经济、社会和政治衰败。”[7] 这就是马歇尔计划背后的原初逻辑。

演讲之后不久，英法两国政府在美国强硬的幕后支持下，邀请欧洲二十多个国家的代表齐聚巴黎开会。会议旨在拟定一项计划，搞清楚怎样有助于欧洲人从美国人那里获得所需。美国政府并没有正式出席巴黎会议。不过，美国官员在非正式场合清晰无误地指出：“各参与国应当采取有效步骤，打造国内货币金融稳定……应当采取步骤，减少贸易壁垒，最终实现与国际贸易组织（International Trade Organization）的彻底一致……（以及）……应当创造一个永久性组织。”[8]

隶属于经济复兴计划（Economic Recovery Plan，ERP）的马歇尔援助，是通过欧洲经济合作组织（Organization for European Economic Cooperation，OEEC）来实施的，这个组织代表了受惠于马歇尔援助的十六个欧洲国家。[9] 但援助的钱并非不带附加条件。美国人坚持认为，经合组织应当提出一套泛

[6] 欧洲需要大量进口，由此造成长期贸易赤字，使得在美元逐渐成为全球通货时，整个欧陆却缺乏美元。按照《经济学人》在 1947 年 5 月 31 日的说法，“欧洲的整个生活都笼罩在巨大的美元短缺的阴影中”（p.833）。

[7] 转引自 van der Beugel，1966，pp.50—51。

[8] 转引自 van der Beugel，1966，p.80。

[9] 1961 年，欧洲经合组织演变成经济合作与发展组织（Organization for Economic Cooperation and Development，OECD），成员扩大到欧洲以外的发达工业国家（比如美国与加拿大）。

欧计划，目标是促进自由贸易，减少保护主义。[10] 不仅如此，根据方案制订的规则，各项资金在投放到具体项目之前，必须得到美国人的批准。比如说，与承认共产党工会的企业签订的合同，就不会得到批准。[11]

在法国宗教战争结束之时，法王亨利四世据说曾经提出，自己希望法国人每家每户的锅里都能炖上只小鸡。无论是新教徒还是天主教徒，都能得到这份赏赐。[12] 与此相仿，美国人向此前的敌人和朋友同时提供马歇尔援助，尽管对于那些“新”敌人，比如被怀疑与苏联有勾连的欧洲各共产党，他们就不那么大方施舍了。

比如说，有大规模的宣传攻势来支持马歇尔援助，尤其是在那些被认为有“沦入共产党之手”危险的国家，如意大利。诚如大卫·埃尔伍德所言，马歇尔计划摆在意大利人（及其他欧洲人）面前，就像通往美国的物质生活水准的门径。1948 年意大利大选期间，美国国务院明确宣布，“支持共产党的选民将被禁止移民美国，马歇尔本人也公开说，要是左翼赢得选举，该国将不得享受经济复兴计划的好处。”（Ellwood，1998，p.34）

1948—1952 年，经济复兴计划向欧洲注入了 125 亿美元。1945 年后的十年间，美国对欧援助的总额累计将近 250 亿美元。英国得到 69 亿美元，法国 55 亿美元，西德 39 亿美元，意大利 29 亿美元。[13] 这就解放了国内资金以供资本形成。

1947 年，乔治·凯南提出，对于该往何处去，欧洲人根本没有共同意识，美国国务院不得不“单方面决定”什么是欧洲的最佳利益。[14] 在 20 世纪 40
<138> 年代最后几年里，这就是他们努力要做的事情，虽说手法略微微妙一些，不像凯南的措辞那么直白。在绝大多数欧洲国家，长达几十年的时间里，一直

[10]　参看 Griffiths，1995，pp.8—15。

[11]　参看 Griffiths，1995，pp.8—9。

[12]　亨利四世是位新教徒，当然，他的法国臣民绝大多数都是天主教徒。

[13]　据 Judt，1997，p.37。1945—1971 年，美国对欧援助（军事援助加民用援助）总计 530 亿美元毛值，430 亿美元净值，其中 390 亿美元属于无偿赠与（Maddison，1976，p.475）。值得一提的是，埃利亚斯在 1935 年刊行的一篇文章中，阐述了法国新教徒的地位（Elias，1935）。

[14]　转引自 Judt，1997，p.17。

有许多热心分子大声鼓呼，倡议建立一些泛欧制度。[15] 不过，要等到 40 年代后期，美国人才真正推动了西欧各国彼此合作。

在美国这一边，掌管马歇尔援助的是经济合作署（Economic Cooperation Agency，ECA）。署长保罗·霍夫曼是位温和的共和党人，此前在一家汽车企业工作。他曾在 1953 年这样描述自己与欧洲相应同行打交道的思路：

> 经验告诉我，如果你希望得到热情的合作，就必须让那些利益相关人士拟定计划，至少要参与计划制定过程。比如说，在史蒂倍克，我相信我们的车身部门效率不如奥尔兹汽车，但我不会去奥尔兹公司考察他们的现状，然后给我们的车身部门负责人下命令。相反，我会和我们的人交谈，说起奥尔兹汽车的车身制造，似乎有些有意思的事情，然后我会建议他去看看。
>
> 他看后回来，如果还有些能力，就会有想法。他会说，史蒂倍克已经摸索出了这样那样的可取的东西，当然，还需要做些调整改进——因为这样他就是首先提出改进建议的，并要负责这件事情。推而广之，我们成功地把这种思路用到了欧洲。每个国家都提出了自己的计划和建议。这是他们的创议，体现了他们的热心，他们为计划负责。[16]

---

[15] 1848 年，一家法国报纸《箴言报》（*Le Moniteur*）倡议创建一个欧洲合众国。1926—1929 年，一个国际钢铁联营将德国、法国和其他几个欧洲生产方联合一体。早在 20 世纪 20 年代，阿里斯蒂德·布里昂德和古斯塔夫·斯特来斯曼就曾致力于法德扩大合作，逐步建立一个统合一体的欧洲，发行自己的欧洲单一货币。30 年代，“青年欧洲”（*Jeune Europe*）之类的组织提供了论坛，让比利时社会主义者保罗－亨利·斯巴克这样的热心分子有了发言渠道。参看 Judt，1997，pp.6—9，p.14。其他倡议统一欧洲的热心分子还包括阿尔泰里奥·斯皮内利、路易吉·伊诺第、乔万尼·阿涅利、安德烈·卡比亚蒂、莫里斯·勒努、伯特兰·德茹弗内尔、罗杰·曼努埃尔、赫尔曼·克兰诺德、苏贝·姆戈伊、埃多·菲蒙等，仅举数例。——原注

[16] 据“HBP”1953 年 1 月 28 日对霍夫曼进行的一次访谈，藏于杜鲁门总统图书馆数字化档案（Truman Presidential Library Digital Archives）。可查询下列网址：www.whistlestop.org/study_collections/marshallAarge/ folder7——原注

史蒂倍克（Studebaker）：历史悠久的美国汽车制造商，19 世纪时为世界最大的马车制造商。奥尔兹汽车（Oldsmobile）也是以其创始人奥尔兹命名的美国汽车制造商。——中译注

这个小故事生动地刻画了企业老板和下属管理人员之间那种所谓“融洽”关系，也很好地概括了20世纪40年代后期到50年代早期，美国人寻求和欧洲人建立的那种关系。在一个更加商业化、科层性的世界里，这相当于一方是索求核心军事资源和经济资源的绝对主义王室，另一方是随时准备提供效忠以邀宠获擢的宫廷贵族。在这里，“王室”对于欧洲范围内出了什么问题其实有些确定的想法，只是不太清楚该怎么去修补问题。

霍夫曼的主要助手之一理查德·比斯尔后来评论道：“马歇尔计划开始前，显然是想争取在四年时间里给欧洲带来一些结构上的变化。但后来逐渐认识到，毛病出在根子上，所以就要从根子上来努力解决这些毛病。”在他看来，“欧洲一体化”的“结构性变化”“始终”得到“大量明智的关注”，但还不足以“真正应对……管理阶层的相对落伍、劳动力低下的问题，法国和意大利的问题尤其严重（北欧、德国等地大体好些）。”比斯尔很遗憾，美国人没能“在这方面”做出“显著的成就”。[17]

到了1949年10月，美国对欧洲的结构性变化步伐缓慢感到沮丧，导致
<139> 转向一种更加强硬和直接的思路。霍夫曼在经合组织的一次会议上发表重要讲话，主张要维持美元援助，代价就是“一体化”，他反复使用这个词。所谓一体化，他指的是“构建一个大规模单一市场，永久清除对于物资流动的数量限制，对于资金流动的货币壁垒，最终清除一切关税。”[18] 作为迈向这一目标的步骤之一，美国人向欧洲人提供了一项计划，建立欧洲支付联盟(European Payments Union，EPU)，换言之，在欧洲各国之间建立一套处理债务的体系，让各国货币能够充分兑换。[19] 欧洲支付联盟于1950年9月开始运作。

---

[17] 据 Sam Van Hyning、Harvey Mansfield、Guy Horsley 和 “HBP” 1952 年 9 月 19 日对比斯尔进行的一次访谈。网址同上。——原注

[18] 转引自 Griffiths，1995，p.10。

[19] 该计划的拟定者正是比斯尔。Griffiths，1995，p.10。

三、宫廷生活

美国人并不总能比亨利四世或路易十四更加随心所欲。但不管怎么说，他们大力推动了泛欧制度建设。他们希望建立一套愈益理性、愈益受制于规则的行为体制，并且的确做到了。但他们控制这套体制的能力却慢慢削弱了。1950年以后，朝鲜战争爆发，美国人的注意力转向太平洋地区，欧洲各国经济开始迅速复苏。

美国人将自己关于制度建设的观点强加给其欧洲盟国的能力逐渐削弱，这一点在1953年趋于明朗，当时他们要支持让·莫内[20]等联邦主义者，后者倡议创立欧洲防务集团（European Defence Community，EDC）。该集团将控制一支新的欧洲军队，包括一支代表西德的军队。但关键在于，法国对此表示不满。就创立欧洲防务集团一事，在1953年至1954年的共同安保计划（Mutual Security Program）下，美国政府将提供军事援助：如果该集团未能创立，则计划援助的半数将会撤销。在马歇尔援助的时代，这种以援助为诱饵谋求政策成功的战略显然是会奏效的，但到1954年已不再起效。法国国民议会拒绝批准加入欧洲防务集团，计划于是破产。[21]

不过，在20世纪50年代，同样能够清楚地看到，再也不能回到西欧各国之间直接军事对抗的“老日子”了。这并不意味着国族利益被人遗忘，就像宫廷贵族不会停止关注自己世袭财产的多少。法国贵族学会通过凡尔赛宫里的钩心斗角来追逐自己的家族利益，竭力钻营，编织势力网络。无独有偶，欧洲的政治家们也努力塑造制度建设过程，以服务于自己的国族雄心。

以舒曼计划（Schuman Plan）为例。该计划促成了1950年发起创立欧洲煤钢共同体（European Coal and Steel Community，ECSC）。回头看来，

[20] 让·莫内（1888—1979），法国政治经济学家和外交家，一战后曾任国联副秘书长，二战后负责制定重建法国经济并使之现代化的全面规划。1950年与法国外长舒曼一起倡议建立欧洲煤钢共同市场，后任欧洲煤钢共同体首任主席。1955年筹组欧罗巴合众国行动委员会，在担任该委员会二十年主席后，被欧洲共同市场九国政府颁授欧洲公民称号。——中译注

[21] Judt，1997，pp.17—18；Congressional Record，83rd congress，1st session，p.8683；van der Beugel，1966，p.287.

这有时候像是基石之一，奠立了一个新的泛欧制度秩序，超出了狭隘的国族对抗。话说回来，创立欧洲煤钢共同体的动机之一，正在于让法国有办法影响德国的再工业化，确保自己的利益得到保护。与“老日子”之间的关键差
<140> 异在于，到 20 世纪 50 年代早期，用来追求国族利益的战略是和平的、“文明的”。

这种思路与四分之一世纪前法国政府采取的路数大相径庭。1923 年，法国政府派遣军队占领德国鲁尔区，以遏制其工业产能造成的威胁。这相当于法国贵族彼此进攻城堡来解决争端，只是在更高的社会整合层面上。如果不再如此行事，用埃利亚斯的话来说，欧洲各国政府就证明了在文明化过程中取得显著进展。

宫廷贵族只要不使用武器，还是被允许保留刀剑的；与此类似，西欧各大国也保留了各自“独立的”核军备。但不再是单打独斗，而是由北约协调实施。西欧并没有在像苏联控制下的东欧那种程度上被解除武装、强制安定，但军事开支在国民预算中的比例的确是下降了。[22] 从 1953 年到 1970 年，英国的国防开支占国民生产总值的份额从 11% 下降到 5%。法国从 11% 下降到 4%。意大利和西德则从 5% 下降到 3%。如果没有美国在欧洲土地上庞大的军事力量存在，这种减少想来是不可能的。

据 1973—1974 年法国外交部长米歇尔·若贝尔所言，西欧在二战后最初几十年属于“拴在一个阵营里，受到美国的严格控制，接受命令，汇报任务。”若贝尔又补充道：“欧洲恢复了自信，但代价是不承担责任。”[23] 若贝尔的言论或许有言过其实之处，但它们也反映出，受制于一种新的权力垄断的约束是什么滋味。

在 1956 年的苏伊士运河危机期间，当英法两国因其行事如同“力量过于坐大的臣民”而受到惩罚时，当然也展示了美国人的规训权力。英法两国和以色列秘密组织了对埃及的攻击，但这一幕直接出自帝国主义这部尘封旧

---

[22] 对比西欧和东欧在二战后的文明化过程的不同形式会很有意思，只是此处篇幅有限，不能详述。就提一个问题：从埃利亚斯的视角来看，1989 年后的苏联解体是否在类似于 1918 年德意志帝国崩溃的一些维度上，体现出某种去文明化过程？前者的寿命只比后者长了二十年。

[23] 《世界报》，1991 年 8 月 10 日；Judt，1997，p.29，n.7。Elias，1994a，pp.512—513。

书。按照科林·克洛斯的讲法，美国国务卿约翰·福斯特·杜勒斯，“并没有把遏制共产主义和维持英国在中东的权威等量齐观”(Cross，1970，p.327)。

英法两国招致美国不满，在联合国又只能确保联大五票赞成，面临严厉谴责：六十四个成员国投票反对他们。英国首相安东尼·艾登倒是不会像路易十四宫中类似的不顺从者那样掉脑袋，但他的确丢了饭碗，毁了健康，失了名望。[24]

四、规则约束下的互赖

欧盟的社会生成与欧洲各国的社会生成之间颇有些相似之处。这两个过程虽然发生在不同的整合层面，但在结构上却是相似的。二战后，美国在欧洲拥有强大的经济、政治和军事力量，从而能对暴力的使用施加高标准的 <141>
约束。美国人还鼓励西欧各国之间建立愈益受规则约束的互赖体制，这种体制将煤、铁、核能与农业等主要经济企业捆绑在一起。

到了晚近，美国发挥其势力影响时已不那么直接，美国与欧盟之间的经济实力差距也大大缩小，纵然如此，这一体制依然存在。《马斯特里赫特条约》之后的欧盟就是这一体制的最新表达。在这个高度发达的型构中，西欧的绝大部分如今都有了重大利害。1999 年的巴尔干战争表明，欧洲依然仰仗美国的军事实力。

这一欧洲型构的核心，是各民族国家的转型，从主要向受制于自己支配的人口**强加**规训，到本身就在很大程度上受制于依然存在的“自上而下”的规训。所有成员国的公民的生活，都受到布鲁塞尔制定的法律的影响。1994 年，英国政府计算得出，英国全部法律中有三分之一是在布鲁塞尔拟

[24] 艾登三度出任英国外交大臣。曾因反对张伯伦对德意绥靖政策而辞职，二战爆发后重新入阁。参与解决一系列国际争端，结束印度支那战争，建立东南亚条约组织。1953 年重病，此后再未完全康复。1955 年继邱吉尔而任英国首相。由于美英两国考虑到埃及日益亲近捷克斯洛伐克和苏联而违背承诺，停止为修建阿斯旺水坝提供资金，1956 年 7 月埃及纳赛尔将苏伊士运河公司收为国有，宣布以船舶通过运河时缴纳的税金作为修建费用。英法担心西欧石油供应线中断，在外交努力失败后，11 月英法出兵埃及，一周后以色列进攻埃及。年底在美国施压下，联合国紧急部队取代英法军队。1957 年 1 月艾登以健康为由辞职。英法两国从此失去在中东的大部分影响。——中译注

就的。1988 年，欧洲委员会主席雅克·德洛尔提出，有朝一日，影响各民族国家的经济立法的 80% 都将在布鲁塞尔通过。[25]

这些法律涉及方方面面，从就业立法，到环境保护。其中值得注意的一个特点，就是它们对水质、工时等强加了标准。它们体现出新的体面阈限。20 世纪晚期，对于逐步提出的强制标准有一种中期趋势，这个过程在某些方面类似于埃利亚斯在《文明化过程》中勾勒的情形：历经数百年，对有违“体面”的行为的敏感度不断上升。

根据埃利亚斯的说法，国家的主要属性之一就是它的“个体化”能力，即将人们剥离其家庭、部落或其他“前国家形式的整合”(Elias, 1991b, p.181)，并根据国家自身的规则和范畴来对待他们。其效果，就是削弱了这些旧有整合形式对人们的控制。人们越来越不受到自己对特定家族、氏族或部落的依附关系的约束，而是越来越依附于民族国家。

欧盟的渗透力与民族国家此前发挥的那些力量有几分相似。[26] 比如说，欧盟对于某些地区给予了特别的承认（如艾米利亚 - 罗马涅、罗讷 - 阿尔卑斯、巴登 - 符腾堡、加泰隆尼亚、苏格兰等）[27]，赋予它们特别的资金和合法性来源，也就是说，除了仰赖民族国家，还有替代选择。通过这种方式，欧

---

[25] 《经济学人》1998 年 1 月 3 日，p.28。——原注

德洛尔 1985 年起任欧洲共同体执行机构欧洲委员会主席，促进长期停滞的欧洲共同体进行改革，说服成员国同意建立单一市场，于 1993 年生效，成为迈向经济和政治全面一体化的第一步。——中译注

[26] 这些说法也适用于欧盟的前身欧共体。

[27] 参看 Middlemas，1995，pp.383—434。——原注

艾米利亚 - 罗马涅（Emilo-Romagna）：意大利中北部一区，1860 年并入意大利王国。首府博洛尼亚。——中译注

罗讷 - 阿尔卑斯（Rhöne-Alps）：法国东南部大区，首府里昂。——中译注

巴登 - 符腾堡（Baden-Würtemberg）：德国西南部一州，首府斯图加特。——中译注

加泰隆尼亚（Catalonia）：西班牙东北部地区名，1979 年通过自治法，首府巴塞罗那。原为阿拉贡王国一公国，自 17 世纪以来一直为分离主义运动中心。——中译注

苏格兰（Scotland）：大不列颠及北爱尔兰联合王国的一部分。1707 年，英格兰和苏格兰两国国会通过《合并法案》，与威尔士一起加入英国。首府和文化中心为爱丁堡，经济中心和最大城市为格拉斯哥。——中译注

洲这些地区逐渐脱离了它们各自所属的民族国家。[28]

以类似方式受到影响的另一个利益集团是大型企业。欧盟的管制直接损及利润水平。这些企业有必要到布鲁塞尔开展一些院外游说活动。欧盟 <142> 通过诸如此类的机制，致力于将大型企业剥离民族国家，随着多国企业和跨国企业等工商组织形式的发展，这个过程显然取得了显著推进。

布鲁塞尔作为欧盟与北约的总部所在地，已经成为现代凡尔赛。这个环境中的各路玩家都投入一场漫长的游戏，是否能多年坚持努力，至少和任一时间工作团队的规模一样重要。根据最近对欧盟“非正式政治”的一项研究，企业的影响力“不应只是根据引入专家人数或雇用说客多少来衡量。企业的长远影响力或许在于，在官员心中打造一种思想态度，一种对于某种技术、燃料或标准的倾向，甚至是承认一家企业相比于另一家企业的地位。”(Middlemas, 1995, p.461)

在刚才引的这段话中，米德尔马斯所描述的那种心理操纵策略，其实是埃利亚斯回溯到王宫中[29]，回溯到拉布吕耶尔和圣西门公爵的那种。米德尔马斯将企业的游说策略比作堑壕战，涉及“先是低调的监控，然后是激烈的战斗，最后是通常乏善可陈的收获。”(Middlemas, 1995, p.456) 这让人想起拉布吕耶尔的评论：“宫中生活就是一场严肃而可悲的游戏，要求我们协调身心，整顿精神，细密筹划，严格遵循，克制对手，有时还得冒险，还得即兴行事。到最后，我们的种种手段和考虑都遭到遏制，有时还被彻底击败。”(Elias, 1994a, p.475)[30] 这种小心细致、讲求现实、精于算计的心智态度，在那些成年累月泡在布鲁塞尔的说客、外交人员和官员身上，可谓深深扎下了根。

---

[28] 欧盟渗透其成员边界并影响其内部运作的程度令人吃惊。欧盟中绝大多数人如今对此已习以为常，要是指出这是如何不同寻常，反会让人很惊讶。《经济学人》最近有一期评论道，世界上绝大多数地方，包括美国、日本、中国，以及亚洲、拉美和非洲的大部分地区，都还在坚守“拥护国家权力的传统观念”；与此同时，欧洲的情况则迥然不同。用他们的话来说，“世界上没有任何别的地方像此处这样，如此轻易地接受削减国家主权的观念。”试比较东南亚国家联盟(Association of South-East Asian Nations, ASEAN)，其“首要原则……就是互不干涉内政。”(*The Economist*, 1998 年 1 月 3 日, p.28)

[29] 虽说在修道院和礼拜堂无疑也能找到这种策略。

[30] 引自 La Bruyère, 1922, p.237。

按照米德尔马斯的说法，“进入欧洲这场游戏，就强加了一种互赖感。就与委员会官员之间的信息交换（这是企业活动最大的一部分）而言，就连商贸企业也不得不接受某种共享利益，这会使它们在官员眼里更可接受。”(Middlemas, 1995, p.458) 中期来看，单单参加游说游戏，企业利益、专业利益和地方利益就会增强泛欧交换网络，培养对这些网络的认同。

长远来看，适才提到的脱离过程，也可能融合了上文描述的整合过程，以便为培养一种新的欧洲认同创造心理“空间”和政治“空间”。对于欧洲的“我们意象”，可以找出两种增长点。一种就在那些新解放的地区。另一种则是在欧洲内部属于“局外人”的民族国家中的专业阶层。

德国人对于欧洲的热情，大多是因为欧盟运动提供了机会，可以摆脱历史的污名化效果。对爱尔兰人来说，欧洲提供了一种确认，肯定爱尔兰摆脱
<143> 了过去对于英国统治的殖民臣属地位。至于西班牙人、葡萄牙人和希腊人，欧盟成员国地位则是某种符号，象征着被接纳进欧洲局内群体。[31]

暂且回到本章开头的主题。看起来，如果能在欧洲内部培养起更加丰富、更富意义的“我们认同”，当此之时，欧盟内部可能就更容易实现功利主义传统和观念论传统的成功整合。公民愈益积极参与独具欧洲特色的制度/机构，将会有助于培养这类认同。

但在 1999 年的欧洲议会选举中，投票率很低，表明这种培养趋势即便真有发展，也是步履缓慢。不过，值得一提的是，埃利亚斯所辨识的那些社会过程，尤其是在欧洲人的“我们”认同上发生的逐步转变，与帕森斯考察的那些思想趋势和阿伦特阐述的那些忧惧与渴望有密切关联。

欧洲众生男女的社会人格中深嵌着许多层次的认同，正在缓慢地、有时还令人痛苦地“松动”、重组。与此同时，随着欧洲各利益集团跨越国界，更加紧密地维系一体，欧洲委员会和欧洲法院也制定出越来越细密的规章条令之网，设立标准，规定权利。同时，欧盟的边界也在缓慢外扩，将许多此前的局外人变成欧洲专业局内群体的坚定成员。

不过，硬币还有其另一面。这就是埃利亚斯描述的“滞后效应”(drag efffect, Elias, 1991b, p.211)，它是由民主国家创造的惯习或社会人格产生

[31] Jáuregui, 1999.

的。就维持生存而言，至关紧要的整合层面越来越高于民族国家。然而，一代代人的体验却使我们在思考置身欧洲的我们时，首先还是作为“英国人”、“法国人”、“瑞典人”之类。

在埃利亚斯看来，如果人丧失了这种国族认同感，或至少是视之为次要认同，就会体验到意义的根本失落，体验到某种“死亡”。这种感觉可能变得非常强烈，乃至于盖过了功利理性的支配。[32] 回到与法国宫廷的类比。正是因为蒙莫朗西公爵没有准备好接受现实：像他这样的世家不再能在法国呼风唤雨，所以他起来反叛国王，和国王的军队交战，驱马投入虽然勇猛但却完全误判的冲锋，结果一败涂地，在图卢兹市政厅的院子里被处死。[33]

如果蒙莫朗西公爵得到更多的支持，如果法国政府组织得不够好，如果它的集权垄断不那么稳定，如果它的重臣要员，如枢机主教黎塞留，不那么富有才干，这场叛乱或许会促使一体化的法国政权重新解体。[34] 无独有偶，如果欧盟苦于双重困境，一是缺乏效率的中央管理，一是挥之不去、普遍存在的“犯上作乱”，也会面临风险。

值此千年之交，这种分裂印象似乎不太可能重演。然而，热心统一欧洲的人不应以此作为沾沾自喜的理由。还有很多悬而未决的因素，就看上文描述的规则约束下的互赖的进一步发展态势。 <144>

---

[32] 埃利亚斯为了论证生动，不免有些夸张，认为民族国家融入一个欧洲超级国家，其处境堪比于某个美洲土著部落不得不放弃其狩猎采集的生存状态，在大城市里寻找未来。在埃利亚斯看来，“通常至少需要三代人的时间，这些过程性的冲突才会消亡。”(Elias, 1991b, p.214) 如果埃利亚斯此言不虚，那么欧洲的调适期已经过去大约一半到三分之二了。

[33] 这些细节乃是根据 Elias, 1983, p.195。

[34] 此处讲述的是蒙莫朗西家族最后一位，亨利第二·蒙莫朗西公爵(1595—1632)，曾任朗格多克总督、海军元帅、皮埃蒙特总督、法国元帅，战功卓越，后加入奥尔良公爵的派别，在朗格多克举兵反抗枢机主教黎塞留，在卡斯泰尔诺达里战役中兵败被俘，在图卢兹高等法院受审，以叛逆罪被处决，蒙莫朗西贵族领地就此终结。——中译注

五、埃利亚斯、帕森斯、阿伦特和欧洲

与此同时，欧盟似乎不仅体现出埃利亚斯的希望，也展示着帕森斯和阿伦特的期待。它将法国和德国的互赖性予以制度化，而这两个社会的彼此疏离正是决定埃利亚斯撰写《文明化过程》的路数的一个重要因素。欧盟还等于具体刻画了一种尝试：帕森斯在《社会行动的结构》中分析的功利主义社会理论与观念论社会理论之间的综合。

欧洲的"功利主义者"希望尽可能扩大个体和企业的活动范围，能使自己的理性决策不受对于人员、资本或其他经济要素的运动的"非理性"壁垒阻碍。欧洲的"观念论者"脑子里则萦绕着这样一个观念：一个统一的欧洲，有其强大而稳定的中央行政、立法与司法机构，能够向一群统合一体、高度参与的"人民"(demos)——即欧洲的公民——负责。他们希望看到，这一观念能在经验世界里得到落实。

功利主义者一心想清除那些妨碍自由贸易的制度壁垒和文化壁垒。观念论者则想要打造新的制度和新的文化。要整合这些潜在冲突的思路会面临挑战，当提议制定法规，强加跨越国界的统一性，无论是共同的约束，还是共同的权利，就会出现这种挑战。从某个角度来看可以"提升我们的标准"的东西，换个角度就成了"繁文缛节、官样文章"。

如果说帕森斯对欧盟内部意识形态冲突的某些方面给出了一种可能的指引，那么阿伦特则是明确指出了政治上和道德上的利害关键。如前所示，有两种制度集中体现了她判断现代性的标准，也概括了她担忧现代性可能导致的后果。其一是雅典的市集，古希腊公民在那里辩论、决策。其二是集中营。它们各自颠覆了对方的价值观念和生存境况。

20 世纪 90 年代,欧洲同时呈现出这些潜在可能的迹象。在前南斯拉夫，族群主义表现出暴烈形式，包括在波斯尼亚的图兹拉 (Tuzla) 和特雷比涅 (Trebinje) 等囚禁营中系统使用酷刑。而在另一方面，1999 年 3 月，欧洲议会采取了一项出乎意料的大胆举动。它的成员向欧洲委员会提交了广泛存在腐化的证据，面对这种局面，委员会不得不全体辞职。这是积极议会民主的意外爆发。

图兹拉不是奥斯维辛。不仅如此,欧洲议会成员们(MEPs)[35]无论是个人魅力,还是办事效率,也都不能与伯利克里比肩。然而,阿伦特指出的替 <145>
代可能终归提醒我们注意,什么才是利害关键。如果欧盟不能从欧洲公民那里获得相当程度的认同与参与,堪比于民族国家从其选民人口那里的所得,就不可能预测欧盟会继续生存下去。那种程度的认同尚未实现。仍有必要进一步增强民主制度。[36]

五十年,丰富而持续,但这本身尚不足以确保长寿。德意志帝国在1914年显得强大有力,苏联在1968年更是显得不可战胜。但这两者都没能过上百年纪念。[37]

[35] 即"Members of the European Parliament"。
[36] 参看 Smith and Wright, 1999b。
[37] 本章部分借鉴了 Smith, 1999c。

第八章

羞耻与羞辱

一、小引

本书行文至此，我已提出，埃利亚斯夸大了德国这个个案的例外程度，并将法国误读为典型个案。我还提出，德国社会面对德意志帝国的崩溃所做出的反应，在某些重要方面也照样体现于20世纪中后期西欧其他地方。这里包括一些重要的去文明化趋势，比如撒切尔主义和放权。法国面对这些趋势表现出异乎寻常的抗拒力，因为它的文明化过程（如政治集权、中央的管控渗透、主导性国族“我们”认同的发展）的发展程度，远甚于欧洲其他社会。

另一方面，我也提出，欧盟的形成很好地例证了埃利亚斯所称垄断机制的运作。换句话说，这是因为通过巩固一种稳定的权力垄断，清除了冲突各方之间的暴力。这里指的就是美国向此前相互竞争的各方强加了一套文明化行为结构。甚至可以说，18世纪贵族获得对法国宫廷礼仪的控制，与20世纪50年代以降欧洲人自己从美国人手中重新拿回对制度建设过程的控制，其方式颇有相似之处。

不过，我现在要进一步提出，其实没有什么理由像埃利亚斯那样相信，现代早期的贵族对文明化惯习的发展做出了十分重大的贡献，虽说我也承认，他们的确让这种惯习获得了一定的声望。

这一结论源于我在本章要提出的两个观点。其一，在我们对于社会发展和现代性塑造过程的理解中，羞辱应该占有的地位必须比埃利亚斯笔下重要得多。其二，伴随着文明化惯习，与文明化惯习紧密交织，还有一种羞辱化惯习（humiliated habitus），其源起至少和文明化惯习一样早。有充分理由相信，在人类的经历中，两种惯习都从很早开始就有了高度的发展。

我在本章的分析受到埃菲琳·林德纳的创意之作的很大影响。她是一
<149> 位跨文化社会心理学家，我与她合作，进一步推进此处提出的这些观点。随着我慢慢熟悉她的著述，我也开始认识到，羞辱这一主题不仅对分析现代人类境况，而且对探索改善这种境况的策略，都十分重要。[1]

二、文明、基督教与羞耻

尽管本章主要探讨的是羞辱，但为方便起见，不妨先来谈谈它同父异母的姐妹——羞耻。根据埃利亚斯的看法，文明之根牢固地扎在羞耻的土壤中。由于“文明化的”人们养成越来越多的自我规训和自我觉察，他们的“厌恶阈限”（threshold of repugnance）也发生了转变。他们对自己的身体感到越来越讨厌，于是穿衣着带，遮蔽自己的动物性自我。这就要求更高水平的精细和约束。自然机能越来越讨人嫌恶。性和侵犯越来越遭到抑制。[2]

继续来看埃利亚斯的观点。文明根源于羞耻，羞耻又根源于身体。人的新陈代谢（脸红、颤抖、出汗、喷嚏等）总是容易逃脱控制，这便使得血肉之躯的人比较脆弱。人的身体要是出了状况，就会因为逾越了“正确”行为

[1] 林德纳通过在埃及、中国和非洲等好多国家和地区的多年研究与临床实践，逐步形成对于羞辱的理解分析。1998—1999年间，她在卢旺达、布隆迪和索马里待了几个月，访谈了种族屠杀、战时强奸和大肆杀戮的数百幸存者。我们目前正在撰写一本书来讨论羞辱主题，以及羞辱对于分析和驾驭人类冲突的理论意涵与社会政治意涵。参看 Lindner, 1999a; Lindner, 1999b; Lindner, 2000a; Lindner, 2000b; Smith, forthcoming, a。

[2] 这样说是简化了观点，因为文明化过程还交织着一些去文明化趋势和非正式性升高的阶段。

的规则而遭到责怪。悖谬的是，羞耻感会引发许多类似的身体反应（脸红、颤抖、出汗……），并导致起初那种羞耻。这类身体反应并无不妥，事实上，在决定战还是退的情形下还很有用，比如说在战场上。但在要求生理约束的社会场景中，这些反应却属于“不合时宜”。

在埃利亚斯看来，羞耻是一种复杂的混合物。它包括自我嫌弃、抑制、孤立感，但最重要的是忧惧。文明化了的众生男女都惧怕情绪会扰乱理性，破坏控制。他们越是依赖理性，就越惧怕理性会被扰乱。理性孕育了对情绪的惧怕，因为情绪会破坏理性，而忧惧本身就是一种情绪，因此理性间接破坏了理性。这一悖论使人们在考虑人的人格和社会关系时，难以保持超脱。这些都属于文明的困扰。

对于自己所归属或所认同的那个群体的规则有任何逾越，都会产生羞耻。不过，按照埃利亚斯的说法，文明化的人们所体验到的羞耻感中，有相当一部分是由对于身体的特定窘迫所造成的。在埃利亚斯眼中，之所以会这样，是因为在文明化社会中，对身体实施严格约束已经成为实现生理维存和社会提升的功能要求。换句话说，人们将自己的身体牢固锁闭，成了紧张不安的狱卒，寻查逃脱的企图。

福柯的讲法有所不同，但同样有道理。在《性史》中，福柯提出，先是中世纪的神父们，后来是现代的科学家、治疗专家和政府官员，都有意鼓励 <150>
人们对自己的身体感到焦虑。[3] 为了实现这一点，他们在普通人的心智中制造了对性的执迷。他们让普通人思考并谈论自己的性，让普通人聚焦于性。主导技术就是忏悔，或是日后的治疗面谈。这种技术被用来引发——或许是创造——有关人们的性生活的“真理”。中世纪的神父如此，现代的精神分析专家也是如此。

福柯的主要观点是，通过使人们执迷于自己的性，把持权力的人就能制造一种焦虑的气氛。一旦有意创造出忧惧，权威机构就能加以操纵。神父会告诉教友们如何拯救其灵魂。精神分析专家会指点如何治愈人格问题。这种“照看引导”其实是一种乔装改扮的支配。通过这种方式，创造出一系列的理解与情绪反应，可由权威机构加以操纵，以影响广泛人口的行为。

---

[3]　福柯的观点是《规训与惩罚》和《临床医学的诞生》中的分析的进一步发展。

埃利亚斯和福柯的观点都可以用来说明现代羞耻的起源。两位论家都给出了很好的理由，解释中世纪以及日后的现代男女们为什么会对身体产生焦虑的执迷。在两人的分析中，身体都被视为一种威胁，因为如果它挣脱了控制，就会拖人后腿，阻人上升。在福柯的论证中，“上升”导向天堂，“下降”则坠入地狱。在埃利亚斯的论证中，“上升”导向社会成功，“下降”则导致社会挫败。

有一种方式可以将埃利亚斯与福柯更紧密地融合在一起，就是认为福柯与埃利亚斯相类似，都清楚地意识到，特定社会场景的动力机制是如何塑造人际控制与自我控制的结构的。埃利亚斯特别关注王宫的场景。福柯则基于另外两种场景，它们都将人们聚拢在特定环境中，使个体面临失败的风险，但仍希望成功。一种是修道院，院中的基督教修士们在全能的主面前，在自己同行的凝视面前，战栗不安。另一种则是城镇市场，商人们在那里售卖自己的货品。[4]

宫廷、修道院与市场这三种场景，都要求有敏锐的观察和自我控制，以确保人不被“逮住”。要在宫廷、修道院和市场里表现良好，就需要非常细致地监管自己和别人。福柯特别关注这些压力是如何作用于僧侣、神父及那些从市场来忏悔自己罪孽的俗人的实际做法的。

福柯就像埃利亚斯一样揭示道，当监管和控制的惯习在特定人口群体中发挥作用，个体的认同感就很容易受到别人的控制。埃利亚斯和福柯都明白，社会控制的主要手段之一就是使人们对自己之所为或之所是感到羞耻。他们也都清楚，这种控制能力既可由群体（如廷臣同伴、僧侣同伴、商业伙伴）

[4] 这些社会场景对于理解福柯的著述十分重要，这一点在理查德·森内特的作品中表现得非常鲜明。森内特在其作品中同时借鉴了埃利亚斯与福柯，很有创意，遗憾的是，这里篇幅有限，不能评论。森内特扩展了羞耻心巡查的区域，不仅限于与身体有关的思想和感觉，还包括整个自我规划，自我作为一种存在，其在世界上的呈现需要给出正当化理由。根据森内特的说法，一旦我们被塑造成感到对自己挖掘不够，未能发展自身，羞耻就是我们体验到的一种惩罚。森内特的论证中有一点至关重要：处在社会顶端的人们，相比于处在社会中层和底层的人们，受到羞耻的影响要轻得多。后两者不仅会感到羞耻，还会觉得羞辱。人们会以某些方式来使用理性和控制，以系统削减羞耻和羞辱。参看 Sennett，1970；Sennett，1977；Sennett，1980；Sennett，1990；Sennett，1994；Sennett，1998。

买调动，也可由等级性权威（如君王、上帝、神父、治疗专家）来调动。

对于窘迫的忧惧，产生了对于内在驱力的病态压迫，埃利亚斯对此固然 <151> 有些保留意见，但他也明确认为，总的说来，在文明化过程所涵盖的相当长时期里，羞耻感对于人类社会还是有积极作用的。《文明化过程》中明确传递的讯息和论调是：在现代性对于人的提升过程中，各种控制逐步渗入社会与人格。此书在许多方面尚无评价，但有一点很清楚：埃利亚斯认为欧洲社会大体上的（如其所见）“文明化”特征，远比其此前的失序状况优越，而两次世界大战之间的德国恰恰令人想起后者，十分可怖。

无论如何，就福柯而言，在中世纪和现代时期，当权者会抓住一切机会集聚并利用人的羞耻心，以求改进自身的权力位置，而以人口的大部分为代价。但在他看来，现代文明非但没有提升人，反而贬低了人，遏制了人，使人远未达到其原本可能的高度。换句话说，尽管福柯并不强调羞辱这一概念，但他却主张，现代众生男女遭到了自己的文化和制度的羞辱。

不妨这样阐述埃利亚斯与福柯之间的差异：埃利亚斯不无保留地揭示了羞耻所产生的积极作用，福柯则毫无保留地揭示了羞辱所产生的消极作用。这就引出了羞耻与羞辱之间的差异问题。探究这一问题的最佳场所就是伊甸园。

三、亚当、夏娃与上帝

《文明化过程》还传递了一条隐秘的讯息，甚或埃利亚斯本人也不得而知。那就是：至少从某种意义上来说，成为文明人，就像是离开了伊甸园。众生男女宛如亚当和夏娃，获得了知识，也感到了羞耻。对于情绪的控制有其积极作用：它带来了科学的客观性、理性的计算，以及随之而来的技术成就和组织成就。然而，它也有消极的一面：文明化的人们对自己的身体和情绪感到羞耻，害怕暴露它们。

在题为“骑士生活场景”的简短小节中，“伊甸园”有过转瞬即逝的出场，几乎难以察觉（Elias，1994a，pp.168－178）。在这些行文中，埃利亚斯介绍了刻画中世纪世俗上层阶级世界的一系列绘画。这正是处在文明化过程萌芽阶段的欧洲。在这些绘画中，生老病死、喜怒哀乐都是照实描绘。大地得到耕犁，男人出外打猎，农夫遭到绞杀，情人赤裸相拥。

埃利亚斯提出，现代观察者们如果在现实生活中看到这些场景，会觉得
<152> 嫌恶。然而，中世纪的骑士，当地的主子，面对画中描绘的这些不平等、暴力、苦难和情欲，却不会感到“丝毫羞耻或窘迫”(Elias，1994a，p.171)。骑士看到这些会想：“上帝就是这样造世界的：有人是领主，就有人是农奴。看到这个，没啥好觉得窘迫的。”(Elias，1994a，p.174)

两段过后，埃利亚斯又介绍了一幅画，“一个小花园。绿树成荫，其下是个椭圆的浴盆”，里面一对年轻男女，都赤裸着身体。埃利亚斯评论道，在这一场景中，“赤裸并没有让人联想到羞耻”(Elias，1994a，p.175)。透过行文，我们看到的意象正是亚当和夏娃的快乐阶段 / 状态 / 国度 (happy state)。[5]

这段话耐人寻味，讲的不单单是羞耻或不顾羞耻。它还涉及羞辱，虽然埃利亚斯没有强调这一点。请注意埃利亚斯借骑士之口说的话：“上帝就是这样造世界的：有人是领主，就有人是农奴。看到这个，没啥好觉得窘迫的。”

寥寥数言，却包含着一则创世神话，而其中心形象就是上帝与亚当［换言之，“(男)人”(Man)］。待会儿我会来深究这个神话，这里先列出其主要成分：

- 亚当和夏娃在伊甸园中，在上帝的监护 (lordship) 下，作为狩猎采集者，享受着原初平等的存在状态；
- 亚当在夏娃的协助和怂恿下，试图确认自己与上帝平等；
- 为此亚当遭到惩罚，在宇宙秩序中被贬黜；
- 亚当被驱出伊甸园，降为农夫，终生种地；
- 夏娃遭到惩罚，居于亚当的权威之下；
- 根据上帝强力表达的意志，基于不平等和等级制来安排人类社会的结

[5]　埃利亚斯强调，文明化过程时常会出现反复。他也不认为这个进程可以溯及什么精确的起始点。不仅如此，在《文明化过程》中，埃利亚斯还承认(仅此一次，一笔带过)：“此前的……那些文明”可能很重要(Elias，1994a，p.300)。不过，该书并没有特别注意到，事实上，不妨把中世纪早期的发展趋势，视为至少在一定程度上属于某种**去文明化过程**的产物，而后者则与罗马帝国的解体有关。

构（上帝高于人类；男人高于女人，领主高于农奴）；
- 亚当最初表示反抗，但人类逐渐接受了这种等级秩序，视之为合适得体。换言之，处在臣属位置上也不被视为羞耻。

这则神话包含了一个“人类学”核心真理，即不平等和等级制的创造是一个社会过程，其中蕴含着对弱势个体和群体的羞辱。当狩猎采集者被迫转向农耕，当农夫不得不将自己剩余产品的一部分缴纳给某个封建领主或王家税吏，当部落长者被要求顺从接受酋长权力，当酋长们不得不向殖民统治者上贡纳赋，当帝国强权（就像1945年后的日本、英国和法国）不得不收起傲慢，听从新的全球超级强权美国的命令，发生的就是这种过程。

这则神话也捕捉到了这些情形中反复出现的一个社会过程的本质。当人认为一种权力并不比自己的力量“更好”（甚或“更糟”），却又被迫顺从，则对于相对自主地位的丧失，最初还会有不容忽视的抵抗和反叛。随之而来的往往是心理上的接受，觉得新的上级有“权利”享有权威，新的等级秩序是合适的、合法的。 <153>

不管怎么说，新的等级秩序成为其属下心中“可接受的”固然是事实，但这却不应使我们看不到，在这种接受之前，还有抵抗羞辱的一环。反叛的可能性也许会长久延续。20世纪40年代早期处在德国支配下的法国社会，就生动地体现了这种潜在可能。向纳粹俯首称臣的维希政府与希望推翻新的最高领主的抵抗运动并存一时。倘若第二次世界大战的结局有所不同，抵抗运动就有可能遭世人遗忘。

话说回来，我们的当务之急是区分羞辱与羞耻。不妨回过头来看伊甸园。从智慧之树（Tree of Knowledge）[或称其全名知善恶树（Tree of Knowledge of Good and Evil）]上摘下一颗苹果，最初那一对就了解到他们赤裸相见，而这种状况是令人羞耻的，是一种逾越。换句话说，他们一旦获得“文明化”的准则，同时也就发现自己未能符合这些标准。他们以自己的行动“开启”了知羞耻的官能。而这种官能一是要能承认自己未能遵从某种自己接受的准则，二是要对这一事实自我贬损。

不过，亚当和夏娃为自己选择的准则，并不是上帝希望他们遵从的准则。亚当决定为自己提供自己的道德指南。他偷了上帝自己的善恶智慧，想要做出自己的判断。

而从上帝的角度来看，他希望最初这一对顺从地将其判断置于自己的命令之下。为了教导亚当一条准则，即他应当遵从上帝的准则（而不是他自己的准则），上帝羞辱了亚当。换句话说，他将臣属强加到此前不存在臣属的地方。这样做并无不妥，因为臣属恰恰是使人遵从自上而下给予的准则的前提条件。一旦臣属确立，其一，统治权力（这里就是上帝）就能发布准则；其二，人人都被要求遵从适合自己在等级秩序上所处位置的准则；其三，违背准则的那些人将感到羞耻。

亚当咬了一口苹果，试图变得和上帝一样好。按照上帝当时的说法，“看哪，人已经变得和我们相差无几。[6]”（《创世纪》3：22）按照圣经的语录，显然，全能的主语带愤怒，意存斥责。最初的人们不得不学习惨痛的教训：不遵从准则，应当感到羞耻。

上帝对三个违背自己意志和命令的冒犯者——亚当、夏娃和蛇——深感愤怒，一概施以羞辱。蛇成为一切家畜野兽中最受诅咒者，被迫用肚皮爬行：“终生以尘土为食”（《创世纪》3：14）。夏娃被迫接受顺从自己的丈夫：“要丈夫做你的主人”（《创世纪》3：16）。亚当被逐出伊甸园，夏娃也随同被逐。由此，人类永远移到了一个较低的层面。上帝的天堂田园里物产丰备，亚当原本享受着轻松快乐的狩猎采集生活。被逐之后，他被迫接受艰苦繁重的
<154> 农耕生活。他和夏娃一起，被“……逐出了伊甸园，令他耕耘土地，去造他的泥尘里谋生”（《创世纪》3：23）。

四、逾越、矫正与毁灭

羞耻和羞辱并不一样。在令其感到羞耻的同时并不遭受羞辱，这也是很有可能的。比如说，孩子和开车的人都可能被某种相当温和的羞耻心提醒（shaming）要求排队：“嗯，这样做对么？”闪烁的标牌告诉每一个人超速车辆的车牌号，调动起一种窘迫感，以便保持对于交通的控制。这种羞耻心提醒的策略令人不快，却与羞辱无关，而是要将冒犯者重新拉回“遵纪守法”

---

[6] 此处及下文各处采用冯象先生的译文，后半句是“懂得辨善恶了”。——中译注

的共同体。这其实是一种矫正。

在某个转折点上，羞耻心提醒会变成羞辱。如果羞耻心提醒程度过重，就可能产生破坏性的后果，而不是积极的影响。几乎每个社会群体都有一个“羞耻心提醒装置”，向那些被抓住违背准则的人注入某种微波。羞耻心提醒装置能量巨大，如果有人被丢到里面太久，很可能被烤焦，彻底毁坏。最终他们不是止于羞耻，而是毁于羞辱。口头斥责走得太远，就会变成当众审判。

遭受羞辱而不感到羞耻也是有可能的。假设有一支侵略军惩戒一个强烈抵抗的村庄，以儆效尤。又假设它的士兵把村民头领吊死在广场，强奸民女，在村里的教堂或清真寺随地便溺。别指望幸存的村民会为抵抗侵略者而感到羞耻。他们更可能感到愤怒和憎恨。一有可能，他们就会回击或逃走。

羞耻和羞辱在以下方面颇为相似：它们都涉及某种情绪，某种社会机制。羞耻的情绪与让某人或某群体感到羞耻的羞耻心提醒装置不能分开。即使没有别人在场，也可以将羞耻加诸己身。假设你知道自己饭前“应当”洗手，但有天独自在家，决定不理会这个要求。没别人会发现你违犯准则，但你很可能还是会觉得羞耻。在这个例子中，羞耻心提醒过程中涉及的行动者都存在于感到羞耻的人的“心中”：一个是违犯准则的人，一个是相信所违犯的价值观念的人，两者在“内部”对峙。

无论是羞辱还是羞耻，蒙羞者都会被自己所属的群体或社会的标准宣布为有缺陷。不过，除此之外，羞耻与羞辱就不一样了。羞耻心提醒如果没走到极端，可以作为重塑蒙羞者[7]、让其重新融入群体的一种策略。群体可以利用其“羞耻心提醒装置”，强制其“堕落的”成员遵从一致。对于蒙羞者来说，这不是一种令人愉快的体验。而控制羞耻心提醒装置的人倒是很有可能以此为乐。不管怎么说，关键在于，如果羞耻心提醒有效，那些逾越的人会被带回正轨，冒犯者会成为遵从者。 <155>

如前所示，当羞耻心提醒装置搞过了头，就成了羞辱装置。事实上，如

[7] 全文各处的“vitcim”，虽然都是指某种机制的施加对象，但褒贬不一，我们根据具体语境，分别译作“牺牲品”或“受害者”、“蒙羞者”（包括蒙受羞耻和蒙受羞辱）和（贬抑、令其谦卑等作用机制的）“承受方”等。——中译注

果玩的就是羞辱，那么蒙羞者不仅会被扔在微波炉中烧烤，还会被暴打，甚至会被扔进垃圾堆。

羞辱不同于羞耻心提醒，不会把受辱者拖回其合适的位置。相反，它会把他们赶出原有的位置，让他们失位。[8] 羞辱不是尝试改造蒙羞者，而是要削弱他，损害他。被羞辱的人不会重新融入群体，而是与群体切断关联。

羞辱将蒙羞者推"低"或推"出"，强加给他们一种特性 / 身份，从表示拒绝的群体的角度来看是"被污损的"。一旦出现这种情况，蒙羞者就无法被重新确立为表示拒绝的群体的"正常"成员。[9] 在极端情况下，被羞辱的人可能会遭到生理上和 / 或心理上的破坏。这类蒙羞者将不再"存在"。你不会"了解"他们，他们不再需要被"考虑"。

暂且回来谈谈羞耻和羞耻心提醒，这些会在"冒犯的"人或群体心中制造某种令人不适的感觉，觉得自己不称职，有过失。这是因为冒犯者未能遵行觉得自己从属的更广泛集体中盛行的规范。他们未能达到标准。羞辱同样让蒙羞者感到变得比以前"更低"。两者之间的差别在于，羞耻产生了一种感觉：**某人自己的**努力不够充分；羞辱则灌输了一种感知：某人**被别人**以暴烈的方式击败甚至赶出局。

受羞辱的人会遭到强制剥夺，失去自己觉得有合法诉求的好处。产生羞辱的并不是某人所相信的规范的约束力。受羞辱的人与感到羞耻的人不同，不会觉得有强烈冲动要"做得更好"，而会觉得愤怒、受侵犯、遭剥夺。

尽管羞耻与羞辱不一样，但还是有可能设想在一些案例中，两者有相当高的重叠度。比如说，某人热情奉行某个群体的价值观念，是该群体的死党，与其融为一体，但却发现自己违犯了群体的价值观。例如鲍曼所描述的 19

---

[8] 关于这一点，有一个重大例外，我在别处称之为"增强型羞辱"(reinforcement humiliation)。它指的是已成家常便饭的击打、伤害和虐待，是"上面"(领主、师傅、丈夫、父母等)对"下面"的个体和群体进行的折磨，以求打压那些下级有任何倾向想"往上爬"，侵越其上司占据的"更高的"社会空间。有必要进行增强型羞辱，以预防此前的"征服型羞辱"(conquest humiliation，以此强加等级制)或"贬黜型羞辱"(relegation humiliation，以此迫使个体或群体接受业已确立的等级秩序中的降级)出现任何逆转。参看 Smith, forthcoming, a。

[9] 除非群体彻底改变其特征，比如改变其原则，摒弃羞辱的做法，并努力治愈此前的羞辱之举所造成的损害。

世纪到 20 世纪早期的德国犹太人。他告诉读者，这些人是根据体面正派的德国人的标准来过日子的。他们的思想领袖将犹太的传统文化知识做了理性化处理。有一股强大的思潮，要养成“精致而体面的做派，新的清洁标准，两性交往的礼仪……以及公共场合的举止”(Bauman，1991，p.129)。

然而，犹太资产阶级陷于两种标准、两套准则之间。一方面，他们的为人处事依照的是其非犹太人的德国邻居的标准。另一方面，非犹太人的德国人又认为他们属于一个不符合那些标准的范畴。从非犹太人的角度来看，所有犹太人都具有某些“令人窘迫”的特征，这些特征来自东欧那些较低阶层的犹太移民身上，他们被认为吵吵嚷嚷，过于外向，不爱干净。 *<156>*

由于自己当中有“肮脏的”犹太人，德国犹太人作为德国人，感到了**羞耻**。而由于遭到认为自己从属的德国社会的坚决摒弃，他们作为犹太人又感到了**羞辱**。有些德国犹太人承认有“邪恶的愿望……世界能够通过某种无痛苦的方式，清除这些令人不快的东西”，除掉他们的“懒惰、肮脏和改不掉的撒谎恶习”[10]。对于这种让人不舒服的处境，许多人的回应是采取德国主流社会的那种敌视态度，看待来自东欧那些不那么“文明化”的犹太人。不妨说，这使得大屠杀更有可能发生，并且丝毫无助于德国犹太人摆脱与其波兰同类的共同命运。[11]

根据鲍曼的看法，德国犹太人觉得受到摒弃，遭到打压，却根本不可能指控折磨他们的人，说这本质上就是羞辱。他们的反应是，试图将负担转嫁到另一个群体身上，即东欧来的犹太人。这番论证的结构很像埃利亚斯在《德国人》中提出的观点。差别在于，埃利亚斯指的是德国整个国族。他提出，一战后，德国人觉得战败等于羞辱，希望将负担转嫁到另一个群体身上。他们选择了德国犹太人。

---

[10] Hugo Ganz，转引自 Wertheimer，1987，p.148。参看 Bauman，1991，p.133。

[11] 鲍曼评论道：“羞耻依然造成伤害，如今是作为被压抑的记忆，以新型但却令人更为痛苦的罪疚形式。它大声呼告，乞求清除干净，或是辩解无罪。救赎的时刻已经错过，剩下的唯一道路就是证明，起初没有任何东西可以挽救。(换句话说)……犹太人的德国性中想必至少有一点根本的真理，因此在德国犹太人对其东欧邻居的指责中想必也有某种真理。如果后者遭到指责，就只能怪他们自己。这等于是说，遭到指控，罪在自身。指控已经撤销，而罪依然存在。”(Bauman，1991，pp.140—141)

五、贬抑、令其谦卑与羞辱

稍微想想就可以得出结论：纳粹对欧洲犹太人的羞辱，相比于上帝对亚当和夏娃（即人类）的羞辱，在某些根本方面存在差异。这两个例子也有其相似之处。无论哪个例子，实施羞辱的一方（上帝、希特勒）对所采取的行动的正确性，都看不出有什么疑虑；并且其中遭受羞辱的一方，也都感到了极度的伤害、悲伤和愤怒。

两个案例之间的差异，关系到两种羞辱之举的结局。以圣经为例。亚当和夏娃试图确认与上帝平等，被迫接受了惨痛的教训。他们被排斥出与上帝之间原本享有的特殊关系。人类遭到的羞辱是一次深切的震荡，对众生男女的基本态度产生了有力的影响。它重新安排了上帝与人类之间的关系结构，重新塑造了人类的惯习。堕落之后，人类明白了自己就该在尘世间遵从上帝的命令。

人类“备尝艰辛后方才得知”，自己在上帝脚下的位置很低。至此才是合适的阶段 / 状态 / 国度来接受上帝的律法。亚当的后人重新融入了与其神主
<157> 之间的一种新型关系。上帝因亚当的逾越而降临给他的灾难依然存在，但人类与上帝之间的关系又添入了一个成分：十诫。上帝的律法为全能的主与其人类臣民之间提供了一种新的纽带 / 契约（bond），可以说是使上帝降临人世。

回想一下，亚当在他那灾难性的伊甸园冒险之后，将羞耻官能一并带到了人间。至此，上帝为其尘世臣民颁布的一套律法所调控的宇宙秩序中所有主要成分均已呈现。从此以后，那些违背律法的人面对其人类同伴，面对上帝，便会感到羞耻。

针对这一解释的许多方面，神学家们以及其他细心的圣经读者或许会各执一词，但它的确意味着，在社会关系的重新安排、重新教育过程中，极端的羞辱可能是其中一个阶段。蒙羞者或许会评判，在这类事例中，受羞辱的最终结局还是有益的。事后回顾，他们可能会谈论某种“有益的令其谦卑”。这是对于羞辱的最初体验，包含着令人痛苦的失位和切断，蒙羞者会与自己业已确立的合适位置（niche）相“分离”，被旧有的生息地（haunts）所摒弃。不过，这只是前奏，预示着欢迎蒙羞者回到某个合法位置，虽说“归属”的基础已有所不同。

大屠杀的例子则全然不同。犹太人被剥夺财产，抢去尊严，遭到杀戮。这种羞辱并不打算有益于蒙羞者。纳粹的意识形态认为，“最终解决”只是一项更大战略的一部分，整体目标是要重组德国社会结构，重新教育德国民众。话说回来，犹太人也没指望分享“益处”。受到羞辱的人被标示出来，是要进行消灭，而不是重新教育。

	贬抑施予方的感知	**贬抑承受方的感知**
羞辱	施予方领会自身是在施加羞辱（施予方觉得羞耻）	承受方领会自身是在经历羞辱（承受方觉得愤怒）
令其谦卑	施予方领会自身是在施加必要的令其谦卑（施予方觉得愤怒）	承受方领会自身受制于必要的令其谦卑（承受方觉得羞耻）

图 8.1　贬抑的动力机制

这两类实例之间存在明显差异，又如何放进同一个更大的分析框架，能够考虑到，事实上，在圣经的例子中，贬抑过程最终被其承受方接受为合适和有益情况？这里有两个相关因素。一个相关因素就在于，贬抑的施予方和承受方各自领会承受方在世上的“合适”位置。 *<158>*

如果认为承受方实际占据的位置“过高”，因此需要矫正，这些人就很可能接受贬抑（或“打压”）是一种必要的、合法的令承受方“谦卑”的过程。[12] 而如果相信贬抑发生前承受方在社会秩序中所占据的位置“合适”，就很可能认为贬抑是对承受方不必要、不合法的“羞辱”。

另一点相关因素是，贬抑的施予方和承受方在情绪上对该过程的反应方式。在这方面，可以提出两点假设。其一，如果某人被视为傲慢诉求自己无权占据的社会位置，那么对于这种冒犯，其他人的正常反应就是愤怒。[13]

---

[12] 限于篇幅，不能考察另一种同样重要的可能性：某个人或群体的位置也可能被视为“过低”，所以要求的不是贬抑，而是提升。这一点将在未来与林德纳的合著中详论。

[13] 僭越（arrogation）的过程，换言之，对被通行社会规范视为不合法的东西提出诉求（比如要求得到资源和社会尊重），就是试图提升的一种形式（参看前注）。不妨将此区别于在人权意识形态基础上提出提升（或“得到尊严”）的合法诉求。这一点将在未来与林德纳的合著中详论。

其二，如果某人冒犯了一套自己相信的规范，包括自己从属的社会秩序中表述的规范，那么此人的正常反应就是羞耻。

假设某人被别人视为在一套社会等级秩序中“过高”，超出了自己“合适”的位置。在那种情形下，对他施加贬抑就会被执行者领会为必要的**令其谦卑**（而不是羞辱）的过程。贬抑将承受方带回其“应该”在的位置。这样也就恢复了合适的秩序。在贬抑的过程中，施予方往往会表现出对承受方的某种正当化的愤怒感。

如果承受方本人相信，自己对某个更高位置的诉求是合法的，他就可能对被打压感到愤怒。站在他的角度，贬抑过程会被体验为**羞辱**（而不是谦卑），并可能感到愤怒。这种愤怒会得到正当化的理据，因为羞辱使其失去了自己“应该”在的位置。它扰乱了合适的秩序。在这种情形下，承受方对施予方的冒犯推定感到愤怒。如果施予方日后开始以类似方式领会情境，就会为此感到羞耻，因为自己对承受方过去有所冒犯。[14]

在上帝与最初一对的例子中，上帝对亚当和夏娃感到愤怒。他决定，这一对的合适位置不再是伊甸园。因此，他令其谦卑，将他们贬至尘世。至少上帝是这么认为的。而从亚当的角度来看，这是一种羞辱。显然，亚当不仅认为自己应当待在伊甸园中，而且所拥有的权力应当比上帝授予他的更多。所以，对他来说，被逐出伊甸园就是一种失位，破坏了他所理解的合适秩序。

亚当的愤怒无法公开表达，无疑会改头换面，成为悲伤和苦难。不过，历经时日，人类逐渐了解到，上帝之手贬抑了他们，这是一种必要的令其谦卑的过程。其结果，众生男女为自己过去导致上帝惩罚他们的行为感到羞耻。

<159> 大屠杀的故事及其后果尽管有同样的起点，但却遵循着不同的模式。纳粹得到了德国大部分人口的支持，相信自己正在实施令犹太人谦卑这一“必要”的任务，愤怒地怪罪他们造成了德国人的苦难。在纳粹看来，归根结底，犹太人的“合适”位置就是毒气室。

而对犹太人来说，这是一种灾难性的羞辱，尽管只有幸存者有机会表达自己正当化的愤怒。这种情形不同于圣经故事，因为随着时间推移，那些曾

[14] 此处似有误。根据下面举的例子，作者应该说“如果承受方日后开始以类似方式领会情境，就会为此感到羞耻，因为自己对施予方过去有所冒犯。”——中译注

经认为对犹太人的处置属于必要的令其谦卑的德国人口中，有相当一部分逐渐开始认为，这是一种不可接受的羞辱，以此为其施予方中深深的羞耻感找到了正当化理据。

概而言之，在圣经的例子里，承受方（或者更准确地说，他们的后人）的感知发生了转换，新涌现出的共识以“谦卑”观念为核心而稳定下来。[15]在第二个例子中，施予方（或者更准确地说，他们的后人）的感知发生了转换，新涌现出的共识以“羞辱”观念为核心而稳定下来（参看图 8.2）。

	最初情境	后续情境
圣经神话	上帝领会该过程是必要的令其谦卑 亚当领会该过程是羞辱	上帝领会该过程是必要的令其谦卑 人类领会该过程是必要的令其谦卑
大屠杀	纳粹领会该过程是必要的令其谦卑 犹太人领会该过程是羞辱	德国人领会该过程是羞辱 犹太人领会该过程是羞辱

图 8.2 羞辱与谦卑

六、埃利亚斯著述中的羞辱

如果认为埃利亚斯不清楚羞辱的性质，亦属不然。他曾多次指出，羞辱的承受方是如何通过默然接受压迫他们的人的价值体系来应对自身困境的。而如此一来，他们也就接受了自己的臣属地位是合法的。做出这种退让，他们就使羞辱的打击温和化了。他们把羞辱重新界定为一种必要的令其谦卑，对此表示抵抗是错误的。

在《局内人与局外人》一书中可以找到一个类似的例子（Elias and Scotson，1994）。在这本书里，埃利亚斯和斯科特森分析了（英国）莱斯特郊区的一个社区：温斯顿·帕尔瓦。他们发现，居民主要分为三个群体。第一群人是定居的[16]村民家庭，在温斯顿·帕尔瓦已经住了几代人。他们主要是劳工阶层。第二群人是中产阶级家庭，搬进村庄不久，住的是新建住房。 <160>

[15] 基督教作者们往往使用“羞辱”这个词来描述人类在上帝面前的贬抑，但就此处提出的分析而言，他们这里描述的过程和境况其实属于“令其谦卑”。

[16] “established”，就是“局内人”。——中译注

第三群人是住在村庄另一区域的新来者，其背景和定居的村民家庭一样，也是劳工阶层。

埃利亚斯和斯科特森发现，定居的劳工阶层家庭成功地维持了“体面正派”的声望。他们很乐意和村里新来的中产阶级家庭在一定程度上合为一体。与此同时，他们却通过“闲聊抱怨”(blame gossip)对劳工阶层的新来者进行污名化。定居的家庭控制了闲聊网络，对这些“外来者/局外人”强加“群体贬损”(group disgrace，Elias and Scotson，p.104)，“外来者”则毫无有效办法做出言语回应。两位作者评论道，后一类人“似乎表现出令人困惑不解的默然退让，同意说自己所属的群体优点比较少，不那么体面正派。”(Elias and Scotson，p.8)他们默然接受自己被标定的方式，承认自己没什么价值。这个例子就反映了羞辱被承受方在文化上改造为有正当理由的令其谦卑。

埃利亚斯在《德国人》一书中更直接地探讨了羞辱。诚如上一章所示，在这本书里，埃利亚斯揭示了德国人如何把自身的历史体验为一个从中世纪荣光逐渐衰落的漫长过程。在德国人眼中，德国经历着欧洲内部的贬抑过程，遥遥无尽，实属无辜。德国人对此的反应是悲伤、愤怒和强烈的复仇欲。德意志帝国一度非常强大，半个世纪过后，1918年，却遭受了令人震撼的战败，更加深了上述情绪。

在埃利亚斯眼中，羞辱的体验塑造了德国的国民惯习。作为鼓动家，作为演说家，希特勒具有高超的政治技巧，打造了两次大战期间德国普通民众的怨恨情绪。他挖掘了两种怨恨来源。第一桩事实：在德意志帝国曾作为主导阶级的军事贵族集团手下，德国的男女大众承受了旷日持久的羞辱。第二桩事实：一战后，协约国处置德国的手段非常严苛。它们使德国沦为贱民国家，使其民众遭受重重苦难。埃利亚斯追溯了20世纪30年代到40年代早期，随着德国愈益强大，羞辱所孕育的能量如何向德国的邻居、向那些犹太人宣泄。作为一名德国犹太人，埃利亚斯从内部体察这些过程。其结果，便是一部经典之作。

尽管如此，我们并不把埃利亚斯看做一名研究羞辱过程的社会学家，而是《文明化过程》的作者。羞辱过程在塑造埃利亚斯本人生活的过程中曾经非常重要，而他对“文明化”主题的集中关注却在很大程度上消抹了羞辱过程，这实在是令人啼笑皆非。在《德国人》中，埃利亚斯反复强调，德国是一个“独特”个案，不同于欧洲社会发展的整体模式。实际上，他在为德国个案归类时，正是诉诸了（自己眼中）这一欧洲主导趋势。他把德国看做自己所称“去文明化”过程的例证之一。

那么，羞辱过程又是如何与埃利亚斯所见的文明化过程相互交织的呢？ <161>

我们不妨回到埃利亚斯的典型例证：凡尔赛宫。首先值得注意的是，在这个论证中，羞辱具有不言自明的地位。埃利亚斯显然认识到，在法国之所以可能确立一个有力而稳定的王宫，就是因为君王羞辱了自己主要的贵族对手。埃利亚斯并没有选用“羞辱”这个词，但他的确点明，宫廷社会之所以能够充当礼貌的温床，只是因为武士贵族被强制剥夺了他们作为征战武士的规定性功能，被塑造成在王座面前垂首称臣。他们被转变成臣民。廷臣就是一群被征服的人。那些继续抵抗的人，不是干脆去国离乡，就是已经告别人世。

埃利亚斯集中考察宫廷文化，尤其是将诸多等级和特权的复杂体系仪式化的那套礼仪体系。这种文化告诉每一个人，他们“应当”置身何处，“应当”如何举止。它对宫中听差的境况也有好处，大小廷臣均需接受，而这种境况他们或其先祖都曾进行过暴力抵抗。这是承受方在文化上将其改造为正当化的令其谦卑的羞辱的第二个例证（第一个是温斯顿·帕尔瓦）。廷臣们就像亚当的后人，乐于拥护自己的臣属地位，如果违背了领主势力范围内通行的准则，还会感到羞耻。

君王面前受到的羞辱与对待下属和敌手的那种傲慢形成完美比照。欧洲贵族阶层并不以自我抹杀而著称。不过，这种文化却是令人谦卑的，接受君王的权威，并从后者那里得到间接的荣光。埃利亚斯追溯了从这种令人谦卑的贵族礼仪文化中，如何发育出礼貌，并视之为文明化惯习的发展中的重大进展。

我们无需再次复述埃利亚斯的论证要点。相反，我们该来看看将羞辱与文明化惯习的发展相关联的另一种方式。[17]

---

[17] 这里采取的讨论羞辱的思路受到不少思想家的影响，包括埃菲琳·林德纳、托马斯·舍夫、阿韦塞·玛格丽特、理查德·森内特、威廉·于里、鲍曼和埃利亚斯。参看 Lindner, 1999a；Lindner, 1999b；Lindner, 2000a；Lindner, 2000b；Scheff, 1990；Scheff, 1994；Scheff, 1997；Margalit, 1996；Sennett, 1998；Bauman, 1989；Bauman, 1999；Ury, 1999。亦参 Goffmann, 1967, pp.97—112；Garfinkel, 1956；Klein, 1991；Klein, 1992；Barrett and Brooks, 1992；Griffin, 1991；Silver et al, 1986；Miller, 1993；以及 Gilbert, 1997。

七、文明化的惯习与被羞辱的惯习

本章首先注意到埃利亚斯的假设：文明化惯习乃是源于羞耻。随后推进的分析提出，在许多例证中，文明化惯习与根源于愤怒的被羞辱的惯习相互交织。即使羞辱在文化上被改造为正当化的令其谦卑，其下掩藏的内核依然是挥之不去、熊熊燃烧的怨恨。[18]

如果我们清醒地看到被羞辱的惯习的普遍存在，或许会对它在日常生活中扮演的角色更加敏感。根据埃利亚斯的讲法，文明化的众生男女会将
<162> 许多压力引向内心，试图遏制他们“令人羞耻”的心魔（inner demons）。不过，许多情况下，这些文明化的人们也会竭力应付由被羞辱的惯习所激发的那些激情，这种惯习会将其意向（animus）引向外部，针对某个实存的抑或想象的侵犯者。

埃利亚斯认为，文明化惯习的发展经历了相当漫长的历史时期，没有任何可以明确辨识的起始点。如前所示，羞耻感的发展扮演了关键角色，而对自己所属社会群体的其他成员如何评判其社会表现十分敏感，又会激发这种羞耻感。如果某一社会网络中其他人的评判对某人的成败得失至关重要，那么该型构对于心理或社会人格的塑造力就非常强大了。

埃利亚斯所强调的型构就是宫廷社会，尤其是最为利害攸关的王宫。宫廷社会对其参与者的影响尤其强烈，特别明显，因为这些参与者正处于一个剧烈变迁的过程，从不受抑制的封建武士，转为高度规训的廷臣。

埃利亚斯成功地论证了贵族阶层要适应宫廷社会，必须在情绪上和心理上经历巨大的变化。换句话说，他们的生活方式上发生的巨变，**对他们**意味深长。但埃利亚斯没有论证，宫廷社会的体验对于文明化惯习是否带来什么根本的创新。诚然，凡尔赛宫的生活方式在随后的历史中屡有回声，但对于产生那些生活方式的惯习，宫廷社会是否真的带来了什么深刻的转变？

从埃利亚斯的视角来看，有关宫廷社会的要点就在于：某个群体先是遭受挫败和羞辱，通过获得并发展文明化惯习，完成调适，维持生存。这一分析本身没什么问题，但它忽略了一桩关键事实，因此误读了整个故事。埃利

---

[18]　参看 Elias，1983，pp.214—267。

亚斯未能看到，其实，**就经历适才描述的这种体验而言，贵族并非原型。恰恰相反，他们属于社会落伍者。**

欧洲的贵族头上固然遭受了重重羞辱，但在此之前许久，更近于底层的那些人就已不时体验到这种情绪和社会过程。农夫们被迫成为大地产上的农奴，下层骑士被迫效忠更强大的封建领主，学会如何“含垢忍辱”[19]。蒙受羞辱的狂怒使他们想要奋起反抗，幸运的是，文明化惯习的平衡力量在反方向上施加了压力，帮助他们将暴烈的感情深藏于心。

有充分理由相信，埃利亚斯称为文明化惯习的东西的核心特征，几乎与人类一样古老。你只要去打猎，无论是单打独斗，还是团队作战，都需要践行诸多控制，以便胜过猎物。猎人如能监管自己的表现，彼此协调战术，显然会胜出一筹。

生活在大致平等的境况中的社会，如狩猎采集人群，要想维持生存，就 <163>
必须容纳许多合格成员，即具备发育良好的自控惯习，能够相互监管表现。表彰成功的猎人，符合群体中每位成员的利益，考虑到整个群体通常都要分享打来的猎物，就更是如此。猎人如果能受表彰激励，如果其表现低于期望，也很可能会感到羞耻。

刚才提出的推理的结论是：早在宫廷社会成型之前许久，文明化惯习的主要成分就已存在，并在世事人情中扮演着核心角色。简单群居社会同样有可能熟悉羞辱的某些特定方面，比如将“不可取的人”逐出人群。不过，这些社会的内部具有相当的互赖性，因此避免积聚怨恨情绪至关重要。

埃利亚斯十分强调，欧洲贵族作为一个群体，在他看来发挥了重大作用，规定要做一名现代人意味着什么。当韦伯提请读者注意新教商人的特殊体验时，其实也提出了类似主张。埃利亚斯和韦伯讲述的是同一则故事：主人[20]的习性历经社会阶序逐渐向下传递。

然而，“较低等级”的人当中，完全可以有其规训化实践的漫长历史，事实上，这很有可能，但这一点却被人忽视，因为他们没有留下任何书面记录。

---

[19] 原文为“eat dirt”，而埃利亚斯《文明化过程》中恰恰描述的是如何不“吃脏东西”。——中译注

[20] 原文此处为“master”，兼有庄园领主、行会师傅、宗教大师等意。——中译注

相比之下，新教商人们留下了他们的账簿和日记，廷臣们则留下了他们的行为手册。但我们也不能据此太过随意地假定，是这些人率先发展出被记录的那些实践背后的惯习，地位较低的人只是随后效仿。

事实上，我们可以合理假定，在王家宫廷和复式簿记成为社会生活重要特征之前许久，下等人面对强大的权威，就已经很熟悉自我规训对于维持生存的价值。许多在上帝面前战战兢兢的新教徒，正是来自世代相传鞭笞仆役的家庭。在17世纪开始应对王宫生活规训的那些贵族世家，有些已经把他们的农奴束缚在土地上五百年了。

在中世纪，征战是一项奢侈的活动，只有时间充裕，资源富足，才能负担得起。让一个男人戎装披戴，策马征外，就得让其他许多男人犁地割麦，饮马劈柴。封建战事还要得到许多工匠和商人的辛勤劳作的支撑，他们就像艰苦耕作的农夫，需要事先筹划，平衡收支。中世纪劳动者的技能中，就包括文明化惯习。而当下等人在忙着自己日常固定的事务时，根据埃利亚斯的叙述，他们的主子却在火热的战场上宣泄自己的暴烈感情。

埃利亚斯强调，在战场上听凭本能驱使自有其功能价值。猛攻乍起，喊
<164> 杀震天，满腔狂暴，或许能左右战局。这是些躁动不安的男人。积极活跃的中世纪骑士们过着漫游生活，许多人觉得游牧不定的生存状态很有吸引力。要正儿八经地投入宫廷定居生活，想必煞是艰难。这一切埃利亚斯都说对了。不过，在中世纪和现代早期社会，贵族几乎是最后一个主要群体，要来直面挑战，被拴定在某个特定场所，被迫遵照某个领主的吩咐行事。**在这场现代游戏中，他们属于后来者。**

宫廷贵族必须在御驾前听候。君王的要求必须优先考虑，其下才是世家回到外省后的雄心经营。数百年来，封建贵族让他们的农奴在领主土地上拼命死干，然后才放他们回去耕作自家的条地。农人被长久束缚在庄园土地上，现在，他们的主子成了王室的农奴。

历经周折，到最后，贵族尝到了自己酿下的苦果。它不得不学习“文明化”自我规训的做法。事情还不仅限于此。由于贵族别无选择，唯有掌握这些规训化的做法，这些数百年来发落给地位低下、更受约束的人遵行的做法，所以，贵族完全有动力尊崇这种必要的劳动，并称之为一种“特权”。这并非误入歧途。有多少单身无家的男人因为贫困无援而被迫进入修道院，发

现很容易把自己在领主葡萄园里的日常劳役想作是“完全自由”？被困在王宫中的贵族给这种由来已久的状况又加上了一道象征社会声望的徽章。

监管 / 控制 / 羞耻的惯习波动不定，有时随社会阶序步步攀升，有时又节节后退。它的势力变动不居，断断续续，有时大举扩张，波及深广，有时脆弱不堪，零零落落。当它最终在王宫顶级圈子中找到家园，也就获得了特别的合法性，巩固了作为强大社会力量的位置。宫廷贵族做的几乎所有事情都是富有声望的，因为是**他们**做的。如果连君主及其随从都深陷自我规训的铁笼，还要面露微笑，神色安详，其他还有什么群体能够逃脱，又为什么要逃脱呢？

一旦认识到被羞辱的惯习和羞辱过程的重要性，就会引出许多议题，本章仅限于简述这些议题的皮毛。照此方向用力，大有可为。

第九章 <167>

文明化的论辩

一、会通与冲突

本书将埃利亚斯的著述与两位带有哲学关注的社会学家的作品（帕森斯与鲍曼），以及两位具有社会学关怀的哲学家（阿伦特与福柯）的研究，分别作了比较。之所以选择这些学人，主要是基于一种直觉：他们与埃利亚斯之间的对话会对我们有所裨益。

要想推进这种直觉，也不得不破除一些相当强劲的负面证据。比如说，阿伦特是存在主义的学生，海德格尔的弟子，而埃利亚斯则认为海德格尔属于"蠢人和玄学家"（Elias，1994b，p.92）。不仅如此，福柯的《性史》开篇就大力抨击弗洛伊德主义，而这正是埃利亚斯的思路的坚强后盾之一。除此之外，鲍曼被人讨论最多的那部著作，《现代性与大屠杀》，其核心等于径直否定了埃利亚斯的《文明化过程》。尤有甚者，埃利亚斯统共就挑出那么几位学者进行直接而持续的攻击，其中就有帕森斯。

乍看起来，这样的素材算不上很有希望。然而，换个角度想想。埃利亚斯和阿伦特都是德国犹太知识分子，都面对希特勒的挑战。埃利亚斯和帕

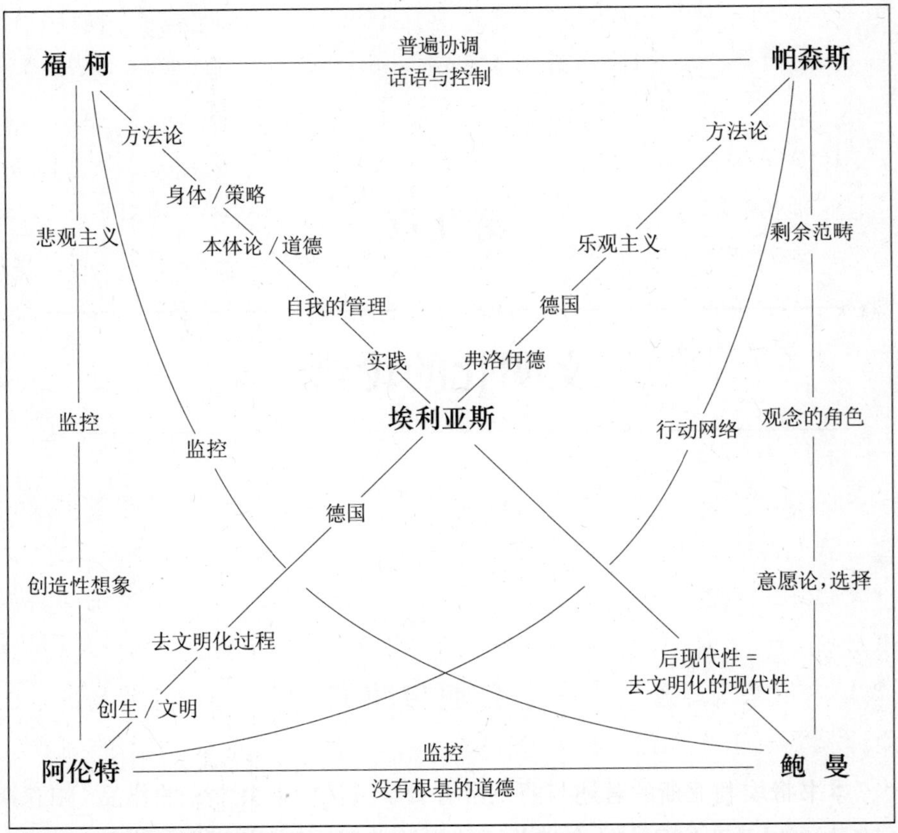

图 9.1 埃利亚斯、阿伦特、帕森斯、福柯与鲍曼作品中主题的会通和互补

森斯都致力于揭示是什么让社会有秩序，都在 20 世纪 30 年代后期出版了自己的主要作品。[1] 埃利亚斯最景仰法国社会，尤其是它的文明化过程延续性最强，而福柯正是这个社会的产物。最后，鲍曼与埃利亚斯一样，都是一位犹太流亡者，都落脚在英国。料想这些人彼此会有些要说的东西。

事实上，我们已经发现，这五位论家在预设、方法和主题上存在一种会通模式，只是被失谐的迷雾和漠视的面具遮掩住了。在这里，会通 (convergence) 并非混融 (fusion)。这五位论家之间依然存在重要的分

[1] 正如早前一章所指出的那样，20 世纪 20 年代晚期，阿伦特、帕森斯和埃利亚斯都在海德堡大学待过。尽管埃利亚斯似乎认识阿伦特，至少是略有印象，但他不曾说起见过帕森斯。不管怎么说，这三位都结识了哲学家雅斯贝斯这样的关键人物。

歧和焦点的差异。相比于将所有要素统统锁进一个密闭体系的那种综合(synthesis)，这样的会通更加有利于未来的理论发展。保持开放的结构，未尽的论证，为创新留出空间，容纳新的洞见，这样更好。

不管怎么说，纵然有种种不一致之处，来自不同论家的许多概念和命题还是相辅相成的。图 9.1 用一张图来概括立意一致的要点。本章下两节，将 <168>
会概述埃利亚斯和其他四位之间会通与分歧的要点。再接下去，则会指出帕森斯、阿伦特、福柯与鲍曼之间的另外一些会通和分歧之处。

二、自我

将埃利亚斯置于这群社会学家和哲学家中间，也就暴露出他看待认同、惯习或心理构成的发展的思路存在某种偏颇。埃利亚斯探讨文明化过程对自我的塑造的思路，受到他的典型范例即王宫的深切影响。不妨回顾一下，埃利亚斯提出，王室享有稳定的权力垄断，导致廷臣发展出文明化的行为形式，这个过程与自我控制和理性的增强维系在一起。根据埃利亚斯的讲法， <169>
廷臣需要避开别人的监控，穿透其夸夸其谈的对手呈现出的似乎难以穿透的外表，文明化人格在相当程度上就是这种需要的非计划后果。

不过，廷臣都出身贵族，是一群极其自信的人，各自家庭都是权倾一时。尽管他们很可能像是彼此社会化而养成某种文明化惯习，但其他更加弱势的社会群体在养成形式经过调整的这种惯习时，要么是作为甘心情愿接受权威指导的受辅导者(tutee) [2]，要么是接受制度阶序（教会、国家、专业）中“自上而下”塑造和约束的下级，而在正常的日常生活中，他们对这些制度阶序并没有什么影响。

阿伦特、福柯和鲍曼都认为，最后这种社会化是现代时期的主导类型。不过，他们也都提到了压迫性不那么强的其他情境，如希腊的城邦（阿伦特），罗马共和国（福柯），或是平等公正社会中的公共领域（鲍曼），其中各群体的相互交流在塑造共享意义方面将会发挥大得多的作用。相比于这些情境，王宫这个案例就显得异乎寻常或别具一格。在王宫中，绝大多数行动者在

---

[2]　莫里哀在其《暴发户》(*Le Bourgeois Gentilhomme*) 一剧中嘲讽了这一类场景。

一套准则内还是享有相当程度的自由，其中的权力均势并不那么集中，社会关系也不那么紧密整合，不至于将所有的主动性、想象力和创造性都挤出社会生活。

不过，关于现代组织等级秩序具体如何影响那些处在其控制之下的人，福柯与阿伦特和鲍曼的看法并不一致。福柯认为这些等级秩序激发了感觉，而鲍曼则不这么看。具体来讲，福柯强调基督教及其在现代国家中的世俗后继者系统地创造了自我嫌恶和道德焦虑。与此相反，鲍曼类似于阿伦特，注意到科层机构往往会使其雇员的道德顾虑趋于麻木。

三、型构与过程

尽管福柯不赞同埃利亚斯关于自我与社会化的动力机制的看法，但两位学者都运用了型构性、过程性的分析。事实上，福柯的《性史》第二卷和第三卷[3]读起来就像是《文明化过程》的姊妹篇。

在这些作品中，福柯和埃利亚斯都利用了指南书，透过它们来了解过去的行为标准和心理运作。他们都关注人们管理其身体冲动的方式和理解自我的方式之间的关联。在这方面，两者都试图追溯，有关身体机能（如饮食男女、吃喝拉撒）的人类行为领域中的做法，与人们在社会中追求维存或上升时所采取的策略，两者之间有哪些关联。

他们都纵观历史，探究了众生男女如何回答“**应当**如何行事”这一实用问题，并揭示了这一问题背后，其实是一些有关伦理行为的本体性议题和追问。他们将行为标准上的长时段变迁，关联到同时代许多观念的变迁：自我的性质，回避特定身体机能或活动的欲望的强度，焦虑或忧惧的水平，政治集权的程度，互赖链条的密度与复杂性。

<170>

之所以存在这种会通，很大程度上是因为，事实上，福柯在其后期主要作品中改变了分析风格，更接近了埃利亚斯。不过，即使在出现这种会通之前，福柯和埃利亚斯集中关注的大致也是同样的机制或过程，比如秩序倾向

---

[3] Foucault, 1987 与 Foucault, 1988a。

与失序倾向之间的冲突，理性与激情之间的冲突。[4] 他们的分歧只是在于这些机制或过程究竟有何意涵。

在埃利亚斯看来，理性和控制的进展促成了一种更具人性的生存状态。如前所示，对福柯来说，抑制非理性，清除失序，就意味着丧失与人类创造性的一个主要源泉之间的接触。埃利亚斯希望知识能够影响理性，福柯则希望摆脱理性话语施加的约束，这种话语等于给自我穿上了一件紧身衣。

如果转而关注埃利亚斯与早期帕森斯之间的比较，方法和主题上又出现了重叠之处。[5] 两人都使用了历史文献（理论著述、行为手册）[6]，以分别追溯知识分子观念和识字上流阶层惯习的长时段变迁过程。在两个例子里，两人都基于某个少数群体的文学活动，得出了有关更大群体的一些结论。

两个人都很乐观地相信，自己发现了重要的概念破解之道，分别是意愿论行动理论和文明化过程，如果运用得当，将能开启门径，更宽广地理解社会。帕森斯设想，有思想关怀（concerned）但无利益关涉（disinterested）的专业人员，比如他自己，会利用这种特别的知识来影响社会对情境的理解或界定。埃利亚斯则希望，社会学家虽然同样涉入（involved）社会问题，但又保持超脱（detached），会对文明化过程有更多的发现，并使这种知识被所有人所用。

初看起来，这两种雄心抱负并不一定不相契合。毕竟，文明化人格的实际做法和意愿论行动理论中概括的行动步骤之间，颇有一些类似之处。在两个例子中，都要依据相关型构中业已存在的应当如何行事的准则，做出理性计算并具体而为。理解其中之一，会有助于理解另外一例。

话说回来，这两路分析却是分别基于两种互为极端、彼此对立的知识/理解模型（参看第四章）。其实，如前所述，埃利亚斯和帕森斯的读者们根本不需要在这两个极端之间做出明确选择。人们通过某个过程，在世界中

---

[4] 不过，《词与物》中蕴涵的历史观，即将历史时期看做偶然关联的多个认知型组成的序列，而不是长时段发展过程（Foucault, 1974），并不是埃利亚斯十分欣赏的立场。

[5] 这些评论都不是针对帕森斯的后期学术生涯。希尔斯的说法耐人寻味："写完《社会行动的结构》之前，帕森斯还很清楚自己要干什么。书成之后，他并未止步，但方向却不那么清晰了。"（Shils, 1981, p.191）

[6] 分别见《社会行动的结构》（Parsons, 1968）和《文明化过程》（Elias, 1994a）。

为自己定向，在世界中追求自己的目标，两种版本的模型分别承载了这个过程的一部分。[7]

<171> 埃利亚斯和早期帕森斯的研究议程，在很大程度上是共享的。他们都希望了解，在什么样的条件下，可以达成社会秩序。他们都讲述了一个故事，故事的起点都是霍布斯式的中世纪世界。他们都聚焦于法国和英美“文明”的功利主义精神与德国“文化”的观念论之间的历史对立。

不仅如此，他们还就德国的极权主义的社会生成和心理生成提出了相互重叠的分析。他们都明确区分了自己眼里德国人格结构中能顺从、守秩序的倾向与多怨恨、爱浪漫的成分，并点明纳粹是通过什么有效的手段，对这两者都做出了成功的诉求。

至此我们已经看到，《文明化过程》与《社会行动的结构》及福柯的性史分析在某些方面取得了会通。与此类似，埃利亚斯的《德国人》进一步补充了阿伦特的《极权主义的起源》。不管怎么说，在这一点上，两部作品都表现出显著的过程性，合而观之，也就呈现出一种特别的历史，具备谱系学结构，这正是福柯推崇的呈现形式，其用语则借自尼采。[8]

针对20世纪30年代到40年代早期德国犹太人面临的挑战，阿伦特和埃利亚斯都在思想上做出了富有创意的利用。从某个层面来说，他们的视角有所不同。埃利亚斯的目标是要了解塑造人类型构的那些盲目而非计划的社会过程，以期有助于预防可能产生的更糟糕的灾祸。他的策略是，通过超脱的观察和推理来获得有关这些过程的知识。据说这能促成以现实主义方式对这些过程作出回应。

阿伦特的回应则更加积极、直接。她相信，面对不利世界的个体和群体，始终可以选择积极作为，以期有助于创造不同的意义、标准和现实。在她看来，当这种行动发生在特定的社会关系网络中，其中的人们能够也愿意共同不懈努力，创造并维持一个共有的世界，这种行动就会产生最大的效力。

尽管埃利亚斯对现象学和存在主义表示不屑，但他也赞成阿伦特的立

---

[7] 换句话说，一方面，不妨认为，在某种程度上，知识塑造了感知，要求对理解作出说明。而在另一方面，又可以认识到，理解本身也提供了某种说明框架或概念秩序，塑造了我们的感知，提供了相关的知识或“诀窍”，使社会能够发挥功能。

[8] 参看图3.1。亦参 Foucault，1977b。

场，认为宫廷和议会之类安定化的对抗性话语领域和行动领域十分重要，其中可以进行激情洋溢但却讲求理性的争辩。这些领域只能存在于具备某些特征的型构中。它们必须实现充分的集中和整合，以促成稳定的人际互动。同时还有一点很重要：它们还不能彻底集中，以使人们有机会表现自己言说、争辩、论证和行事的能力。

最后，这些型构还不能彻底整合，以免清除了必要的心理空间和政治空间，导致人们无法以不同于现状的方式行事和想象。在符合这些条件的领域中，就可能发生所谓的"文明化对抗"。虽说阿伦特和埃利亚斯都不曾如此明言，但这类领域确实是要求同时符合两种特性。两位论家各自强调了其中之一。埃利亚斯分析了礼貌或"文明化行为"的特征（Elias，1994a，p.505），分析了与文明化人格相维系的受约束自觉行为的准则。阿伦特则强调其所 <172>
称的"创生"，即公共领域中的创造性行动。

我们借鉴两位论家的作品，提出了一套去文明化过程的分类体系。[9] 在这套体系中，依循集中化程度和整合程度的变异，勾绘出远离文明化对抗之社会政治条件的"去文明化"运动的四种可能方向。阿伦特最关注的去文明化过程类型是威权主义的集中化，它会导致侵蚀一切为自己而存在或为自己而思考的自由。埃利亚斯则集中考察了与分权和社会解体相关的去文明化过程。讨论鲍曼与埃利亚斯关系的那一章提出，这种变形的主要例证就是欧洲各大帝国的崩溃，正是这一过程促成了鲍曼标定为"后现代性"的境况。

暂且回到型构分析的主题。有意思的是，帕森斯（在《社会行动的结构》中）和阿伦特（在《人的境况》中）都使用了网络这一意象。阿伦特阐述了人的行动所影响到的"人际关系网络"（Arendt，1958a，p.324）。帕森斯则讨论了前后相继、彼此关联的人类行动所创造的"相互交织的脉络'网络'"（Parsons，1968，p.740）。这种意象意味着，他们都和埃利亚斯一样，关注人的关联性。

初看起来，阿伦特与早期帕森斯似乎都比埃利亚斯更加关注人的行动对于驱动社会过程的动力效应。然而，实情并非如此。这三位论家都同时关注型构激发能量的一面和约束能量的一面。阿伦特固然推崇人类行动挣破

[9]　参看图 3.2。

社会约束的潜力，但她也分析道，处在关系网络中的行动往往会产生不可预测、非出意图的后果，对行动者产生事与愿违的影响，限制了他们的自由。[10]埃利亚斯对于各个体和群体之间的竞争所扮演的角色，对于内在驱力的力量，尤其是强大而保守的型构势力对于革命创造性的遏制，也都给予了适当的关注。[11] 至于帕森斯，一方面是注重人的能动性的意愿论，另一方面是强调规范控制对于创造团结和共识所起到的作用，也努力维持这两方面之间的平衡。[12]

四、其他一些发现

本项比较分析探索主要聚焦于埃利亚斯，但在探索过程中，也看出了一种颇有意趣的模式，帕森斯和阿伦特都占据了鲍曼与福柯之间的过渡位置。下面我们就来简单谈谈。

首先来看阿伦特。她率先提出了日后福柯和鲍曼都赞成的观点：晚期现代性就是一个对全体人口实施强化监控的时代。阿伦特在《人的境况》中提
<173> 出了这个观点（Arendt，1958a），认为极权政制中采用的那些控制技术，其实在所有现代社会中都有使用，只是在形式上有所调整，或是改头换面。**福柯**[13] 则在《规训与惩罚》中分析了“规训社会”（Foucault，1977a）。

阿伦特的批判主要聚焦于公共领域。她对遵从主义和一味冷漠的政治的那种单调乏味深感厌恶。福柯这边的素材则更加人身化，这是因为他憎恨现代制度和习俗对情绪表达和性行为强加的控制。鲍曼借用了福柯笔下

---

[10] 参看其在《人的境况》中论“行动的过程性质”、“不可逆性和宽恕的权力”、“不可预见性和承诺的权力”等章节，Arendt，1958a，pp.230—247。

[11] 参看其去世后出版的莫扎特研究，Elias，1993。

[12] 有关埃利亚斯、福柯和阿伦特各自的独特立场，参看基思・特斯特的作品中引人入胜的分析，尤其是 Tester，1992 与 Tester，1995。特斯特敏锐地解构了埃利亚斯笔下对于“凡俗之事的去平庸化”处理（debanalization of the mundane，Tester，1992，p.6），并且提出，埃利亚斯的成就在于，他“展示了现代性如何把自身想象为一个持续的文明化过程”（Tester，1992，p.91）。有关阿伦特对“过程”观念的用法，参看 Tester，1995，pp.14—16 的有益讨论。

[13] 黑体格式为原文所有，但不明所以。——中译注

的全景敞视监狱这一比喻，但他的主要关注点和阿伦特类似，也在于积极活跃的公共领域的消逝。

阿伦特与福柯都相信，创造性想象力至关重要，需要抵制并克服扼杀这种想象力的压迫性制度。福柯身上的那种尼采意味，阿伦特心里也有几分：勇敢无畏地践行意志，可以创造新的价值观念。[14] 在福柯看来，创新性或非预期的人身行为的所谓好处，大部分就来自于逾越这一事实本身，即突破既定的禁忌。有鉴于此，他并不试图把从逾越中获取的洞见加以系统汇编，成为一套伦理准则或协调一体、可供替代的世界观，可以为行为提供系统的取向。

阿伦特比福柯更担忧，在晚期现代性下，对于一个人应当如何行事才能成为一个“有道德”的人，缺乏引导。她直面晚期现代（鲍曼会称之为“后现代”）的两难困境：既需要做出个人性的和政治上的选择，又不知“对错”，罔辨“真假”。这种两难困境也深深困扰着鲍曼。不过，鲍曼不像福柯那样以对逾越本身内在价值的信念为补偿，也不像阿伦特那样奉行英雄主义政治。[15]

帕森斯也在福柯与鲍曼之间居于过渡位置。比如说，帕森斯非常关注，在像德国这样的社会里，是哪些技术影响了“情境界定”。他探究了医生、牧师及其他专业人员是怎样通过其实践，借助根植于这些实践中的预设，维持了自身的权威。帕森斯相信，现代社会生活中充斥着大量惯例，它们维持着制度模式，巩固着文化传统。

在帕森斯看来，那些发挥合法化作用的科学惯例（白大褂、职衔、专业语言等）肯定巩固了既定秩序，就像定期参加宗教圣事会巩固了对上帝的信仰，也巩固了神职人员的权威。这就使他接近了福柯，后者日后也对相对不

---

[14] 有关阿伦特与尼采，参看 Villa，1996。

[15] 比较阿伦特对待匈牙利革命的态度与鲍曼对波兰团结工会的关注。在阿伦特看来，1956年匈牙利革命中涌现出的那些民众委员会非常重要，因为它们例证了民众能够发出自己的声音并做出创造性行动。她相信，这种自我表现之举自有其价值所在，即便他们的努力在实际政治的角度上可谓徒劳。鲍曼则另辟蹊径。在他看来，波兰团结工会之所以重要，是因为它例证了工人阶级领袖也参与了政治学习的过程，因此其所作所为处于既有权力结构中，并对这种结构产生了战略上的效力。参看 Arendt，1963a；Bauman，1981。

自觉的自动控制机制是如何运作的感兴趣。[16]

帕森斯和福柯之间的关联，还可以从他们对话语实践的控制功能的共同关注中看出。他们也都执著探求人类生存流动“背后”或“内部”潜藏的那些普遍范畴所带来的安定感。话说回来，这一点不能强调过头。帕森斯当然是得益于自己早年的新康德主义（及加尔文主义）训练。而福柯在受康德影响的同时，也在同等程度上受到尼采的启发，后者欣享创造性的失序，并坚定主张权力意志和求知意志。[17]

<174> 在这里，帕森斯与鲍曼之间还有一种关联方式，就是都非常关注现代时期的思想运动。不过，帕森斯集中考虑的是知识分子系统[18]的命运，而鲍曼则聚焦于知识分子本身的命运，尤其是他们从“立法者”变成“阐释者”的转型（Bauman, 1987）。事实上，尽管帕森斯并未提到这一点，但他讨论的思想趋势之所以能在普通民众的生活中留下印痕，主要是因为作为“立法者”的知识分子已经成为政府和教育系统中颇具影响力的群体。当知识分子拥有足够的影响力，能将思想体系（intellectual system）传播到那些既有欲望也有能力贯彻这些体系的群体中去时，这些体系才最为重要。

耐人寻味的是，我们注意到，《社会行动的结构》和《立法者与阐释者》中的这两套分析，是由另一项因素关联起来的。两者的动力都是源于清除剩余范畴这一侵犯性的驱力，源于未能做到这一点而导致的挫败感。鲍曼揭示道，立法性知识分子自认有责任确保社会具备完好秩序，让所有个体和群体都能有恰如其分的活动和位置。这种“管控热情”是“无所不包”的（Bauman, 1987, p.59）。

不管怎么说，由于屡次未能实现这一目标，暧昧逐渐加剧，矛盾愈益累积，终至无法容忍，当此之时，立法性知识分子的合法性就被破坏了。这当然不是故事的全部。不过，正是在这一点上，鲍曼的分析与帕森斯的观点有了最密切的关联。帕森斯提出，正是由于功利论者和观念论者的理论都未能清除剩余范畴，才彼此投入对方的怀抱。

---

[16] 参看第四章（论帕森斯）和第五章（论福柯）。

[17] 有关这些主题，参看 Foucault, 1997。亦参 Foucault, 1993。

[18] 此处原文为“intellectuals systems”，倒是能和下半句形成对照。但似乎应该是“intellectual systems”（思想体系 / 智识系统，见下）。——中译注

最后一点，更有意思的是，鲍曼在20世纪70年代的作品中勾勒的那种社会主义乌托邦[19]，对帕森斯的意愿论行动模型中融入的乌托邦颇有回应。在这两个实例中，都是把人类行动者设想成在某种规范共识的界限内践行选择自由，而这种规范共识表达的则是全体人民的最佳利益。

总结本节观点，可以看出，埃利亚斯配享典范（canon）之列。典范之林中进行的争论有他的一份。他的出场本身就很有价值，因为这意味着对其他分量相当的理论家提出新的问题，提供新的洞见。反过来，他们的出场又使得人们可能以新的眼光来考量埃利亚斯的作品。这是一场重要的、持续的、文明化的思想对抗，埃利亚斯参与其间。[20] 如果结合这个背景来理解埃利亚斯的作品，可以说它对我们有关全球现代性的型构与过程的理解做出了重要贡献。

五、边界模糊的全球现代性地图

在全球现代性的时代，现代性（与后现代性）的旧地图[21]已经模糊。究其因，部分是因为有关全球化的经验概括无论是数量积累还是结构归置，都 <175>
还处在早期；[22]部分是因为千年之交的全球化过程并未涵盖类似于聚焦民族国家层面的过程的那些意识形态。诸如此类的意识形态为思想批判提供了落脚点，包括有针对性的经验考察，以确认或“揭示”这些意识形态。

---

[19] 参看 Bauman, 1976a; Bauman, 1976b。

[20] 有不少重要研究与这里提出的观点相关，此处篇幅有限，无法具体讨论。比如说，斯蒂文·塞德曼的《有争议的知识》（Seidman, 1998）探讨的主题多有交叠之处。彼得·瓦格纳在《现代性社会学一探》（Wagner, 1994）里将对社会转型和社会理论的考察放在同一套历史框架中。绍科尔采即将出版的有关反思性历史社会学的著作也会非常相关。格雷厄姆·克罗的《比较社会学与社会理论》（Crow, 1997）提出了一些很有希望的分析思路。特斯特在《公民社会》（Tester, 1992）和《非人的境况》（Tester, 1995）中，对埃利亚斯、福柯和阿伦特的见解可谓入木三分。尼克斯·莫泽利斯的《社会学理论怎么了？》（Mouzelis, 1995）对帕森斯和埃利亚斯也有重要讨论。这份相关文献的书单当然只是略举数例。

[21] 我对“后现代性”这个词的用法是介于“旧式”现代性或“西方”现代性与全球现代性的新时代之间。长久来看，甚至中期估计，这个新时代可能都不会再由西方来主宰。

[22] 例参 Held et al., 1999。

人们在阐释全球化时，已不再从（比如）帝国主义的向外扩张或冷战的普遍蔓延之类角度切入，回头看来，这两种角度都可以关联到根植于国族精英的雄心抱负的那些意识形态。资本主义的动力机制在一定程度上说明了全球化过程，但究竟是哪些动力机制，却很难确知，因为资本主义的运作条件，已与 20 世纪绝大多数时间里适用的那些有了显著的不同。

实际上，资本主义，或者更准确地说，20 世纪 80 年代重新发现的那种自由市场形式的资本主义，正在经历一场去合法化过程。继苏联集团解体而起的那些国家，采纳了大肆兜售的新自由主义市场化形式，却已深陷经济体系的广泛失败。事实上，大企业不再与国家政府相互关联，这也成了去合法化的另一个源泉。大企业无法再声称服务于特定国家人口的利益。于是问题就出来了：资本家除了自己的利益，还服务于谁的利益？“全球经理阶级”被人看成强盗恶棍，也不会老觉得舒服。没有合法性外衣，赤裸裸的强权就很难制度化。

不妨将跨国企业与中世纪晚期成功确立地位的那些君主做一番比较。在这两类实例中，都好像所有“新贵”权势集团一样，都很渴望养成“体面”的形象。教廷能够通过加冕之举来提供这种体面身份。数百年后，轮到“全球资本主义”来寻求合法性。但它诉诸的不是宗教（尽管个别资本家确实如此为之），而是科学，包括社会科学，更一般的说，诉诸大学。企业的头头们很喜欢利用这些机构的权威、独立和客观性光环，协助自己的企业涤罪入圣。[23]

这些情势使知识分子有了一定的影响，但也不能夸大其词。如果说大企业觉得失去了来自民族国家的合法化支持，那么大学也是同样遭遇，至少在西方社会是这样。[24] 学术人无论是个体还是集体，都面临诱惑，不管市场提出什么要求，就想着快点儿来钱。然而，知识分子作为一个群体，如果能在彼此之间实现更高程度的跨国关联，确立某种全球话语，那么，该群体的权威和独立性，其运用自主性、影响与其他群体之间关系的能力，都会有所增进。

<176> 我们需要来自众多文化背景的人之间展开更加丰富的广泛对话，从而能将不同社会彼此对立的历史体验所产生的诸般洞见与视角，都编织进社会

[23]　这显然不是什么新现象，只是在新的情势下发生。

[24]　我觉得目前还不能把这一结论推广到日本、中国乃至亚洲其他地方。有关“合法化”知识分子走下神坛，参看 Bauman，1987。

理论中的争论。[25]在发生全球化的令人羞辱的境况下，人权面临着诸多挑战。这种对话要融入更大的规划，构建实践的回应以直面这种挑战。如果关注社会理论的知识分子希望发挥一些影响以塑造这些回应，就必须与其他学科中的专家建立同盟，包括工作在第一线处理贫困和困难问题的那些专业人员。

六、埃利亚斯与沃思

收卷之际，拿埃利亚斯与同样于1897年出生在德国的另一位犹太社会学家做一番简要比较，会很有意思。此人与埃利亚斯相仿，也受到曼海姆的影响。[26]和埃利亚斯一样，他也是从德国迁出的移民。不过，他离开的时间要早得多，早在一战之前，年仅十四岁时，即已去国。但他没有待在欧洲，而是前往美国，成为美国公民。[27]

此处所言，乃是芝加哥学派的首要成员之一：路易斯·沃思（著有《贫民窟》）。[28]在"共识与大众沟通"一文中（Wirth，1948），沃思提出，社会科学家及其他学术人应当致力于在全球背景下复制其眼中业已在现代城市中

---

[25] 涉足这场争论的有众多相关论家，即便不一定彼此赞成。比如下列这些：Albrow，1996；Anderson，1991；Appadurai，1995；Bauman，1998b；Bhabha，1994；Billig，1995；Boulding，1988；Castells，1996—8；Cohen，1997；Featherstone，1990；Featherstone，Lash and Roberston，1995；Furedi，1998；Geertz，1973；Giddens，1991；Gilroy，1993；Golding and Harris，1996；Hall，1991；Held，1995；Huntington，1998；Lash and Urry，1994；Mlinar，1992；Miyoshi and Harootunian，1989；Moore-Gilbert，1997；Robertson，1992b；Rushdie，1991；Said，1993；Spybey，1996，1999；Tibi，1995；Urry，1995；Werbner and Modood，1997；Young，1995。这份书单还可以大大扩充。

[26] 基尔明斯特猜想，在某些方面，影响的方向恰好相反，是埃利亚斯影响了曼海姆。参看Kilminster，1993。

[27] 1932—1937年，沃思成功地把全家迁出了德国。参看Wirth，1964a，p.338。

[28] 《贫民窟》里有一个观点类似于鲍曼在《现代性与暧昧性》中的分析的某些方面（Bauman，1991）。比如说，沃思提出，离开芝加哥犹太人聚居区的那些犹太人，会遭到持传统立场的犹太人的谴责，被指有同化倾向，却又不被非犹太人的世界给机会忘却其犹太身份。参看Smith，1988，p.156。——原注

"ghetto"一词兼有（城市中的）"犹太人聚居区"（可兼采音义，译作"隔都"）、"少数族群聚居区"、"贫民窟"等彼此关联的意涵。"隔离性聚居"的依据也慢慢从法律和宗教上的强制性要求，转为社会和经济上的"主动"选择。——中译注

逐步成型的那种实用共识。他认为，在现代城市中，“我们已经……学会与背景各异、性格多样的人们共同生活，其程度至少足以满足一个颇有秩序、富有活力、享有和平的社会的要求。”(Wirth, 1948, p.13)

沃思推崇一种宽容妥协的精神，提倡各群体之间经常沟通，培养广泛参与和相互认同。他相信，实现了这样一些条件，人们就更有可能接受群体决策，“除非事情在根本上不符合(他们的)……利益与尊严”(Wirth, 1948, p.10)。他十分关切地期待大众沟通发挥巨大影响，“这是一种新的社会力量，其能量之大尚难计算……它有力量塑造忠诚，又破坏忠诚，从而通过推进或阻碍共识，去影响其他所有力量源泉。”他最后总结道，“因此，当务之急就是，我们要搞清楚它的性质、潜能、局限，以及怎样驾驭它服务于人的宗旨。”(Wirth, 1948, p.12) [29]

沃思绝非天真幼稚的乐观主义者。他明白，观念市场是“高度垄断性的”(Wirth, 1964c, p.153)。在《文明化过程》初版之前不久，曼海姆的《意识形态与乌托邦》刊行。沃思在为该书所撰序言中抱怨“现代文明暮色渐沉”，需要采取“明智而果敢的措施”，避免这场“大灾难”(Wirth, 1964b, p.141)。沃思呼吁人们行动起来，再也不能心安理得地看着“贤哲大德安守象牙塔，
<177> 任宵小罪人横行于世”(Wirth, 1948, p.15)。他大声嘲讽道，“丝毫没有什么固有的理由，说知识分子就应不食人间烟火。”(Wirth, 1964c, p.155) [30]

值此新千年登场未几，全球境况与20世纪40年代晚期的情形迥然不同，那时美国的势力与其他国家的能量之间相差悬殊，可谓空前绝后。然而，芝加哥学派的经验中还是有些教益。在一个由大企业主宰的社会里，它的成员不得不勉力维存，守护自己的独立性。他们力图影响自己面对的文化，而这种文化越来越表现出反智的倾向，一旦自由探究的精神质疑或洞穿那些

---

[29] 有关沃思，参看 Smith, 1988, pp.153—166。

[30] 曼纽埃尔·卡斯特曾抨击沃思关于“城市生活方式”(urbanism)的“迷思”，理由是这是一种“现代主义的意识形态，基于种族中心主义，认同于自由资本主义的社会形式的具体落实”(Castells, 1976, p.60)。但事实上，沃思以其德国犹太人的背景，深切意识到现代社会内在固有的可能性：令人迷失方向的碎片化和诉诸暴力解决的冲突。他也希望设法让社会、文化和思想上的不同倾向能以创造性且不具破坏性的方式共存。参看 Smith, 1988, pp.11—12。

备受珍视的信念，就会遭到这种文化的敌视。这也是今日世界许多知识分子面临的情境。

芝加哥学派的成员大体分为两类：一类人认为自己的主要任务就是生产知识，不太介入知识的传播或应用；另一类人就像沃思，希望协助塑造“情境界定”，以此在世界上发挥道德影响和政治影响。[31] 而在全球现代性的背景下，这两种职业倾向都是需要的。

比如说，需要对前文章节中讨论过的两项主题进行进一步探究。其一，垄断机制究竟发挥了怎样的作用，促成了超国族政体，令其成员国受制于一定程度的“自上而下”的规训。其二，在群体和组织内部，在国族社会和跨国层面上，羞辱分别具有的动力机制（其实也是骄傲的社会生成）。

这些领域都很重要，尤其是因为两者都关系到管控全球化过程的可能性。在此不可能详论，但可以重申几个小点。一点是，羞辱的动力机制在科索沃和东帝汶之类的地方表现得很明显。[32] 另一点是，二战后发展起来的欧盟运动所面临的条件不太可能经常发生，尽管在 1999 年巴尔干战争之后，世界银行和欧盟针对东南欧提出的方案，异乎寻常地回应了有关它们的那个马歇尔计划，这一次是欧盟扮演了庇护者的角色。[33]

除了欧洲和大西洋两岸地区，如果也能对世界上其他地方的社会际型构（inter-societal figurations）的发展进行比较分析，希望会使我们更多地了解，丰富多样的环境，有利于在社会稳定和政治自由之间达成健康的平衡。[34]

---

[31] 沃思常去电台录节目，也积极参与和规划、住房、种族有关的议题。比如说，他曾在 1944 年担任伊利诺伊州战后规划委员会主席（Director of the Illinois Post-war Planning Commission）。参看 Smith，1988，p.157。——原注

芝加哥为伊利诺伊州最大城市。——中译注

[32] 比如说，塞尔维亚政府和印度尼西亚政府都被指控犯下令人感到羞耻的行径。塞尔维亚军队和印度尼西亚军队也都很在意如何摆脱羞辱。至少英国的新闻传媒是这样报道冲突的。羞耻心提醒和羞辱并不一样。参看第八章。我要感谢林德纳对该主题的评论。

[33] 1999 年 6 月讨论了一些方案，要举行一系列“认捐会议”，以募集基金，提供应急救济、公共工程，最终是整个地区的开发。据报道，托尼·布莱尔“强烈主张，东南欧（昔日的火药桶半岛，如今最好这么称呼）应当像欧洲其他地方一样：繁荣发展，经济互赖，社会多元，保持宽容，让战争变得几乎不可想象。”（《经济学人》1999 年 6 月 19 日，p.47）

[34] 像赫夫纳（Hefner，1998）那样的研究固然十分重要，很有意思，但聚焦于个案（如乌克兰和土耳其）的倾向应当有所平衡，应同样关注这类社会所由发展的社会际背景。

如果这一点还能伴随着在不同的全球性文化之间的思想交流方面发展出一种更为“民主”的模式，让西方知识分子花在倾听非西方同行上的时间，至少和自己发表言论的时间一样多，那么，这样的讨论模式将会有助于拓展我们对创造性社会政治组织的潜能的理解。

总之，期望在不远的将来，人们会就全球社会的一体化政治秩序和道德
<178> 秩序达成一致意见，是不现实的。[35] 不过，希望并努力让来自不同传统和背景的知识分子、专业人员和专家，能在全球背景中平等地展开文明化的争论，还是合情合理的。[36]

---

[35] 尽管尝试为全球秩序设计一些民主宪法还是非常有用的锻炼。例参 Held，1995。

[36] 尤其是这意味着面对和重视与多语现象（plurilingualism）和翻译有关的问题。例参 Wright，2000，收于 Smith and Wright，1999b。

参考文献

Albrow, M. (1996) *The Global Age. State and society beyond modernity,* Cambridge: Polity Press.

Alexander, J.C. (1984) *Theoretical Logic in Sociology. Volume 4: The modern reconstruction of classical thought: Talcott Parsons.* London: Routledge

Anderson, B. (1991) *Imagined Communities. Reflections on the origin and spread of nationalism,* rev edn. London: Verso

Appadurai, A. (1995) *Modernity at Large. Cultural dimensions of globalization.* Oxford: Oxford University Press

Archer, M.S. (1996) *Culture and Agency. The place of culture in social theory,* rev edn. Cambridge: Cambridge University Press

Arendt, H. (1953) 'A reply', *Review of Politics,* 15 (1): 76–84.

Arendt, H. (1958a) *The Human Condition.* Chicago: Chicago University Press

Arendt, H. (1958b) *Rahel Varnhagen: The Life of a Jewess.* London: East and West Library

Arendt, H. (1963a) *On Revolution.* New York: Viking Press

Arendt, H. (1963b) *Eichmann in Israel. A report on the banality of evil.* New York: Viking Press

Arendt, H. (1970) *On Violence.* London: Allen Lane/Penguin Press

Arendt, H. (1971) 'Martin Heidegger at Eighty', *New York Review of Books,* 21 October, 51.

Arendt, H. (1973) *The Origins of Totalitarianism.* New York: Harcourt, Brace & Co; originally published in 1951

Arendt, H. (1977) *Between Past and Future. Eight exercises in political thought.* Harmondsworth: Penguin; originally published in 1961

Arendt, H. (1978a) *The Life of the Mind. Volume I: Thinking.* London: Seeker and Warburg

Arendt, H. (1978b) *The Life of the Mind. Volume 2: Willing.* London: Seeker and Warburg

Arnason, J. (1987) 'Figurational sociology as a counter-paradigm', *Theory, Culture and Society,* 4 (2–3): 429–56

Arnason, J. (1996) 'State formation in Japan and the West', *Theory, Culture and Society,* 13 (3): 53–75

Ash, T.G. (1993) *In Europe's Name. Germany and the divided continent.* London: Cape

Bacon, Francis 1627 *New Atlantis*

Barrett, P.J. and Brooks, J.S. (1992) 'Dealing with humiliation individually and collectively', *Journal of Primary Prevention,* 12 (3): 223–41

Bataille, G. (1970) *Oeuvres complètes I: Premiers écrits,* with an introduction by M. Foucault, Paris

Bauman, J. (1988) *A Dream of Belonging. My years in postwar Poland.* London: Virago

Bauman, Z. (1971) 'Twenty years after. The crisis of soviet-type systems', *Problems of Communism,* 20 (6): 45–53.

Bauman, Z. (1972) *Between Class and Elite.* Manchester: Manchester University Press

Bauman, Z. (1973) *Culture as Praxis.* London: Routledge

Bauman, Z. (1976a) *Socialism - the Active Utopia.* London: Allen and Unwin

Bauman, Z. (1976b) *Towards a Critical Sociology. An essay on common sense and emancipation.* London: Routledge

Bauman, Z. (1978) *Hermeneutics and Social Science. Approaches to understanding.* London: Hutchinson

Bauman, Z. (1979) 'The phenomenon of Norbert Elias', *Sociology,* 13 (1): 117–25

Bauman, Z. (1981) 'On the maturation of socialism', *Telos,* 47: 48–54.

Bauman, Z. (1982) *Memories of Class. The pre-history and after-life of class.* London: Routledge

Bauman, Z. (1987) *Legislators and Interpreters.* Cambridge: Polity Press

Bauman, Z. (1988) *Freedom.* Milton Keynes: Open University Press

Bauman, Z. (1989) *Modernity and the Holocaust.* Cambridge: Polity Press

Bauman, Z. (1990) *Thinking Sociologically.* Oxford: Basil Blackwell

Bauman, Z. (1991) *Modernity and Ambivalence.* Cambridge: Polity Press

Bauman, Z. (1992a) *Intimations of Postmodernity.* London: Routledge

Bauman, Z. (1992b) *Mortality, Immortality and Other Life Strategies.* Cambridge: Polity Press

Bauman, Z. (1993) *Postmodern Ethics.* Cambridge: Polity Press

Bauman, Z. (1994) *Alone Again. Ethics after Certainty.* London: Demos

Bauman, Z. (1995) *Life in Fragments.* Cambridge: Polity Press

Bauman, Z. (1997) *Postmodernity and its Discontents.* Cambridge: Polity Press

Bauman, Z. (1998a) *Work, Consumerism and the New Poor.* Buckingham: Open University Press

Bauman, Z. (1998b) *Globalization. The human consequences.* Cambridge: Polity Press

Beetham, D. (1985) *Max Weber and the Theory of Modern Politics.* Cambridge: Polity Press

Bell, C. and Newby, H. (eds) (1974) *The Sociology of Community: A Selection of Readings.* London: Frank Cass.

Bellah, R. (ed.) (1973) *Emile Durkheim on Morality and Society.* Chicago: Chicago University Press

Bellamy, R. (1992) *Liberalism and Modern Society. An historical argument.* Cambridge: Polity Press

Benhabib, S. (1995) 'The pariah and her shadow. Hannah Arendt's biography of Rahel Varnhagen', *Political Theory,* 23 (1, February): 5–24

Benthem van den Bergh, G. van (1971) *The Structure of Development. An invitation to the sociology of Norbert Elias,* Occasional paper 84, The Hague: Institute of Social Studies

Berger, P. (ed.) (1969) *Marxism and Sociology. Views from Eastern Europe.* New York: Appleton-Century Crofts

Berman, M. (1982) *All That is Solid Melts into Air. The experience of modernity.* London: Verso

Bernstein, R.J. (1996) *Hannah Arendt and the Jewish Question.* Cambridge: Polity Press

Beugel, Ernst H. van der (1966) *From Marshall Aid to Atlantic Partnership: European Integration as a Concern of American Foreign Policy.* Amsterdam: Elsevier

Bhabha, H. (1994) *The Location of Culture.* London: Routledge

Billig, M. (1995 *Banal Nationalism.* London: Sage

Blanchot, M. (1982) *The Space of Literature,* translated by Ann Smock, Lincoln, Neb.; originally published in 1955

Bogner, A. (1986) 'The structure of social processes. A commentary on the sociology of Norbert Elias', *Sociology,* 20 (3): 387—411

Bogner A. (1987) 'Elias and the Frankfurt School', *Theory, Culture and Society,* 4 (2—3): 249—85

Bogner, A. (1992) 'The theory of the civilizing process - an ideographic theory of modernization?', *Theory, Culture and Society,* 9 (1): 23—53

Bouchard, D. (1977) *Language, Counter-Memory, Practice.* Oxford: Basil Blackwell

Boulding, E. (1988) *Building a Global Civil Culture.* New York: Syracuse University Press

Breuer, S. (1991) 'The denouements of civilization. Elias and modernity', *International Social Science Journal,* 128: 401—16

Brinkgreve, C. and Korzec, M. (1979 'Feelings, behaviour, morals in the Netherlands, 1938—78: analysis and interpretation of an advice column', *Netherlands Journal of Sociology,* 15 (2): 123—40

Brown, R. (1987) 'Norbert Elias in Leicester. Some recollections', *Theory, Culture and Society,* 4 (2—3): 533—9

Buxton, W. (1985) *Talcott Parsons and the Capitalist Nation-State. Political sociology as a strategic vocation.* Toronto: University of Toronto Press

Cain, P. and Hopkins, A. (1993) *British Imperialism. Innovation and expansion 1688—1914.* London: Longmans

Camic, C. (1986) 'The matter of habit', *American Journal of Sociology,* 91 (5): 1039—87

Camic, C. (ed.) (1991) *Talcott Parsons: The early essays.* Chicago: University of Chicago Press

Canovan, M. (1992) *Hannah Arendt. A reinterpretation of her political thought.* Cambridge: Cambridge University Press

Castells, M. (1976) 'Theory and ideology in urban sociology' in Pickvance 1976, 60—84; originally published in 1969

Castells, M. (1996—8) *The Information Age. Economy, Society and Culture,* 3 volumes, Oxford: Blackwell

Chartier, R. (1988a) 'Social figuration and habitus: reading Elias' in Chartier 1988b, 71—94

Chartier, R. (1988b) *Cultural History. Between practices and representations,* translated by Lydia Cochrane, Cambridge: Polity Press

Cipolla, CM. (ed.) (1976) *The Fontana Economic History of Europe. The Twentieth Century.* London: Collins/Fontana

Cohen, R. (1997) *Global Diasporas. An introduction.* London: UCL Press

Collini, S. (1979) *Liberalism and Sociology. L.T. Hobhouse and political argument in England 1880—1914.* Cambridge: Cambridge University Press

Connolly, B. (1995) *The Rotten Heart of Europe.* London: Faber and Faber

Coser, L. (1980) 'Review of What is Sociology? and Human Figurations', *American Journal of Sociology,* 86 (1): 192—4

Cross, C. (1970) *The Fall of the British Empire.* London: Paladin

Crow, G. (1997) *Comparative Sociology and Social Theory. Beyond the three worlds.* London: Macmillan

Déchaux, J-H (1995) 'Sur le concept de configuration. Quelques failles dans la sociologie de Norbert Elias', *Cahiers internationaux de Sociologie,* 99: 293—313

Deigh, J. (1995 'Shame and self-esteem: a critique' in Dillon 1995, 133—56

Dillon, R.S. (ed.) (1995) *Dignity, Character and Self-Respect.* London: Routledge

Drost, H. (1995) *What's What and Who's Who in Europe.* London: Cassell

Dunning, E. (ed.) (1971) *The Sociology of Sport.* London: Frank Cass

Dunning, E. (1987) 'Comments on Elias's "Scenes from the life of a knight"', *Theory, Culture and Society,* 4 (2—3): 366—71

Dunning, E. and Mennell, S. (1998) 'Elias on Germany, Nazism and the Holocaust: on the balance between "civilizing" and "decivilizing" trends in the social development of Western Europe', *British Journal of Sociology,* 49 (3): 339—57

Elias, N. (1929) 'Zur Soziologie des deutschen Antisemitismus', *Israelitisches Gemeindeblatt: Offizielles Organ des israelitischen Mannheim und Ludwigshafen,* 12: 3—6

Elias, N. (1935) 'Der Vertreibung der Hugenotten aus Frankreich', *Der Ausweg,* 1 (12): 369—76

Elias, N. (1950) 'Studies in the genesis of the naval profession', *British Journal of Sociology,* 1 (4): 291—310

Elias, N. (1956) 'Problems on involvement and detachment', *British Journal of Sociology,* 7 (3): 26—52

Elias, N. (1968) 'Introduction to the 1968 Edition' in Elias 1994a, 181—215

Elias, N. (1969) 'Sociology and Psychiatry' in Foulkes and Prince 1969, 117—44

Elias, N. (1970) 'Processes of state formation and nation building', *Transactions of 7th World Congress of Sociology,* volume 3, 274—84

Elias, N. (1971) 'The sociology of knowledge: new perspectives', *Sociology,* 5 (2): 149—68, 355—70

Elias, N. (1974a) 'The sciences: towards a theory' in Whitley 1974, 21—42

Elias, N. (1974b) 'Towards a theory of communities', in Bell and Newby 1974, ix-xi

Elias, N. (1978) *What is Sociology?,* translated by Stephen Mennell and Grace Morrissey, London: Hutchinson; originally published in 1970

Elias, N. (1982) 'Scientific establishments', in Elias, Martins and Whitley 1982, 3—69

Elias, N. (1983) *The Court Society,* translated by Edmund Jephcott, Oxford: Blackwell; originally published in 1969

Elias, N. (1984) 'On the sociogenesis of sociology', *Sociologisch Tiidchrift,* 11 (1): 1452; originally published in 1962

Elias, N. (1985a) *The Loneliness of the Dying,* translated by Edmund Jephcott, Oxford: Blackwell

Elias, N. (1985b) 'Das Credo cines Metaphysikers: Kommentare zu Poppers *Logik der Forshung',*

Zeitschrift für Soziologie, 14 (2): 93—114; first presented in 1970

Elias, N. (1986a) 'The genesis of sport as a sociological problem', in Elias and Dunning 1986, Oxford: Blackwell; originally published in 1971

Elias, N. (1986b) 'An essay on sport and violence', in Elias and Dunning 1986, 160—74

Elias, N. (1986c) 'Soziale Prozesse' in Schäfers 1986

Elias N. (1987a) 'The changing balance of power between the sexes - a process-sociological study: the example of the ancient Roman state', *Theory, Culture and Society,* 4: 287—316

Elias, N. (1987b) 'On human beings and their emotions: a process-sociological essay', *Theory, Culture and Society,* 4: 339—61

Elias, N. (1987c) *Involvement and Detachment* [part III originally published in 1983, translated by Edmund Jephcott], Oxford: Blackwell

Elias, N. (1987d) 'The retreat of sociologists into the present', *Theory, Culture and Society,* 4 (2—3): 223—47

Elias, N. (1987e) 'Introduction', in Elias 1987c, vii-lxxii

Elias, N. (1987f) 'Problems of involvement and detachment', in Elias 1987c, 1—41

Elias, N. (1987g) 'The fishermen in the maelstrom', in Elias 1987c, 43—118

Elias, N. (1987h) 'Reflection on the great evolution', in Elias 1987c, 121—78

Elias, N. (1989) 'The symbol theory', *Theory, Culture and Society,* 6, 169—217, 339—383, 499—537

Elias, N. (1991a) *The Society of Individuals,* edited by Michael Schröter, translated by Edmund Jephcott, Oxford: Blackwell; originally published in 1987

Elias, N. (1991b) 'The society of individuals', in Elias 1991a, 1—66.

Elias, N. (1991c) 'Problems of self-consciousness and the image of man', in Elias 1991a, 67—151.

Elias, N. (1991d) 'Changes in the I-we balance', in Elias 1991a, 153—237

Elias, N. (1991e) *The Symbol Theory.* London: Sage

Elias, N (1992) *Time: An Essay,* translated in part by Edmund Jephcott, Oxford: Basil Blackwell

Elias, N. (1993) *Mozart: Portrait of Genius,* edited by Michael Schröter, translated by Edmund Jephcott, Cambridge: Polity Press

Elias, N. (1994a) *The Civilizing Process* (originally in two volumes: volume 1, *The History of Manners,* volume 2, *State Formation and Civilization),* translated by Edmund Jephcott, Oxford: Blackwell; originally published in 1939 as *Über den Prozess der Zivilisation,* Basel: Haus zum Falker

Elias, N. (1994b) *Reflections on a Life,* translated by Edmund Jephcott, Cambridge: Polity Press

Elias, N. (1995) 'Technization and civilization', *Theory, Culture and Society,* 12 (3): 7—42

Elias, N. (1996) *The Germans. Power struggles and the development of habitus in the nineteenth and twentieth centuries,* edited by Michael Schröter, translated with a preface by Eric Dunning and Stephen Mennell, Cambridge: Polity Press

Elias, N. and Dunning, E. (1966) 'Dynamics of sport groups with special reference to football', *British Journal of Sociology,* 17 (4): 388—402

Elias, N. and Dunning, E. (1969) 'The quest for excitement in leisure', *Society and Leisure,* 2: 50—85

Elias, N. and Dunning, E. (1971a) 'Folk football in medieval and early modern Britain', in Dunning 1971, 116—32

Elias, N. and Dunning, E. (1971b) 'Leisure in the spare-time spectrum', in Elias and Dunning 1986, 91—125

Elias, N. and Dunning, E. (1986) *Quest for Excitement. Sport and leisure in the civilizing process.* Oxford: Basil Blackwell

Elias, N. and Scotson, J.L. (1994) *The Established and the Outsiders.* London: Sage

Elias, N., Martins, H. and Whitley, R. (1982) *Scientific Establishments and Hierarchies. Sociology of the Sciences Volume IV.* Dortrecht, Netherlands: D. Reidel

Elliott, J.H. (1968) *Europe Divided 1559—1598.* London: Fontana

Ellwood, D.W. (1992) *Rebuilding Europe. America and West European Reconstruction.* London: Longmans

Ellwood, D.W. (1998) '"You too can be like us": Selling the Marshall Plan', *History Today,* 48 (10): 33—39

Engels, F. (1969) *The Condition of the Working Class in England,* with an introduction by Eric Hobsbawm. London: Granada

Eribon, D (1991) *Michel Foucault.* Cambridge, MA: Harvard University Press

Ettinger, E. (1995) *Hannah Arendt - Martin Heidegger.* New Haven: Yale University Press

Eyerman, R. (1995) 'Review of Elias', *Acta Sociologica,* 38 (2): 113—214

Featherstone, M. (1987) 'Norbert Elias and figurational sociology: some prefatory remarks', *Theory, Culture and Society,* 4 (2—3): 197—211

Featherstone, M. (ed.) (1990) *Global Culture. Nationalism, globalization and modernity.* London: Sage

Featherstone, M., Lash, S. and Roberston, R. (eds) (1995) *Global Modernities.* London: Sage

Fitzhenry, R. (1986) 'Parsons, Schutz and the problem of verstehen' in Holton and Turner 1986, 143—78

Fletcher, J. (1997) *Violence and Civilization. An introduction to the work of Norbert Elias.* Cambridge: Polity Press

Fontaine, S. (1978) '*The Civilizing Process* revisited: Interview with Norbert Elias', *Theory, Culture and Society,* 5 (1): 243—53

Foucault, M. (1967) *Madness and Civilization. A history of insanity in the Age of Reason,* translated by Richard Howard, London: Tavistock; originally published in 1961

Foucault, M. (1973) *The Birth of the Clinic,* translated by A.M. Sheridan, London: Tavistock; originally published in 1963

Foucault, M. (1974) *The Order of Things. An archaeology of the human sciences.* London: Tavistock/Routledge; originally published in 1966

Foucault, M. (1977a) *Discipline and Punish. The birth of the prison,* translated by Alan Sheridan, Harmondsworth: Penguin; originally published in 1975

Foucault, M. (1977b) 'Nietzsche, genealogy, history' in Bouchard 1977, 139—64

Foucault, M. (1978) *The History of Sexuality, Volume I: An Introduction,* translated by Robert Hurley, Harmondsworth: Penguin; originally published as *La volunte de savoir* in 1976

Foucault, M. (1984) 'Nietzsche, genealogy, history', in Rabinow 1986, 76—100

Foucault, M. (1986) 'What is an author?', in Rabinow 1986, 101—20; originally published in 1969

Foucault, M. (1987) *The Use of Pleasure. The History of Sexuality, Volume 2,* translated by Robert

Hurley, Harmondsworth: Penguin; originally published in 1984

Foucault, M. (1988a) *The Care of the Self. The History of Sexuality, Volume 3,* translated by Robert Hurley, Harmondsworth: Penguin; originally published in 1984

Foucault, M. (1988b) 'The minimalist self' in Foucault 1988c

Foucault, M. (1988c) *Politics, Philosophy, Culture. Interviews and other writings 1977—1984,* edited by Lawrence D. Kritzman, New York: Routledge

Foucault, M. (1991) *Remarks on Marx. Conversations with Duccio Trombadori,* translated by R. James Goldstein and James Cascaito, New York: Semiotext[e]; originally published in 1981

Foucault, M. (1993) 'Dream, imagination and existence' in Foucault and Binswanger 1993, 31—78

Foucault, M. (1996) *Foucault Live (Interviews, 1961—84),* edited by Sylvère Lotringer, translated by Lysa Hochroth and John Johnston, New York: Semiotext(e)

Foucault, M. (1997) *The Politics of Truth,* edited by Sylvère Lotringer and Lysa Hochroth, New York: Semiotext(e)

Foucault, M. and Binswanger, L. (1993) *Dream and Existence,* edited by Keith Hoeller, New Jersey: Humanities Press

Foulkes, S.H. (1990) *Selected Papers. Psychoanalysis and Group Analysis,* edited by Elizabeth Foulkes, London: Karnac Books

Foulkes, S.H. and Steward Prince, G. (eds) (1969) *Psychiatry in a Changing Society.* London: Tavistock

Freud, S. (1994) *Civilization and its Discontents.* New York: Dover Publications; originally published in 1930

Fulbrook, M. (1990) *A Concise History of Germany.* Cambridge: Cambridge University Press

Furedi, F. (1998) *The Silent War. Imperialism and the changing perception of race.* London: Pluto Press

Garfinkel, H. (1956) 'Conditions of successful degradation ceremonies', *American Journal of Sociology,* 61 (March): 420—24

Gastelaars, M. and de Ruitjer, A. (eds) (1988) *A United Europe. The quest for a multifaceted identity.* Maastricht: Shaker Publishing

Gaus, G. (1964) *Zur Person.* Munich: Feder

Geertz, C. (1973) *The Interpretation of Cultures.* New York: Basic Books

Giddens, A. (1971) *Capitalism and Modern Social Theory.* Cambridge: Cambridge University Press

Giddens, A. (1991) *Modernity and Self-Identity. Self and society in the late modern age.* Cambridge: Polity Press

Gilbert, P. (1997) 'The evolution of social attractiveness and its role in shame, humiliation, guilt and therapy', *British Journal of Medical Psychology,* 70: 113—47

Gilroy, P. (1993) *The Black Atlantic.* London: Verso

Gleichmann, P., Goudsblom, J. and Korte, H. (eds) (1977) *Human Figurations. Essays for Norbert Elias.* Amsterdam: Amsterdams Sociologisch Tijdschrift

Gleichmann, P., Goudsblom, J. and Korte, H. (eds) (1984) *Macht und Zivilisation. Materialen zu Norbert Elias' Zivilisationstheorie 2.* Frankfurt: Suhrkamp

Goffman, E. (1967) *Interaction Rituals. Essays on face-to-face behaviour.* New York: Pantheon Books

Goldhagen, D. (1996) *Hitler's Willing Executioners. Ordinary Germans and the Holocaust.* New York: Albert A. Knopf

Golding, P. and Harris, P. (eds) (1996) *Beyond Cultural Imperialism. Globalization, communication and the new international order.* London: Sage

Goudsblom, J. (1987) 'The sociology of Norbert Elias. Its resonance and significance', *Theory, Culture and Society,* 4 (2–3): 323–37

Goudsblom, J. (1992) *Fire and Civilization.* London: Allen Lane/Penguin Press

Goudsblom, J. (1995) 'Elias and Cassirer, sociology and philosophy', *Theory, Culture and Society,* 12 (1): 121–6

Goudsblom, J. and Mennell, S. (eds) (1998) *The Norbert Elias Reader.* Oxford: Blackwell

Grathoff, R. (ed.) (1978) *The Theory of Social Action.* Bloomington: Indiana University Press

Griffin, J.T. (1991) 'Racism and humiliation in the African-American community', *Journal of Primary Prevention,* 12 (2): 149–67

Griffiths, R.T. (1995) 'The European integration experience', in Middlemas 1995, 1–70

Habermas, J. (1987) *The Theory of Communicative Competence, Volume 2: The Critique of Functionalist Reason,* translated by Thomas McCarthy, Cambridge: Polity Press

Habermas, J. (1991) *Communication and the Evolution of Society,* translated with an introduction by Thomas McCarthy, Cambridge: Polity Press; originally published in 1976

Habermas, J. (1996) *Between Facts and Norms,* translated by William Rehg, Cambridge: Polity Press; originally published in 1992

Haferkamp, H. (1987) 'From the intra-state to the inter-state civilizing process?', *Theory, Culture and Society,* 4 (2–3): 545–57

Hackeschmidt, J. (1995) 'Norbert Elias - Zionist and "bündisch" activist', *Figurations,* 3, June, 4–5

Hackeschmidt, J. (1997) '"Die Kulturkraft des Kreises": Norbert Elias und die zionistische Jugendbewegung 1918–1925', paper presented at the *Norbert Elias Centenary Conference,* Zentrum für interdisziplinäre Forschung, University of Bielefeld, Germany, 20–22 June 1997

Hall, S. (1991) 'The local and the global. Globalization and its ethnicities' in King 1991, 19–30

Hama, N. (1996) *Disintegrating Europe. The twilight of the European construction.* London: Adamantine Press

Hamilton, P. (1983) *Talcott Parsons.* London: Tavistock Publications

Hatt, P. and Reiss, A. (1957) *Cities and Society. The revised reader in urban sociology.* Glencoe, IL: Free Press

Hawthorn, G. (1976) *Enlightenment and Despair. A history of sociology.* Cambridge: Cambridge University Press

Hefner, R. (ed.) (1998) *Democratic Civility. The history and cross-cultural possibility of a modern political ideal.* London: Transaction Publishers

Heinich, N. (1997) *La sociologie de Norbert Elias.* Paris: Editions de Découverte

Held, D. (1995) *Democracy and the Global Order.* Cambridge: Polity Press

Held, D., McGrew, A., Goldblatt, D. and Perraton, J. (1999) *Global Transformations.* Cambridge: Polity Press

Hetherington, K. (1994) 'The contemporary significance of Schmalenbach's concept of the Bund', *Sociological Review,* 42 (1): 1–25

Hirschman, A. (1970) *Exit, Voice and Loyalty. Responses to decline in firms, organizations, and states.* Cambridge: Harvard University Press

Hobbes, T. (1962) *Leviathan.* London: Fontana

Holton, R. and Turner, B. (1986) *On Economy and Society.* London: Routledge

Huntington, S.R. (1998) *The Clash of Civilizations and the Remaking of the World Order.* London: Touchstone Books

Jáuregui, P. (1999) 'National pride and the meaning of Europe: a comparative study of Britain and Spain' in Smith and Wright 1999b, 257–87

Jay, M. (1996) *The Dialectical Imagination. A History of the Frankfurt School and the Institute of Social Research 1923–1950.* London: University of California Press; originally published in 1973

Johnson, C. (1996) *In With the Euro, Out With the Pound.* Harmondsworth: Penguin

Judt, T. (1997) *A Grand Illusion. An essay on Europe.* Harmondsworth: Penguin

Keane, J. (eds) (1988) *Civil Society and the State. New European Perspectives.* London: Verso

Kennan, G.F. (writing under the pseudonym of 'X') (1947) 'The sources of Soviet conduct', *Foreign Affairs,* 25, July

Kilminster, R. (1987) 'Introduction to Elias', *Theory, Culture and Society,* 4: 213–22

Kilminster, R. (1993) 'Norbert Elias and Karl Mannheim: closeness and distance', *Theory, Culture and Society,* 10 (1): 81–114

Kilminster, R. (1998) *The Sociological Revolution. From the Enlightenment to the global age.* London: Routledge

Kilminster, R. and Varcoe, I. (eds) (1996) *Culture, Modernity and Revolution. Essays in honour of Zygmunt Bauman.* London: Routledge

Kilminster, R. and Wouters, C. (1995) 'From philosophy to sociology: Elias and the neo-Kantians (a reply to Benjo Maso)', *Theory, Culture and Society,* 12 (1): 81–120

King, A.D. (1991) *Culture, Globalization and the World System.* London: Macmillan

Klein, D.C. (1991) 'The humiliation dynamic: an overview', *Journal of Primary Prevention,* 2 (2): 93–121

Klein, D.C. (1992) 'Managing humiliation', *Journal of Primary Prevention,* 12 (3): 255–68

Knox, D. (1991) '*Disciplina.* The monastic and clerical origins of European civility' in Monfasani and Musto 1991, 107–35

Koestler, A. (1964) *The Act of Creation.* London: Hutchinson

Krieken, R. van (1989) 'Violence, self-discipline and modernity: beyond the "civilizing process"', *Sociological Review,* 37 (2): 193–218

Krieken, R. van (1990) 'The organisation of the soul: Elias and Foucault on discipline and the self, *Archives européennes de sociologie,* 31 (2): 353–71

Krieken, R. van (1998) *Norbert Elias.* London: Routledge

Kuzmics, H. (1987) 'Civilization, state and bourgeois society. The theoretical contribution of Norbert Elias', *Theory, Culture and Society,* 4 (2–3): 515–31

Kuzmics, H. (1988) 'The civilizing process' in Keane 198, 149–76

Kuzmics, H. (1991) 'Embarrassment and civilization: on some similarities and differences in the work of Goffman and Elias', *Theory, Culture and Society,* 8 (1): 1—30

La Bruyère, J. de (1922) *Caractères.* Paris: Hachette; originally published in 1688

Lasch, C. (1985) 'Historical sociology and the myth of maturity. Norbert Elias's "very simple formula"', *Theory and Society,* 14: 705

Lash, S. and Urry, J. (1994) *Economies of Signs and Space.* London: Sage

Layder, D. (1986) 'Social reality as figuration: a critique of Elias's conception of sociological analysis', *Sociology,* 20 (2): 376—7

Lazare, B. (1949) *Job's Dungheap,* edited by Hannah Arendt. New York: Schocken Press

Lindner, E. (1999a) *Humiliation Dynamics and Humiliation Entrepreneurship - the Dyad of Slave and Master.* Bujumbrara, Burundi: Ministiere de l'Education Nationale

Lindner, E. (1999b) 'Love, Holocaust and Humiliation. The German Holocaust and the Genocides in Rwanda and Somalia', in *Medlemsbladet for Norske Leger Mot Atomkrig, Med Bidrag Era Psykologer for Fred,* 1 (November): 28—29

Lindner, E. (2000a) 'Hitler, Shame and Humiliation: the Intricate Web of Feelings Among the German Population Towards Hitler', in *Medlemsbladet for Norske Leger Mot Atomvåpen, Med Bidrag Era Psykologer for Fred,* 1 (February): 28—30

Lindner, E. (2000b) 'Humiliation and the Human Condition: Mapping a Minefield', in *Human Rights Review*

Lyotard, J.-F. (1984) *The Postmodern Condition. A report on knowledge.* Manchester: Manchester University Press

Macey, D. (1993) *The Lives of Michel Foucault.* London: Hutchinson

Maddison, A. (1976) 'Economic policy and performance in Europe 1913—1970' in Cipolla 1976, 442—508

Mannheim, K. (1936) *Ideology and Utopia,* translated with an introduction by Louis Wirth, London: Routledge

Margalit, A. (1996) *The Decent Society.* Cambridge, MA: Harvard University Press

Maso, B. (1995a) 'Elias and the neo-Kantians. Intellectual backgrounds of *The Civilizing Process*', *Theory, Culture and Society,* 12 (1): 43—79

Maso, B. (1995b) 'The different theoretical layers of *The Civilizing Process:* a response to Goudsblom and Kilminster & Wouters', *Theory, Culture and Society,* 12 (1): 127—45

McLellan, D. (1977) *Engels.* London: Fontana

Mastenbroek, W. (1993) *Conflict Management and Organization Development.* London: Wiley

Mennell, S. (1985) *All Manner of Food. Eating and tasting in England and France from the Middle Ages to the present.* Oxford: Basil Blackwell

Mennell, S. (1989) *Norbert Elias.* Oxford: Blackwell

Mennell, S. (1990) 'The globalization of human society as a very long-term social process: Elias's theory' in Featherstone 1990

Mennell, S. (1996) 'Foreword' in Russell 1996, vi-viii

Mennell, S. (1998) *Norbert Elias.* Dublin: University College Dublin Press

Mennell, S. and Goudsblom, J. (eds) (1998) *Norbert Elias on Civilization, Power and Knowledge.* Chicago: Chicago University Press

Mestrovic, S. (1993) *Emile Durkheim and the Reformation of Sociology.* Lanham, MA: Rowman and Littlefield

Middlemas, K. (1995) *Orchestrating Europe. The informal politics of European union 1973–95.* London: Fontana

Miller, J. (1993) *The Passion of Michel Foucault.* London: HarperCollins

Miller, R.S. (1996) *Embarrassment, Poise and Peril in Everyday Life.* New York: The Guilford Press

Miller, W.I. (1993) *Humiliation and Other Essays on Honor, Social Discomfort and Violence.* Ithaca, NY: Cornell University Press

Mills, C.W. (1959) *The Sociological Imagination.* Harmondsworth: Penguin

Milward, A.S. (1992) *The European Rescue of the Nation State.* London: Routledge

Miyoshi, M. and Harootunian, H. (eds) (1989) *Postmodernism and Japan.* Durham, NC: Duke University Press

Mlinar, Z. (1992) *Globalization and Territorial Identities.* Aldershot: Avebury

Mommsen, W. and Osterhammel, J. (eds) (1987) *Max Weber and his Contemporaries.* London: Unwin Hyman

Monfasani, J. and Musto, R. (1991) *Renaissance Society and Culture. Essays in honor of Eugene F. Rice Jr.* New York: Italica Press

Mongardini, C. (1995) 'L'idée de société chez Georg Simmel et Norbert Elias', *Cahiers internationaux de Sociologie,* 99: 265–78

Moore, B. (1978) *Injustice. The social bases of obedience and revolt.* White Plains, NY: Sharpe

Moore-Gilbert, B. (1997) *Postcolonial theory. Contexts, practices, policies.* London: Verso

Morawski, S. (1998) 'Bauman's way of seeing the world', *Theory, Culture and Society,* 15 (1): 29–38

Mouzelis, N. (1993) 'On figurational sociology', *Theory, Culture and Society,* 1: 239–53

Mouzelis, N. (1995) *Sociological Theory. What went wrong? Diagnosis and remedies.* London: Routledge

Myrdal, G. (1962) *An American Dilemma. The Negro problem and modern democracy, volume 1.* New Brunswick: Transaction Publishers; originally published in 1944

Naphy, W. and Roberts, P. (ed.) (1997) *Fear in Early Modern Society.* Manchester: Manchester University Press

Nathanson, D.L. (1992) *Shame And Pride. Affect, sex and the birth of the self.* New York: Norton

Newton, T. (1999) 'Power, subjectivity and British industrial and organizational sociology: The relevance of the work of Norbert Elias', *Sociology,* 33 (2): 411–40

Nielsen, J. (1991) 'The political orientation of Talcott Parsons. The Second World War and its aftermath' in Robertson and Turner 1991

Parsons, T. (1942a) 'Propaganda and social control', *Psychiatry,* 5 (4): 551–72

Parsons, T. (1942b) 'Some sociological aspects of the fascist movements', *Social Forces,* 21 (2): 138–43

Parsons, T. (1945) 'The problem of controlled institutional change', *Psychiatry,* 8 (1): 79–101

Parsons, T. (1968) *The Structure of Social Action, 2* volumes, New York: Free Press; originally published in 1937

Parsons, T. (1970a) 'On building social systems theory: a personal history', *Daedalus,* 99 (3): 826–81
Parsons, T. (1970b) '"The intellectual": a social role category' in Rieff 1970, 3–26
Pickvance, C. (1976) *Urban Sociology. Critical essays.* London: Tavistock

Rabinow, P. (ed.) (1986) *The Foucault Reader.* Harmondsworth: Penguin
Reiss, A. (1964) 'Introduction' in Wirth 1964a, ix-xxx
Rieff, P. (ed.) (1970) *On Intellectuals.* New York: Doubleday
Ringer, F. (1969) *The Decline of the German Mandarins.* Cambridge, MA: Harvard University Press
Robertson, R. (1992a) '"Civilization" and the civilizing process: Elias, globalization and analytic synthesis', *Theory, Culture and Society, 9* (1): 211–27
Robertson, R. (1992b) *Globalization: Social theory and global culture.* London: Sage
Robertson, R. and Turner, B. (eds) (1991) *Talcott Parsons: Theorist of Modernity.* London: Sage
Rojek, C. (1986) 'Problems of involvement and detachment in the writings of Norbert Elias', *British Journal of Sociology,* 37 (4): 584–96
Rosenwein, B. (1998) *Anger's Past. The social uses of an emotion in the Middle Ages.* Ithaca, NY: Cornell University Press
Rushdie, S. (1991) *Imaginary Homelands.* London: Granta
Russell, S. (1996) *Jewish Identity and Civilizing Processes.* London: Macmillan

Said, E. (1993) *Culture and Imperialism.* London: Vintage
Salomon, E. von (1931) *Die Geächteten* [The Outlaws]. Berlin: Ullstein
Scaff, L. (1989) *Fleeing the Iron Cage. Culture, politics and modernity in the thought of Max Weber.* Berkeley: University of California Press
Schäfers, B. (ed.) (1986) *Grundbegriffe der Soziologie.* Opladen: Leske en Budrich
Scheff, T.J. (1990) *Microsociology. Discourse, emotion and social structure.* Chicago: Chicago University Press
Scheff, T.J. (1994) *Bloody Revenge: Emotions, Nationalism, and War.* Boulder, CO: Westview Press
Scheff, T.J. (1997) *Emotions, the Social Bond and Human Reality. Part/Whole Analysis.* Cambridge: Cambridge University Press
Schnädelbach, H. (1984) *Philosophy in Germany 1831–1933.* Cambridge: Cambridge University Press
Schumpeter, J. (1986) *History of Economic Analysis,* edited by Elizabeth Boody Schumpeter, London: Allen and Unwin; originally published in 1954
Seidman, S. (1998) *Contested Knowledge. Social theory in the postmodern era,* 2nd edition, Oxford: Blackwell
Sennett, R. (1970) *The Uses of Disorder. Personal identity and city life.* London: Allen Lane
Sennett, R. (1977) *The Fall of Public Man.* London: Faber and Faber
Sennett, R. (1980) *Authority.* London: Seeker and Warburg
Sennett, R. (1990) *The Conscience of the Eye. The design and social life of cities.* London: Faber and Faber
Sennett, R. (1994) *Flesh and Stone. The body and the city in Western civilization.* London: Faber and Faber

Sennett, R. (1998) *The Corrosion of Character. The Personal Consequences of Work in the New Capitalism.* New York: Norton

Sennett, R. and Cobb, R. (1972) *The Hidden Injuries of Class.* Cambridge: Cambridge University Press

Shils, E. (1981) 'Some academics, mainly in Chicago', *American Scholar,* 50 (2): 179—96

Silver, M., Conte, R., Miceli, M. and Poggi, I. (1986) 'Humiliation - Feeling, Social Control and the Construction of Identity', *Journal for the Theory of Social Behaviour,* 16 (3): 269—283

Skocpol, T. (1984) *Vision and Method in Historical Sociology.* Cambridge: Cambridge University Press

Smith, D. (1982) *Conflict and Compromise. Class formation in English society 1830—1914.* London: Routledge

Smith, D. (1983) *Barrington Moore. Violence, morality and political change.* London: Macmillan

Smith, D. (1984a) 'Morality and method in the work of Barrington Moore', *Theory and Society,* 13: 151—76

Smith, D. (1984b) 'Norbert Elias - established or outsider?', *Sociological Review,* 32 (2): 367—89

Smith, D. (1984c) 'Discovering facts and values: the historical sociology of Barrington Moore', in Skocpol 1984, 313—55

Smith, D. (1988) *The Chicago School. A liberal critique of capitalism.* London: Macmillan

Smith, D. (1990) *Capitalist Democracy on Trial. The transatlantic debate from Tocqueville to the present.* London: Routledge

Smith, D. (1991) *The Rise of Historical Sociology.* Cambridge: Polity Press

Smith, D. (1992) 'Modernity, postmodernity and the new Middle Ages', *Sociological Review,* 40 (4): 754—71

Smith, D. (1996) 'Should Foucault be our guide? Comparing Foucault, Elias and Arendt as potential guides for social science history', *European Social Science History Conference,* May 1996, Noordwijkerhout, Netherlands

Smith, D. (1997) Eurofutures. *Five scenarios for the next millennium.* London: Capstone

Smith, D. (1998a) 'Anthony Giddens and the liberal tradition', *British Journal of Sociology,* 49 (4): 661—9

Smith, D. (1998b) 'Zygmunt Bauman: How to be a successful outsider', *Theory, Culture and Society,* 15 (1): 39—45

Smith, D. (1999a) '*The Civilizing Process* and *The History of Sexuality:* Comparing Norbert Elias and Michel Foucault', *Theory and Society,* 28 (1): 79—100

Smith, D. (1999b) *Zygmunt Bauman. Prophet of Postmodernity.* Cambridge: Polity Press

Smith, D. (1999c) 'Making Europe. Processes of Europe-formation since 1945' in Smith and Wright 1999b

Smith, D. (forthcoming, a) 'Organizations and Humiliation. Looking Beyond Elias', *Organization* (forthcoming)

Smith, D. (forthcoming, b) 'The prisoner and the fisherman. A comparison between Norbert Elias and Michel Foucault' in Triebel et al. forthcoming

Smith, B. and Woodruff Smith, D. (1995) *The Cambridge Companion to Husserl.* Cambridge: Cambridge University Press

Smith, D. and Wright, S. (1999a) 'The turn towards democracy' in Smith and Wright 1999b

Smith, D. and Wright, S. (1999b) *Whose Europe? The turn towards democracy.* Oxford: Blackwell

Spierenberg, P. (1984) *The Spectacle of Suffering. Executions and the evolution of repression.* Cambridge: Cambridge University Press

Spybey, T. (1996) *Globalization and World Society.* Cambridge: Polity Press

Swaan, A. de (1993) 'The politics of agrophobia. On changes in emotional and relational management', *Theory, Culture and Society,* 10 (2): 337—58

Swaan, A. de (1988) *In Care of the State. Healthcare, education and welfare in Europe and the USA in the modern era.* New York: Polity Press

Szakolczai, A. (1996) 'Durkheim, Weber and Parsons and the founding experiences of sociology', *EUI Working Paper SPS No 96/11,* Florence: European University Institute

Szakolczai, A. (1998) *Max Weber and Michel Foucault. Parallel life-works.* London: Routledge

Tainter, J. (1988) *The Collapse of Complex Societies.* Cambridge: Cambridge University Press

Taylor, G. (1995) 'Shame, integrity and self-respect' in Dillon 1995, 157—78

Tester, K. (1992) *Civil Society.* London: Routledge

Tester, K. (1995) *The Inhuman Condition.* London: Routledge

Tenbruck, F. (1987) 'Max Weber and Edward Meyer' in Mommsen and Osterhammel (1987), 234—65

Therborn, G. (1995) *European Modernity and Beyond. The trajectory of European societies 1945—2000.* London: Sage

Thomas, W.I. and Znaniecki, F. (1927) *The Polish Peasant in Europe and America, 2* volumes. New York: Knopf; originally published 1918—19

Thompson, J. (1998) *Decline in History. The European experience.* Cambridge: Polity Press

Thompson, K. (1982) *Emile Durkheim.* London: Tavistock

Tibi, B. (1995) 'Culture and knowledge. The politics of Islamisation of knowledge as a postmodern project? The fundamentalist claim to de-westernisation', *Theory, Culture and Society,* 12 (1): 1—24

Triebel, A., Kuzmics, H. and Blomert, R. (eds) forthcoming *Zivilisationtheorie in der Balanz.* Leske and Budrich

Tocqueville, A. de (1968) *Democracy in America, 2* volumes, translated by George Lawrence, edited by J.-P. Mayer and A.P. Kerr with an introduction by J.-P. Mayer. New York: Collins; originally published 1835—40

Turner, S.P. and Factor, R.A. (1994) *Max Weber. The lawyer as social thinker.* London: Routledge

Urry, J. (1995) *Consuming Places.* London: Routledge

Ury, W. (1999) *Getting to Peace. Transforming Conflict at Home, at Work, and in the World.* New York: Viking

Varcoe, I. and Kilminster, R. (1996b) 'Addendum: Culture and power in the writings of Zygmunt Bauman' in Kilminster and Varcoe 1996, 215—47

Villa, D.R. (1996) *Arendt and Heidegger. The Fate of the Political.* Princeton, NJ: Princeton University Press

Wagner, P. (1994) *A Sociology of Modernity. Liberty and discipline.* London: Routledge
Werbner, P. and Modood, T. (eds) (1997) *Debating Cultural Hybridity.* London: Zed Books
Wertheimer, J. (1987) *Unwelcome Strangers. East European Jews in Imperial Germany.* Oxford: Oxford University Press
Whitley, R. (ed.) (1974) *Social Processes of Scientific Development.* London: Routledge
Wievorka, M. et al. (1995) 'L'oeuvre de Norbert Elias, son contenu, sa réception' (round table discussion with M. Wievorka, A. Burguière, R. Chartier, A. Farge and G. Vigarello), *Cahiers internationaux de Sociologie,* 99: 213—35
Wiggershaus, R. (1994) *The Frankfurt School. Its history, theories and political significance.* Cambridge: Polity Press
Wirth, L. (1948) 'Consensus and mass commuication', *American Sociological Review,* 13 (1): 1—15
Wirth, L. (1957) 'Urbanism as a way of life' in Hatt and Reiss 1957, 46—63; originally published in 1938
Wirth, L. (1964a) *On Cities and Social Life, Selected papers,* edited by Albert J. Reiss, Jr. Chicago: University of Chicago Press
Wirth, L. (1964b) 'Preface to Ideology and Utopia' in Wirth 1964b, 125—45; originally published in 1936
Wirth, L. (1964c) 'Ideas and ideals as sources of power in the modern world' in Wirth 1964a, 146—56
Wolf, E. R. (1977) 'Encounter with Norbert Elias' in Gleichman et al. 1977, 28—35
Wouters, C. (1977) 'Informalization and the civilizing process', in Gleichmann, Goudsblom and Korte 1977, 437—53
Wouters, C. (1986) 'Formalization and informalization: changing tension balances in civilizing processes', *Theory, Culture and Society,* 3 (2): 1—18
Wouters, C. (1987) 'Developments in behavioural codes between the sexes: formalization and informalization in the Netherlands 1930—85', *Theory, Culture and Society,* 4 (2—3): 405—20
Wouters, C. (1992) 'On status competition and emotion management. The study of emotions as a new field', *Theory, Culture and Society,* 9 (2): 229—2
Wright, S. (1999) 'A community that can communicate? The linguistic factor in European Integration' in Smith and Wright 1999b

Young, R. (1995) *Colonial Desire. Hybridity in theory, culture and race.* London: Routledge
Young-Bruehl, E. (1982) *For Love of the World.* New Haven: Yale University Press

Zweig, S. (1943) *The World of Yesterday. An autobiography.*

主题索引

（索引页码为原著页码，即本书边码）

A

B

[1] 原文索引如此，未注出具体页码。——中译注
[2] 原书索引错将此子项归入鲍曼项下。——中译注

D

G

H

J

K

L

M

N

O

P

Q

R

S

T

W

X

Z